KB235157

소셜 이노베이션

Democratizing Innovation
by Eric von Hippel

소셜 이노베이션

소비자의 아이디어를 훔치는 혁신전략

에릭 폰 히펠 지음
배성주 옮김

디플Biz

감사의 글

  '혁신의 민주화' 연구를 막 시작할 당시에, 나는 운 좋게도 다섯 명의 선배 학자와 동료들을 만날 수 있었다. 네이선 로젠버그, 리처드 넬슨, 즈비 그릴리치스, 에드윈 맨스필드, 앤 카터, 이 다섯 사람 모두는 내가 경제학을 분석의 중요한 틀과 도구로 사용하도록 결정하는 데 결정적인 역할을 해주었다. 이후로도 나는 다수의 훌륭한 공저자이자 친구들인 학자들을 많이 만나왔다. 스탠 핀켈스타인, 니콜라스 프랑케, 디트마르 하르호프, 요아힘 헨켈, 코넬리우스 헤르스타트, 랄프 카츠, 게오르그 폰 크로그, 카림 라카니, 게리 릴리엔, 크리스티안 뤼테, 파멜라 모리슨, 윌리엄 릭스, 존 로버츠, 스테판 슈레이더, 메리 소낙, 스테판 탐케, 마시 타이어, 글렌 어번 등이 바로 그들이다. 또한 오랜 기간 같이 연구를 하고 친분을 유지해온 칼리스 볼드윈, 소날리샤, 사라 슬로터, 그리고 라스 젭센 등이 있다.

  어떤 연구 분야든지, 어떤 특정 연구 주제가 더욱 성숙해갈 무렵이면 단순한 공동 연구 관계가 연구 공동체로 전환되기 마련이다. 내게는 이러한 전환을 가능하게 만들어준 친구이자 동료였던 디트마르 하르호프가 있었다. 그는 그가 일하던 뮌헨대학의 훌륭한 조교수였던 루드빅 막시밀리언스를 MIT 방문교수로 보내주었고, 이후로도 많은 훌륭한 학자들을 MIT로 보냈다. 그들 모두는 MIT에 있으면서 혁신의 민주화에 관한 연구를 수행했고, 이후에 유럽으로 돌아가서도 계속해서 이 분야의 연구를 수행했다. 이제 이들은 각자의 자리에서 이 분야의 후학들을 계속해서 양성하고 있다.

나는 기업에 종사하는 많은 동료들로부터도 도움을 받아왔다. MIT 혁신 연구실의 리더로써 몇몇 기업의 선임 혁신 관리자들과 함께 새로운 혁신 방법론을 개발해 실제 기업 환경에서 적용해보기도 했다. 업계의 친한 친구이자 지적 동반자로 피트니보우즈의 짐 유크너, 3M의 메리 소낙과 로저 레이시, IFF의 존 라이트, 노텔네트웍스의 데이비드 리처드, 버라이즌의 존 마틴, 아파치 재단의 벤 하이드, 아파치 재단과 콜랩넷의 브라이언 벨렌도프, 선도 사용자 개념의 조안 처칠과 수잔 히스탠드 등이 있다. 이들의 겸손하면서도 너무나 통찰력 있는 도움은 실제 기업에서의 실험 과정을 통해 빛을 발했다. 이에 대해 너무나 감사하다는 말을 전하고 싶다.

나와 함께 그간의 배움과 기쁨을 함께한 나의 가족에게도 진심 어린 감사를 전하고 싶다. 내 아내인 제시는 전문 편집자로서 나의 첫 번째 책을 아주 훌륭하게 편집해주었지만, 아이들을 키우느라 시간을 낼 수 없어서 이 책을 편집하지는 못했다. 이 때문에 독자들이 이 책을 읽는 것이 너무 힘들지는 않았으면 좋겠다. 우리 아이들인 크리스티아나 닥마와 에릭 제임스는 내가 이 책을 집필하는 과정을 옆에서 지켜보았다. 나는 집에서 주로 작업을 하기 때문에, 아마 모르고 지나칠 수 없었을 것이다. 이 과정에서 나는 아이들이 학문 연구가 재미있는 일이라는 것을 배웠으면 좋겠다. 물론 나도 내 아버지이신 아서 폰 히펠 교수에게서 그런 것들을 배웠다. 내가 어렸을 때 아버지는 위층의 서재에서 당신의 책을 쓰시다가 커피를 드시러 아래층으로 내려오시곤 하셨다. 커피를 기다리는 동안 옆에 아무도 없지만, 혼자서 두 손을 들어 항복하는 시늉과 함께 "왜 내가 이렇게 풀기 힘든 문제들을 택했지?"라고 말씀하시면서 정말 행복한 표정을 지으시곤 하셨다. 아버지, 저는 그 웃음의 의미를 알고 있어요!

마지막으로 MIT의 동료들과 학생들, 그리고 MIT 학교에 너무나 진심 어린 감사의 말을 전하고 싶다. MIT는 일하면서 다른 사람들에게 배우면서 정말 많은 영감을 받았던 곳이다. MIT 사람들은 훌륭한 연구가 무엇인지, 그리고 진정한 배움에 필요한 것이 무엇인지를 알고 있다. 또한 우리는 진정으로 좋은 학문 환경을 만드는 데 일조하기 위해 늘 모든 노력을 아끼지 않는다. 새로운 학자들이 참신하고 재미있는 아이니어를 계속해서 만늘어내기 때문에 너무나 흥미로운 곳일 뿐만 아니라, 배움이 지속적으로 일어나는 곳이 바로 MIT라는 학교다.

한국의 독자들에게 보내는 글

나의 박사과정 학생이었고, 지금은 나의 동료가 된 연세대학교의 배성주 교수에 의해 혁신의 민주화의 한국어판이 번역되어 발행되는 것을 매우 기쁘게 생각합니다. 오늘날 혁신의 민주화에 관한 연구는 수백 명의 전 세계 학자들이 참여하는 큰 연구 공동체의 형태로 진행되고 있습니다. 우리 연구 공동체에서는 한국에도 이 분야의 뛰어난 학자들이 있다는 사실에 매우 감사해하고 있습니다. 이 분야의 연구를 이끌고 있는 연세대학교의 배성주 교수 이외에도, 김영배 교수와 김진우 교수 또한 우리 공동체에 많은 도움을 주고 있습니다.

우리 연구 공동체에서는 한국에서 이 분야가 지속적으로 발전되기를 기대하고 있고, 앞으로도 새로운 젊은 학자들과 학생들이 많이 참여하기를 희망합니다.

독자들이 이 책에서 보는 바와 같이, 현재 진행되고 있는 혁신의 민주화로의 패러다임 전환은 혁신 사용자, 기업과 그들의 사업 모델, 그리고 정부의 정책 입안자들 모두에게 아주 중요한 혜택을 주게 될 것입니다. 사용자들은 아주 급속도로 자신들이 원하는 것들을 설계할 수 있는 능력들을 갖게 될 것이고, 이를 통한 사용자 혁신은 우리 사회에서 혁신의 아주 중요한 원천이 됩니다. 생산자들 또한 사용자 혁신으로부터 매우 소중한 제품 아이디어들을 얻음으로써 많은 혜택을 보게 됩니다. 정책 입안자들은 이제까지 중요하게 여기지 않았던 사용자 혁신을 국가 경쟁력의 원천으로 여기며 지속적으로 지원할 필요가 있습니다. 위와 같이 혁신의 민주화로의 빠른 전환은 우리 모두에게 아주 중요한 기회를 제공할 뿐만 아니라 많은 도전을 제시하고 있습니다.

한국에 있는 많은 동료들과 독자들에게 정성을 담아 이 책을 드립니다.

저자 에릭 폰 히펠

옮긴이 서문

MIT의 슬로운 경영대학에서 박사과정을 하면서 나는 이 책의 저자이자 나의 지도 교수이신 에릭 폰 히펠 교수님으로부터 많은 지도와 격려를 받았습니다. 우리는 대부분의 토론을 캠브리지에 있는 폰 히펠 교수님의 자택에서 진행했습니다. 찰스 강가가 내려다 보이는 그 집에서 매주 이 책의 주제인 혁신의 민주화에 대해 토론하고 연구하며 너무나 행복한 시간을 보낸 추억이 있습니다. 이 책을 번역하면서 그때의 감동과 즐거움이 생각나 단어 하나하나 신경을 써가며 어떻게 하면 우리나라 독자들에게 원문의 통찰력을 전달할 수 있을까 고민하게 되었습니다.

혁신이 민주화가 된다는 말은 아무런 설명 없이 처음 듣는다면 쉽게 이해가 되지 않습니다. 어찌 보면, 이 책의 원제가 '혁신의 민주화Democratizing Innovation'로 정해졌다는 것은 그동안 그만큼 혁신이 민주적이지 않았다는 것의 반증이라 할 수 있습니다. 우리는 보통 혁신의 주체는 기업, 대학교 혹은 정부라는 생각을 많이 합니다. 기업의 연구개발이나 신제품 개발, 그리고 대학과 정부의 연구소나 다양한 연구 프로젝트 등을 통해 혁신이 창출되고 있다는 점은 부인할 여지가 없습니다. 하지만 많은 경우 기업의 혁신은 개별 기업의 이윤 창출이라는 최종 목표가 있고 정부나 대학의 혁신 활동 또한 학문 연구나 기초 연구에 집중하기 때문에, 많은 경우 시장에서 진정으로 원하는 혁신으로 이어지지 않을 수도 있습니다.

이에 반해 사용자 혁신은 그 자체가 시장에서 원하는 것을 만든 것이기 때문에, 시장에서 성공 확률이 높고 기능적으로 아주 참신한 제품들이 많이 만들어진다는 이점이 있습니다. 이에 더해 사용자는 그 수가 많고 아주 다양한 영역의 필요를 반영할 수 있기 때문에, 제가 자주 이야기하는 시장 중심형 혁신이 갖는 이점이 기업과 대학, 그리고 정부로 이루어지는 전통적인 방식의 혁신에 더해지게 되면, 국가적인 혁신 시스템을 만드는 데 필수 불가결한 요소로 자리 잡아갈 것입니다. 마찬가지로 기업 내의 전통적인 혁신 프로세스에 시장 중심형 혁신 프로세스가 연결되면 엄청난 시너지를 가져올 수 있습니다. 아주 좋은 예로 이제는 우리에게 아주 친숙한 애플의 앱스토어를 들 수 있습니다. 애플은 앱스토어를 통해 자사의 아이폰, 아이패드, 아이팟과 같은 하드웨어 제품에 들어가는 소프트웨어를 무수히 생산하고 동시에 분배하고 있습니다. 애플 자체의 기업 혁신 시스템에 시장의 많은 사용자들과 소프트웨어 개발사들이 더해져 사용자들이 진정으로 원하는 소프트웨어 플랫폼을 제공하고 있는 것입니다.

이 책은 이러한 사용자 중심형 혹은 시장 중심형 혁신 시스템을 이해하기 위한 기본적인 이론과 분석의 틀을 제공하고 있습니다. 아울러 사용자들의 역량을 극대화시켜 기존에 기업이 주도하던 제품 혁신 과정을 보다 민주화되고 발전된 형태로 나아가게 하는 중요한 방법들이 논의되고 있습니다. 따라서 혁신을 원하는 기업뿐 아니라 창업을 꿈꾸고 있는 미래의 사업가들에게도 이 책의 내용이 큰 도움이 되리라 생각합니다.

이 책을 번역하면서 여러 가지로 도움을 준 연세대학교 기술혁신 경영 연구실의 학생들에게 감사의 말을 전하고 싶습니다. 특별히 번역 과정에서 많은 격려와 도움을 아끼지 않았던 저의 아내 박은영과 사랑스런 아들 승민에게 고맙다는 말을 전하고 싶습니다.

아무쪼록 이 책의 원래 내용이 잘 전달되어 우리나라의 새로운 혁신 창출의 원동력이 되었으면 하는 바람입니다. 우리나라의 사용자들은 다른 어떤 나라의 사용자들보다 발전된 소비와 혁신을 하고 있으며, 이는 정보 통신 분야의 발전에서 이미 입증되었습니다. 이러한 사용자를 중심으로 하는 시장 중심형 혁신은 우리가 활용해야 할 중요한 국가 경쟁력의 원천이기 때문에, 이 책에서 전달하고 있고 또한 내가 열심히 연구하고 있는 시장 중심형 혁신이 한국에서 더욱더 빛을 발했으면 합니다.

연세대학교 경영대학 교수

배성주

| 차례 |

일러두기

1. 이 책은 Eric von Hippel, *Democratizing Innovation*(The MIT Press, 2005)을 우리말로 옮긴 것이다.

2. 저자 주는 모두 미주로 처리했고 본문에는 1, 2, 3으로 표시하였다. 옮긴이 주는 각주로 두고 ●, ●●로 표시하였다.

3. 고유명사에는 원어를 덧붙였으며, 국립국어연구원 외래어 표기법을 따랐다.

서장

혁신의 민주화란 무엇인가? 이 책에서 혁신이 민주화되고 있다는 것은 제품과 서비스의 사용자들(개인 소비자와 기업)이 스스로 혁신을 지속적으로 해나갈 수 있다는 뜻이다. 사용자 중심의 혁신 과정은 수백 년간 상업의 대들보 역할을 해온 생산자^{Manufacturer} 중심의 혁신 개발 시스템에 비해 수많은 장점을 가지고 있다. 사용자들은 자신들을 대신해서 생산자들이 혁신을 일으키는 것에 의지하는 대신, 스스로 혁신을 함으로써 자신들이 원하는 것을 100% 얻을 수 있다. 또한 이러한 사용자 중심의 혁신 과정에서는 다른 사람들이 개발한 여러 혁신의 결과물들을 공유할 수 있기 때문에, 개인 사용자들은 자신들이 필요로 하는 모든 것을 혼자 개발하지 않아도 된다.

혁신의 민주화^{democratization of innovation}라는 개념은 우리가 오픈소스^{open source}에서 볼 수 있듯이 소프트웨어와 같은 정보 제품뿐만 아니라 여러 가지 생산 제품에도 적용된다. 일례로 하와이의 한 비공식 사용자 모임이 개발한 고성능의 윈드서핑 제품과 그를 이용한 윈드서핑 기술을 들 수 있다. 고성능 윈드서핑을 즐기는 사람들은 공중으로 높이 뛰어오른다든지, 공중에서 몸을 한 바퀴 회전하거나 비트는 등의 고난이도 묘기를 즐긴다. 고성능 윈드서핑의 창시자인 래리 스탠리 Larry Stanley 는 이 분야의 주요 기술 혁신에 관해 연구자인 소날리 샤 Sonali Shah 에게 다음과 같이 기술했다.

마이크 모건 Mike Morgan 과 제가 1974년과 1975년에
공중 도약 jumping 을 비공식적으로 시도하기는 했지만, 최초의
공식적인 공중 도약은 1978년에 서독의 위르겐 혼쉐이드 Jurgen
Honscheid 가 제1회 하와이 월드컵에서 시도했죠. 그때는 정말
대단했어요. 다들 공중 도약의 매력에 흠뻑 빠져 있었고, 또 서로들
더 높이 뛰려고 무척 애를 썼죠. 문제는 그 당시에 서핑 보드를
몸에 고정시키는 장치가 없었기 때문에 일단 점프를 하면 공중에서
보드와 분리가 되어 몸이 완전히 무방비 상태가 되는 것이었죠. 이
때문에 다리를 다치거나 보드가 망가지는 일들이 자주 있었습니다.
그러다가 제 머릿속에 칩 Chip 이라고 불렀던, 다리를 묶는 고정끈을
단 실험 상태의 보드가 생각났어요. 왜 점프할 때 이 보드를 쓸
생각을 하지 못했을까 하는 생각이 들더군요. 처음으로 제가 끈이
달린 보드를 이용해 점프하기 시작했고, 이때가 제어 비행 Controlled
Flight 이라는 개념을 만들어낸 시기였습니다. 이 기술을 이용하니

전에는 상상할 수 없었던 속도로 서핑을 할 수가 있었고, 또 파도에 부딪치면 꼭 오토바이가 도약대를 타고 뛰어오르는 것처럼 하늘 높이 날 수 있었죠. 갑자기 윈드서핑이라는 스포츠가 공중으로 날고 안전하게 착지할 수 있을 뿐 아니라 공중에서 방향도 바꿀 수 있는 그런 운동이 되어버린 겁니다.

고성능 윈드서핑이라는 분야 자체가 그렇게 해서 시작되었죠. 제가 시작하자마자 10명 정도로 이루어진 모임이 생겨서 같이 보드를 타기 시작했고, 하루 이틀 정도가 지나자 다양한 고정끈이 달린 온갖 종류의 보드들을 볼 수가 있었습니다. 모두들 매우 빠른 속도로 파도를 타기 시작했죠. 그 다음부터는 모든 게 눈덩이처럼 불어나기 시작했어요(Shah 2000).

1998년에는 윈드서핑을 하는 사람들이 백만 명 이상으로 늘어 났고, 시중에서 판매되는 보드의 대부분이 고성능 스포츠를 위해 개발된 사용자 혁신 기술을 내장하고 있었다.

이 분야에서 볼 수 있는 사용자 중심의 혁신 과정은 전통적인 혁신 모델과는 아주 대조적인 모습을 보여준다. 전통적인 혁신 모델에서는 생산자가 아주 폐쇄적인Closed 방식으로 제품과 서비스를 개발하고, 동시에 다른 모방 기업들이 자신들이 투자한 혁신 기술에 공짜로 편승하는 것을 막기 위해 특허를 내고, 지적재산권을 행사하는 방법을 사용한다. 이런 전통적인 모델에서 사용자는 단지 필요needs를 가지고 있을 뿐이고, 새로운 제품을 설계하고 생산해서 필요를 발견하고 충족시키는 일은 생산자의 몫이다. 이런 생산자 중심의 모델은 여러 분야의 상황에 잘 맞는다. 하지만 최근 늘어나고 있는 실증적인 연구 결과들을 살펴보면 가장 최신의 산업재와 소비재의 개발자들은 다름 아닌 사용자들이다. 게다가 최근 컴퓨터 및 통신 기술이 지속적으로 발달하면서 사용자의 공헌도는 날이 갈수록 커지고 있다.

이 책에서 내가 중점적으로 다루고자 하는 부분은 이런 사용자 중심의 혁신의 민주화가 어떤 식으로 작용하는가 하는 점이다. 또한 사용자 혁신과 생산자 혁신이 어떻게 관련되어 있는지, 다시 말해 사용자 혁신이 어떻게 생산자 혁신에 꼭 필요한 보완재가 되고, 주요한 아이디어의 공급원이 되는지를 설명하고자 한다.

사용자 중심의 혁신 과정은 여러 면에서 아주 매력적이다. 우선 많은 사용자들이 자신들이 원하는 것을 세세한 부분까지 정확하게 설계할 수 있다. 사용자 중심의 혁신 과정은 또한 사회복지를 증진시키는 측면이 있다. 하지만 제품 개발의 주요 활동들이 끊임없이 사용자 쪽으로 전환되는 이런 현상은 제조회사들에게는 아주 괴로운 일임이 분명하다. 개방적이고 분산된 혁신open and distributed innovation 은 사회적 분업의 역할, 즉 제조자는 제조를 담당하고, 사용자는 사용을 하는 역할만을 수행하는 기존의 구조를 송두리째 바꿀 수 있기 때문이다. 그리고 새로운 환경에 적응하기 위해 대부분의 회사들과 그들이 속한 산업은 그들이 오랫동안 유지해온 사업 구조를 근본적으로 바꿔야만 한다. 또 정부 정책이나 기업 관련 법률 등이 기업을 중심으로 하는 혁신 과정에 좀 더 호의적인 측면이 없었는지를 살펴보아야 한다. 사회복지를 생각한다면 이런 기존의 사고방식들이 좀 더 나은 방향으로 바뀔 필요가 있다. 그중에서도 특히 현재의 지적재산권과 관련된 시스템을 어떻게 발전시킬 수 있을까 하는 부분이 매우 중요한 논제로 떠오르고 있다. 하지만 위에서 열거한 여러 가지 난제들에도 불구하고, 민주적이고 사용자 중심의 혁신 시스템은 앞으로도 계속해서 더 발전해나가야 한다.

여기서 아주 기본적인 개념들을 정리하고 넘어갈 필요가 있다. 우선 이 책에서 아주 자주 사용하게 될 사용자와 제조자라는 개념을 다음과 같이 정의할 수 있다.

- **사용자**user 제품이나 서비스를 사용함으로써 효용을 얻기를 기대하는 기업 혹은 개인 소비자
- **제조자**manufacturer 제품이나 서비스를 판매함으로써 효용을 얻기를 기대하는 기업 혹은 개인 소비자

기업 또는 개인 소비자들은 서로 다른 제품과 혁신에 대해 전혀 다른 관계를 형성할 수 있다. 예를 들어, 보잉사는 비행기 기체의 제조사이지만, 기체의 제작을 위해 공작기계를 사용하는 사용자이다. 보잉사가 판매하는 비행기 기체와 관련된 혁신을 조사하거나 연구하는 경우에 우리는 보잉사를 제조자로서의 혁신자manufacturer–innovator로 정의해야 한다. 하지만 보잉사가 내부적인 사용을 목적으로 개발한 금속 성형 공구와 관련해 일어난 혁신은 사용자 혁신으로 분류하게 되며, 이 경우 보잉사는 사용자로서의 혁신자user–innovator로 분류된다.

　　사용자와 그들이 창조해내는 혁신, 그리고 제조사와 그들이 만들어나가는 혁신은 기능적인functional 관계로, 혁신innovation과 혁신자innovator와의 관계를 논할 때 가장 일반적인 관계다. 사용자들만이 혁신을 함으로써 혁신 자체로 직접적인 효용을 얻게 된다는 점에서 사용자 혁신에는 아주 독특한 측면이 있다. 제조자들은 그들이 개인이든 회사든 간에 혁신으로부터 이윤을 창출해내기 위해 직간접적으로 자신들이 만든 혁신 제품이나 서비스를 판매한다. 다시 말해 이윤을 창출하기 위해서 발명가들은 혁신과 관련된 지식을 팔거나 라이센스를 제공함으로써 이윤을 추구하고, 제조사들은 혁신을 내재하고 있는 제품이나 서비스를 판매함으로써 이윤을 추구한다. 마찬가지로 혁신과 관련된 재료나 서비스의 공급자들 또한 그것을 판매함으로써 이윤 추구가 가능하다.

　　위에서 언급한 혁신과 혁신자의 관계를 논의함에 있어서 사용자와 제조자의 분류를 하나의 제품이나 서비스뿐만 아니라 제품과 서비스에 내재된 세부적인 기능이나 속성, 특징 등에도 적용할 수 있다. 이 논리를 적용해보면, 어떤 특정한 제품의 속성들은 서로 다른 사용자들과 연결될 수 있다는 것을 알 수 있다. 예를 들어, 집을 소유한 사람은 집의 전등 시스템 중에서 불을 끄고 켜는 스위치와 관련된 속성의 사용자들이다. 하지만 전등 시스템에는 배선과 같이 시스템을 설치하는 전기공이 특별히 관심을 가질 만한 속성도 있다. 만약 전기공이 설치와 배선 부분에서 무언가 개선할 점을 찾고 개발한다면, 이것은 사용자 혁신으로 분류해야 한다. 전기공은 전등 시스템

중에서 배선과 관련해서는 사용자임이 분명하기 때문이다. 배선은 분명 전기공의 혁신 영역이지, 집을 소유한 사람이 혁신할 수 있는 부분은 아니다. 이런 시각에서 보면 분명 같은 제품—여기에서는 전등과 관련된 시스템—일지라도 그 안에 내재된 세부적인 기능이나 속성에 따라 우리가 정의하고자 하는 사용자가 달라질 수 있음을 알 수 있다.

이러한 기본적인 정의를 바탕으로 앞으로 논의해나갈 장들의 내용을 미리 살펴보자.

1장 선도 사용자를 통한 제품 개발

이 주제와 관련된 실증 연구들을 종합해보면, 10~40%에 이르는 많은 사용자들이 제품을 개발하고 수정한다는 것을 알 수 있다. 이들 실증 연구 가운데 절반 가까이는 혁신의 빈도를 나타내려는 목적으로 연구가 설계된 것이 아니라 원래는 다른 목적으로 연구가 진행된 것이다.* 그럼에도 불구하고 이 연구들을 종합해보면, 사용자들이 아주 활발하게 제품을 수정하고 개발하고 있다는 사실을 분명하

---

* 이 부분은 대부분의 혁신 관련 연구들이 사용자의 역할을 미리 고려하지 않았다는 측면에서 이해할 수 있다. 그러나 다른 목적으로 진행된 연구들에서 사용자들이 지속적으로 혁신을 추구한다는 현상이 목격되었다는 사실 자체가 사용자 혁신이 도처에 존재한다(ubiquitous)는 사실을 증명한다는 것을 알 수 있다.

게 알 수 있다.

혁신을 일으키는 사용자들(개인과 기업)을 연구한 결과를 보면, 이런 사용자들은 선도 사용자^{lead users}로서의 특징을 지니고 있다. 선도 사용자의 핵심은 주요 시장 트렌드에서 대다수의 사용자들을 앞서 있다는 것이다. 선도 사용자들은 다른 사용자들을 앞서 있는 상태에서 경험하는 문제를 해결하는 것 자체로도 상대적으로 많은 효용을 얻는다. 사용자에 의한 혁신과 선도 사용자로서의 지위 사이의 상관관계는 통계적으로 매우 유의할 뿐만 아니라 아주 높은 상관관계를 나타낸다.

선도 사용자들은 주요 시장 트렌드와 관련해 시장에서 주도적인 위치에 있기 때문에 선도 사용자들이 개발한 새로운 제품들 또한 시장의 다른 사용자들에게 매력적으로 다가갈 것이라고 짐작해볼 수 있다. 때문에 선도 사용자들을 자세히 살펴보면 제품을 상업화시키는 데 필요한 중요한 정보를 얻을 수 있다. 많은 연구 결과들이 이를 뒷받침한다. 연구 결과들을 보면 선도 사용자들이 수행한 많은 혁신들이 상업적 매력도가 아주 높을 뿐만 아니라 실제로 제조사들에 의해 많이 상업화된 것을 알 수 있다.

이 내용을 뒷받침하는 새로운 연구들이 계속 진행되고 있다. 선도 사용자들의 특징을 가지고 있으면 새로운 제품을 개발하거나 기존의 제품을 수정하는 경향이 강하다는 것을 보여주는 연구 결과도 있고(Morrison et al. 2004), 선도 사용자로서의 성향을 더 강하게 보일수록 이들이 개발한 제품들이 더 높은 상업성을 나타낸다는 연구 결과도 있다(Franke and von Hippel 2003a). 〈그림 0.1〉을 보면, 오른쪽으로 갈수록 혁신이 더 많이 몰려 있다. 다시 말해, 선도 사용자 지수가 높을수록 혁신을 더 많이 일으킨다는 것을 알 수 있다. 왼쪽에서 오른쪽으로 갈수록 혁신의 상업적 매력도가 높아지는데, 이는 선도 사용자가 개발한 혁신이 더 상업성이 있음을 보여준다. (이 연구에서 혁신의 상업적 매력도는 두 개의 측정치를 결합해 구한 결과인데, 혁신의 새로움과 미래의 시장 수요가 얼마나 일반적일 것인지에 대한 기댓값을 더한 값을 사용했다.)

〈그림 0.1〉 선도 사용자의 성향과 혁신의 상업적 매력도

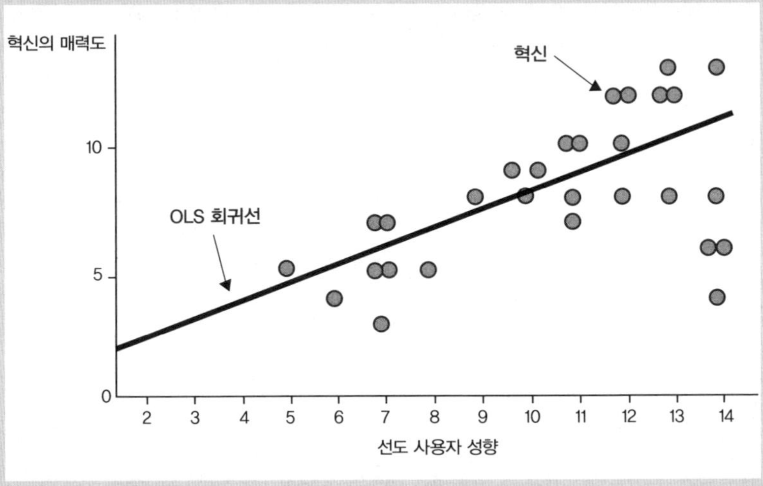

선도 사용자로서의 성향이 강한 사용자에 의한 혁신이 일반적으로 시장에서의 매력도가 더 높음을 볼 수 있다. 선도 사용자 성향을 x로 보고 혁신 매력도를 Y로 볼 때 추정 OLS 함수는 다음과 같다.
Y = 2.06 + 0.57x
(Adjusted R^2 = 0.281; p = 0.002; n = 30).

출처: Frank and von Hippel 2003

2장 사용자들이 주문 생산품을 선호하는 이유

왜 그토록 많은 사용자들이 스스로 제품을 개발하고 수정할까? 사용자들은 자신이 원하는 제품이 시장에 없고, 그 제품을 개발할 때 드는 비용을 지불할 의사가 있을 때 혁신을 하게 된다. 많은 사용자들이 자신이 원하는 제품을 시장에서 찾을 수 없는 상태를 경험하게 되는데, 이는 고객 필요의 다양성 때문이다. 시장 세분화 연구들에 대한 메타 분석 연구의 결과를 보면, 상당히 많은 분야에서 제품에 대한 고객의 필요가 단순하지 않고 매우 다양하다는 것을 알 수 있다(Franke and Reisinger 2003).

대량 생산업체는 제품 개발 전략을 수립할 때, 다수의 고객을 확보할 수 있을 만한 크기의 세부 시장에서 일정 정도 이상의 이윤을 보장하고자 한다. 그러나 사용자의 필요가 다양하기 때문에 주요 세부 시장만을 목표로 하는 몇 개의 제한된 제품군으로 전체 시장을 공략하는 전략은 상당히 많은 수의 사용자들을 충분히 만족시키지 못하는 결과를 낳게 되고, 경우에 따라서는 다수의 사용자들이 제품에 전혀 만족하지 못하는 최악의 결과를 낳을 수도 있다. 아파치 ^{Apache} 웹 서버의 보안에 관심이 많은 사용자들을 연구한 결과를 보면(Franke and von Hippel 2003b), 사용자들의 필요는 아주 다양하고, 그런 필요를 완벽하게 충족해줄 수 있는 제품에 대해 사용자들이 훨씬 더 많은 돈을 지불할 의사가 있다는 것을 알 수 있다. 또한 표본의 19%에 해당하는 사용자들이 아파치 서버를 자신들의 필요에 맞게 수정하기 위해 혁신을 했다는 사실도 확인할 수 있다.

3장 혁신이냐 구매냐

2장까지의 연구 결과를 보면, 많은 사용자들은 자신들의 필요와 완벽하게 일치하는 제품을 원하고 그것을 위해 상당한 비용을 지출할 용의가 있음을 알 수 있다. 그렇다면 왜 사용자들은 자신들이 원하는 것과 정확히 일치하는 물건을 주문형 제품을 생산하는 제조사에 의뢰하지 않고 스스로 개발하는 것일까? 주문형 제품을 생산하는 제조업체들은 아주 소수의 사용자들만을 만족시키는 제품을 만들어내기 때문에 언뜻 보기에는 이런 제조업체에 제품 개발을 의뢰하는 것이 아주 당연하게 느껴진다. 주문형 제품을 생산하는 제조업체들은 주문형 생산 공정을 마스터한 전문가들이기 때문에 사용자들이 스스로 개발하는 것보다 훨씬 싸고 빠르게, 보다 품질이 좋은 제품을 설계하고 생산할 수 있다. 이러한 가능성에도 불구하고, 기업 사용자와 개인 사용자 모두는 대리인 비용^{agency cost} 때문에 구매보다는 자신들이 스스로 개발하는 혁신을 택하게 된다.

대리인 비용의 가장 쉬운 경우부터 살펴보기로 하자. 우선 사용자가 직접 개발할 경우 사용자 자신의 이해관계를 가장 잘 반영할 수 있다는 사실은 쉽게 이해할 수 있다. 그러나 사용자가 제조자를 고용해 주문형 제품을 만들게 되면 조금 더 복잡한 이해관계가 성립된다.

주인-대리인 이론^{principal-agency theory} 혹은 대리인 이론라고도 불리는 경제학 분야에서는 이런 관계를 주인-대리인 관계라고 부른다. 만약 주인과 대리인의 이해가 서로 상반된다면 대리인 비용이 발생하게 된다. 일반적으로 대리인 비용은 다음의 세 가지로 분류된다(Jensen and Meckling 1976).

(1) 대리인이 주인의 이해에 따라 행동하도록 대리인을 감시하는 데 들어가는 비용
(2) 대리인이 주인의 이해에 반하지 않겠다고 서약하거나 그에 준하는 자기 확신이 들도록 하는 비용
(3) 대리인이 주인의 이해관계를 잘 따르지 않았을 때 결과적으로 생기는 비용

제품과 서비스 개발 과정을 수행하다 보면 사용자와 제조자 사이의 이해관계가 아주 상충되는 경우들이 발생한다. 우선 사용자 입장에서는 자신이 감당할 수 있는 비용의 범위 안에서 자신들이 원하는 제품을 제조업체가 그대로 만들어주기를 희망한다. 이와는 반대로 제품의 제조자 입장에서는 개발 비용을 줄이기 위해 이미 기존에 개발해놓은 여러 기술적 요소들과 앞으로 시장에서 소비자들의 수요가 예상되는 기술적 요소들을 제품에 넣으려고 할 것이다. 이렇게 하면 개발 비용을 낮출 수 있고, 또 앞으로 시장에 진입하는 데 도움을 줄 수 있기 때문이며, 이는 어찌 보면 당연한 결과라 할 수 있다. 하지만 결과적으로 미래의 결과를 미리 예상하고 과거의 기술적 발전에 의존하는 이런 방식으로는 현재의 세분화된 고객들의 요구에

잘 대응하지 못하게 된다.

　사용자들은 자신들이 생각하고 있는 가격에 가장 좋은 결과를 가져올 수 있는 방향으로 제품의 세부 사항들을 정하기 때문에, 이런 제품에 대한 필요 세부 사항^{need specification}을 모두 만족시키는 제품을 원하게 된다. 개인 등산화를 사용하는 한 등산가의 예를 들어 더 자세히 설명해보자. 이 등산가의 경우 자신의 독특한 등산 기술에 정확히 들어맞고, 자신이 등반하는 에베레스트 산의 지형과 기후에 잘 맞는 등산화에 대한 세부 사항들을 요구할 것이다. 만약 그의 등산화가 세부 사항과 조금이라도 일치하지 않는다면, 그는 등산가로서 자신이 오랜 기간 동안 연마해온(특별히 에베레스트 산을 오른다면 그 산과 관련해 준비해온) 등산 기술을 상당 부분 수정해야만 한다. 사용자의 입장에서 보면 자신이 원했던 것과 다른 제품을 쓰게 됨으로써 값 비싼 대가를 치러야 하는 것이다.

　주문형 등산화 제조자의 입장에서 보면 현재의 고객이 원하는 세부 사항을 조금 희생하더라도, 재고가 쌓여 있는 원자재와 이미 보유하고 있는 생산 라인을 활용하고, 향후 제품 개발에도 도움이 될 전문가를 영입해 제품을 만드는 것이 훨씬 더 합리적으로 보일 수 있다. 예를 들어, 일부의 전문 산악인들이 원하는 제품은 아주 내구성이 뛰어난 단단한 등산화일지라도, 제조자의 상황이 여의치 않으면, 다시 말해 제조자가 소수의 사용자들을 위해 제품을 만들려 하지 않는다면, 결국에는 등산화의 구성 요소들을 좀 더 단단하게 붙일 수 있는 새로운 접착제에 대한 개발에 투자하지 않게 될 것이다. 결과적으로 제조자들의 특수한 상황 때문에 소수의 사용자는 특별한 제품이 필요할 경우 구매를 할 때보다는 혁신을 할 때 최선의 결과를 얻을 수 있다. 위의 경우를 예를 들면, 전문 산악인들은 아주 단단한 접착제를 찾거나 개발해서 자신들이 원하는 대로 단단한 등산화를 만듦으로써 가장 좋은 결과를 얻는 것이다.[*]

이 장에서는 또한 구매-혁신innovate-or-buy 의사 결정 모델에 대해 이야기한다. 이 모델은 기업 사용자가 특별한 필요가 있는 경우 새로운 제품이나 서비스를 스스로 개발하는 것이 항상 더 낫다는 사실과, 제조자를 통한 제품 개발은 n개 혹은 그 이상의 사용자 기업이 같은 것을 원할 때 가장 경제적이라는 사실을 계량화시킬 수 있다. 하지만 제조자의 입장에서 봤을 때 같은 것을 원하는 사용자 기업의 수가 1과 n개 사이일 때에는 소수의 사용자를 위해 제품을 만드는 것이 그다지 이익이 되지 않을 수도 있다. 이 경우에는 하나 이상의 사용자들이 똑같은 것을 독자적으로 개발하게 됨에 따라 시장 실패market failure 를 야기하게 된다. 사회복지의 측면에서 보면 자원 낭비가 아닐 수 없다. 이런 문제를 해결하기 위해서는 사용자 혁신 공동체와 같은 새로운 제도적 장치가 필요한데, 이에 대해서는 이 책의 후반부에서 자세히 기술하도록 하겠다.

3장에서는 또한 사용자-혁신자들이 구매보다는 혁신을 택하는

---

[*] 이 책의 전반에 걸쳐 제시된 예를 보면 제조자들이 아직 본격적으로 관심을 보이지 않는 새로운 운동 종목들에서 사용자 혁신이 많이 일어나고 있음을 알 수 있다.

추가적인 인센티브에 대해 논의한다. 사용자들은 혁신을 하는 과정 자체를 높이 평가하기도 하는데, 혁신 과정 자체에서 흥미를 느끼거나 그 과정에서 새로운 것들을 배울 수 있다는 사실이 혁신의 인센티브로 작용하게 된다. 한 가지 흥미롭지만 이해하기 쉽지 않은 부분은 혁신을 수행하는 사용자들은 제품 개발을 직접 하고 싶을 정도로 그 과정을 즐길 수 있지만, 정작 전통적으로 혁신을 담당해온 제조자들은 제품 개발 전문가에게 월급을 주고 이 일을 의뢰해야 한다는 사실이다. 만약 제품 개발 전문가들이 그 과정 자체에서 오는 즐거움만으로 일한다면 기업가들에게는 아주 좋은 소식이 될 텐데 말이다.

제품 개발 과정은 제품과 관련된 다양한 문제 해결 과정이다. 다른 한편으로 생각해보면, 이런 문제 해결 과정 자체의 즐거움이 여러 분야에서 훌륭한 동기부여 요소가 되고 있음을 알 수 있다. 예를 들어, 전 세계 수백만 명의 십자말풀이 팬들에게는 십자말풀이의 해답이 중요한 것이 아니라 그것을 풀면서 즐기는 과정이 더 중요할 수 있다. 만약 이 논리가 잘 이해되지 않는다면 십자말풀이를 즐기는 사람에게 빈칸이 모두 채워진 십자말풀이(몇 시간씩 애써가며 채우려고 노력하는 바로 그 십자말풀이)를 한번 줘본다면 금방 이해할 수 있을 것이다. 아마 그 사람은 왜 남의 재미를 망치려드냐고 버럭 화를 내며 그 해답을 받으려 하지도 않을 것이다. 여기에서 중요한 점은 과정 자체의 즐거움이 상업적으로 유용한 제품을 만드는 데에도 똑같이 적용된다는 사실이다. 범용 소프트웨어(예를 들어, 아파치 서버와 같은 소프트웨어) 제품 개발에 자발적으로 참여하는 사람들의 동기에 관한 연구 결과들을 보면, 일 자체에서 오는 즐거움과 그 일을 하는 동안에 쌓이는 다양한 지식 때문에 상업적으로 뛰어난 소프트웨어 분야의 혁신에 뛰어들고 있음을 알 수 있다(Hertel et al. 2003; Lakhani and Wolf 2005).

4장 사용자의 저비용 혁신의 기회

일반적인 제품과 서비스의 개발 과정을 살펴보면, 제조자와 사용자가 서로 다른 종류의 혁신을 이룬다는 것을 알 수가 있는데, 이는 정보 비대칭information asymmetries에 기인한다. 제품 개발자는 성공적인 제품 개발을 위해 두 가지 정보가 필요하다. 하나는 사용자의 필요와 사용 환경에 대한 정보이고, 다른 하나는 포괄적인 문제 해결책에 관한 정보이다. 첫 번째 정보의 경우 사용자가 만들어내고, 두 번째 해결책은 사용자의 필요를 충족시켜 줄 수 있는 제품이나 서비스 혹은 이들을 이루는 요소 기술 등을 포함하는데, 초기에는 주로 사용자들의 필요를 만족시켜줄 만한 어떤 특별한 해결책을 가지고 있는 제조자들이 주로 만들어낸다. 이 책에서는 앞으로 이들 두 가지 정보를 '필요 정보'와 '해결 정보'라고 부르기로 한다. 필요 정보와 해결 정보를 동시에 한곳에 모으는 일은 여러 가지 이유로 인해 어려움에 부딪치게 된다. 필요 정보와 해결 정보 두 가지 모두 점착성stickiness을 가지고 있다. 점착성은 보통 어떤 물질이 다른 물질의 표면에 달라

붙어 잘 떨어지지 않는 성질을 일컫는 단어인데, 이 책에서는 앞으로 이를 정보의 특성을 표현하는 데 쓸 것이다. 정보의 점착성[information stickiness]이라는 단어는 정보가 생성된 장소로부터 다른 장소로 그 정보를 이동시키려고 할 때 많은 비용이 발생하는 것을 지칭하기 위해 사용된다. 따라서 정보의 점착성은 다분히 정보의 성질을 나타내는 경제학적 개념이다. 정보의 점착성으로 인해 사용자들은 일반적으로 제조자와 비교했을 때, 자신들의 필요에 대해 보다 정확하고 자세한 정보를 보유하게 된다. 이는 사용자들의 정보(필요 정보)가 점착성을 띠기 때문이다. 반대로 제조자들은 사용자들과 비교할 때 더 전문적인 지식을 갖게 되는 분야가 생기게 되고, 결과적으로는 해결 정보의 점착성이 커지게 된다.

정보가 점착성을 띠게 되면 정보 이동에 큰 비용이 발생하기 때문에 혁신자들은 자신들이 기존에 보유하고 있는 정보에 의존하게 된다. 사용자와 제조자 간의 정보 비대칭의 결과, 사용자들은 기능적으로 새로운 혁신을 시도하게 된다. 이러한 혁신들은 상당 부분 사용자의 필요 정보와 사용 환경 정보와 관련이 있기 때문이다. 반면에 제조자들은 이미 자신들에게 잘 알려진(제한된) 필요 정보를 바탕으로 점진적인 개선을 가져오는 혁신을 추구하게 되는데, 이는 제조자들이 오랜 기간 학습을 통해 보유하고 있는 해결 정보가 필요한 혁신일수록 더욱 그러한 양상을 띤다. 예를 들어, 재고 관리 분야에서 많은 혁신들은 회사의 핵심 관리 시스템으로 재고 관리 시스템을 사용하는 소매 전문 업체에 의해 이루어지고 있음을 알 수 있다. 그들의 핵심 사업은 재고 관리 시스템을 만드는 일이 아님에도 불구하고, 재고 관리 시스템을 사용하면서 발생한 오랜 기간의 학습과 정보의 점착성을 기반으로 기능적으로 새로운 사용자 혁신을 하게 되는 것이다. 다시 말해, 재고 관리 시스템의 사용자로서 축적한 필요 정보와, 오랜 기간 재고 관리 시스템을 관리하고 새로운 기능들을 더해본 경험에서 쌓인 해결 정보가 있기 때문에 소매 전문 업체들이 이 분야에서 사용자 혁신을 이루는 데 가장 좋은 조건을 가지고 있는 셈이다. 반면에 실제 재고 관리 시스템을 개발하는 시스템 개발업체들은 사용자들의 혁신적 재고 관리 방식을 실제 시스템에 적용하고, 또 점진적으로 시스템들을 개선해나가는 데 주력해왔다(Ogawa 1998).

여기에서 언급한 정보 비대칭의 논리를 한 단계 더 발전시켜보면, 사용자와 제조자 사이에 정보의 점착성이 존재하는 것과 마찬가지로 각 사용자들 사이에 그리고 각 제조자들 사이에도 보유하는 정보가 서로 다르다는 것을 알 수 있다. 한 사용자가 보유한 정보는 어떤 특정한 부분의 혁신을 이루는 데 필요한 것이므로, 그런 혁신을 이루는 데 들어가는 비용 또한 특정한 사용자에게는 다른 사람보다 덜 들어갈 것이다. 결과적으로 어떤 정보가 어떻게 주어져 있는지에 따라 사용자 혁신 활동은 여러 사용자들에게 분산된다. 좀 더 거시적인 혁신의 관점에서 보면, 한 사람의 사용자가 수행할 수 있는 혁신은 다른 어떤 사람의 혁신으로도 완전히 대체할 수 없는 것이다.

5장 왜 혁신을 무상으로 공개할까?

　　사회 구성원 개개인이 사용자 혁신을 하는 시스템은 자신의 혁신 결과물을 다른 사람들에게 확산시킬 수 있을 때 효율성이 극대화된다. 제조자-혁신자들도 제품이나 서비스를 시장에 판매할 때 부분적이나마 사회적 효율성을 높이는 데 보탬을 한다. (여기서 '부분적'이라고 한 이유는 제품을 시장에 공급할 때에는 혁신을 내재하고 있는 제품이 확산되는 것이지, 제품 안에 혁신을 이해하고 복제할 수 있는 정보를 제공하지는 않기 때문이다.) 만약 사용자-혁신자들이 자신들의 혁신의 결과를 사회 전체로 확산시키지 않는다면, 비슷한 요구 사항을 가진 많은 다른 사용자들이 똑같은 결과를 얻기 위해 각각 개발에 뛰어들어야만 하는 상황이 발생한다. 이는 사회복지의 관점에서 볼 때 아주 비효율적인 자원 낭비가 아닐 수 없다.

　　이 분야의 실증적 연구 결과들을 살펴보면, 사용자들은 전혀 예상치 못한 방법으로 자신들이 수행한 혁신을 광범위하게 확산시키고 있음을 알 수 있다. 사용자들은 자신들이 개발한 부분을 아무 대가 없이 무상으로 공개하는 것이다. 여기서 제품이나 서비스와 관련된 정보를 무상으로 공개한다는 것은 정보에 대한 지적재산권을 사용자가 자발적으로 포기하고, 관심 있는 모든 이들에게 정보를 열람할 수 있도록 하는 것이다. 다시 말해, 정보는 공공재public good가 된다.

　　사용자들이 자신들이 수행한 혁신의 상당 부분을 무상으로 공개한다는 실증 연구 결과들은 혁신을 연구하는 연구자들에게 크나

큰 충격이었다. 표면적으로 봤을 때는 사용자-혁신자가 보유한 정보가 다른 사람에게 가치가 있는 것이라면 자신의 모든 노력을 들여서라도 혁신이 무상으로 확산되는 것을 막으려고 할 것이기 때문이다. 보통 혁신을 이루는 데는 많은 비용이 들어가기 때문에 이런 현상은 더욱더 이해하기 힘들 수밖에 없다. 그럼에도 불구하고 이제는 개인 사용자와 기업 사용자, 그리고 제조자까지지도 혁신의 상당 부분을 무상으로 공개한다는 것을 당연하게 받아들이고 있다. 이 장에서는 왜 이런 일들이 일어나는지 자세히 논의할 것이다.

오픈소스 소프트웨어^{OSS: Open Source Software} 개발의 많은 실례들이 이런 현상에 대한 일반의 인식을 바꾸는 데 큰 역할을 했다. OSS 프로젝트에서는 각자의 비용 부담으로 개발된 프로그램 소스 코드를 무상 공개하는 것을 정책적으로 규정해놓고 있다. 이런 무상 공개 노력들은 또한 OSS 프로젝트 내에서 매우 주기적이고 조직적으로 이루어지고 있다(Raymond 1999). OSS 프로젝트의 확산으로 혁신의 무상 공개와 관련된 현상들이 주목을 받기는 했지만, 사실 OSS 훨씬 이선에도 이런 현싱들이 관찰되곤 했다.

1983년에 18세기 철강업계의 혁신에 관한 연구를 수행한 MIT의 톰 앨런^{Tom Allen} 교수가 아마도 이런 현상을 구체적으로 연구한 첫 연구자일 것이다. 이후 누볼라리(Nuvolari 2004)는 광산에서 사용하는 펌프 엔진의 초기 발전 과정에서 무상 공개가 어떻게 이루어졌는지에 관해 연구했다. 무상 공개에 관한 최근의 연구에는 폰 히펠과 핀켈스타인의 의료기기에 관한 연구(von Hippel and Finkelstein 1979),

림의 반도체 공정에 관한 연구(Lim 2000), 모리슨, 로버츠, 폰 히펠에 의한 도서관 정보 시스템 연구(Morrison, Roberts and von Hippel 2000), 그리고 프랑케와 샤의 스포츠 기구에 관한 연구(Franke and Shah 2003)등이 있다. 제조자들 사이에서 이루어진 무상 공개는 헨켈(Henkel 2003)의 내장 리눅스 소프트웨어 분야에 대한 연구에 기술되어 있다.

6장 혁신 공동체

사용자 혁신은 소수의 혁신적인 사용자들에 집중되어 있으리라는 예상과 달리 일반 사용자들 사이에도 널리 확산되어 있다. 그 결과 사용자-혁신자들 간에 서로 협력하고 노력을 결합하여 더 나은 제품으로 만들 수 있는 방법을 찾음으로써 사용자 혁신의 가치가 극대화되고 있다. 이 장에서는 이런 문제들을 혁신 공동체라는 개념으로 다루게 된다.

사용자들은 여러 다양한 형태의 협력을 통해 혁신 공동체를 이룬다. 사용자들의 직접적이고 비공식적인 협동(예를 들어, 다른 사람이 혁신을 할 수 있도록 돕거나 질문에 답하는 일)이 가장 흔한 형태의 협력이다. 가장 쉽게 관찰되는 또 다른 형태의 협력으로는 조직적인 협력이 있다. 사용자들은 조직적인 협력을 통해 네트워크와 공동체를 구성하고 혁신에 필요한 여러 가지 상호작용과 혁신의 확산을 위한 구조와 도구들을 공급받게 된다.

혁신 공동체들은 사용자와 제조자들이 혁신한 결과물들을 더 빠르고 효과적으로 테스트하고 보급할 수 있게 해준다. 또한 공동체에 참여하는 사람들이 만들어놓은 상호 연결 가능한 모듈interlinkable module을 통해 더 규모가 큰 시스템을 만드는 일이 가능해진다. 무상/공개 소프트웨어 프로젝트free and open source software projects들은 위에서 언급한 여러 가지 혁신 공동체의 특성을 잘 보여주는 인터넷 기반의 혁신 공동체이다. 혁신 공동체가 단순히 소프트웨어나 IT 제품에만 국한되는 것은 아니다. 일반적인 물리적 제품에도 혁신 공동체의 개념이 존재한다. 프랑케와 샤(Franke and Shah 2003)는 스포츠 관련 제품의 사용자 혁신 공동체가 그 분야의 사용자-혁신자에게 제공하는 가치에 대해 연구했다. 이들의 연구 결과를 보면 물리적인 제품의 혁신 공동체도 공개 소프트웨어 혁신 공동체와 많은 유사점들이 있음을 알 수 있다.

공공재는 일반인에게 무료로 공개된 혁신으로 볼 수 있는데, 이를 제공하기 위한 공동체의 노력은 전통적으로 '집단행동'을 다루는 문헌에서 연구되었다. 그러나 현존하는 혁신 공동체에서 보이는 행동들은 몇 가지 중요한 점에서 기존의 문헌에서 다루던 공동체의 행동양식과 다르다고 할 수 있다. 혁신 공동체에서는 본질적으로 훨씬 더 적극적이고 조직적으로 회원을 모집하거나 회원들의 긍정적인 행동에 대해 보상한다. 게오르그 폰 크로그Georg von Krogh와 본 저자는 혁신에 공헌하는 사람들이 무임승차자(공동체에 공헌하지 않고 가져가기만 하는 자)들과는 달리 개인적인 보상을 받게 되는데, 이런 보상 메커니즘이야말로 혁신 공동체의 여러 행동을 가능하게 하는 중요한 원인이라고 생각한다. 예를 들어, 사용자-혁신자가 개발하고 무상으로 공개한 제품은 그것을 개발한 당사자의 필요에는 충분히 부합하지만 무임승차자들의 조건에는 그만큼 잘 맞지 않을 것이다. 혁신 공동체들은 이렇게 개인이 혁신하고 공동체가 이익을 공유하는 형태의 private-collective 혁신을 가능하게 하는 인센티브 구조를 잘 보여주고 있다(von Hippel and von Krogh 2003). 이 장에서는 이런 새로운 공동체 개념과 모델들에 대해 자세히 논한다.

7장 사용자 혁신을 위한 정책 변화

사용자들에 의한 혁신은 '좋은 것'인가? 복지 경제학자들은 어떤 현상이나 변화가 사회복지에 미치는 영향을 연구함으로써 이런 질문에 대답한다. 헨켈과 폰 히펠(Henkel and von Hippel 2005)은 사용자 혁신이 사회복지에 끼치는 영향에 대해 연구했다. 연구 결과에 따르면, 생산자들만이 혁신을 하는 세계와는 달리 사용자들에 의한 다양한 혁신이 무상 공개되는 시스템에서는 사회복지가 반드시 증가하게 된다. 즉, 정책 입안의 방향을 정할 때 적어도 법률이나 규정이 생산자의 편을 들어 사용자-혁신자들에게 피해가 가는 일이 없도록 보장해야 하며, 나아가서는 사용자 혁신이 더 활발히 일어날 수 있도록 제도적으로 뒷받침해야 한다.

　　사용자 혁신과 생산자 혁신 사이에서 중립적으로 정책 입안을 하기 위해서는 여러 가지 중요한 변화들이 일어나야만 한다. 과거와 현재의 정책 결정이 개방적이고 분산된 혁신에 미친 영향을 생각해 보자. 지난 30년간의 연구를 통해 많은 학자들이 지적재산권법이 효과를 나타내지 못하는 경우가 자주 발생한다는 것을 알게 되었다. 지적재산권법은 원래 혁신 투자를 증가시키려고 고안된 법이다. 그러나 대신 특허와 저작권의 범위의 경제economies of scope가 점차 발생하면서, 정책 입안자들의 의도와 사회 전체의 복지에 반하는 지적재산권 제도의 남용 사례들이 나타나고 있다. 대기업들은 특허권 포트폴리오를 발전시키는 데 투자할 여력이 있고, 이를 통해 밀도 높은 특허망patent thickets(폭넓은 지적 재산에 대해 소송을 제기할 수 있는 근거를 제시해주는 밀도 높은 특허권 네트워크)을 만들게 된다. 이것은 다른 기업이 더 우수한 혁신을 발표하는 것을 막거나 더 약한 경쟁업체로부터 특허권을 요구할 때 유리하게 사용된다(Shapiro 2001). 영화, 출판업, 그리고 소프트웨이 업체에서 판권이 보호된 많은 양의 작품들을 위와 같은 바람직하지 않은 목적으로 사용한 사례들이 나타나고 있다(Benkler 2002). 혁신이 분산되어 이루어지고 상대적으로 적은 양의 지적 자산이 생산되기 때문에 사용자 혁신은 위와 같은 기업들과 비슷한 경쟁을 하는 것이 불가능하다.

　　또 한 가지 주목해야 할 점은 대부분의 경우 사용자와 제조업체들이 혁신 제품의 원형prototypes을 경제적으로 만들기 위해 기존 시

　　　　　　　　　　　　　　　　　　　　| 소셜 이노베이션 |

장의 제품을 새로운 목적에 맞게 변형시키는 경향이 있다는 점이다. 예를 들어, 미국의 디지털 밀레니엄 저작권법[DMCA: Digital Millenium Copyright Act](1998년에 미국 의회가 자국 내 온라인 디지털 콘텐츠의 저작권 보호를 위해 제정한 포괄적인 법안)과 같은 법률들은 법적으로 보호된 작품들을 불법으로 복제하지 못하게 한다는 본래의 취지와는 달리, 사용자가 자신이 구입한 제품을 개조하지 못하게 하는 부작용을 낳기도 한다(Varian 2002). 공평성과 사회복지라는 측면에서 혁신과 관련된 정책은 혁신의 원천에 대해 중립적 입장을 취해야만 한다. 이에 대해 8장에서 자세히 논하기로 한다.

사용자 혁신의 장애 요소들은 법률이나 정책을 수립함으로써 해결될 수도 있다. 그러나 현존하는 법률과 정책의 수혜자들은 아마도 이 같은 변화에 반대할 것이 분명하다. 다행스럽게도 이런 문제점을 피해갈 수 있는 방법은 사용자들의 손에 달려있다. 예를 들어, 한 분야의 많은 혁신자들이 자신들이 개발한 것을 무료로 공개하기로 했다고 가정해보자(실제로도 대부분의 경우에 이런 무료 공개에는 타당한 이유가 있다). 이 경우에 사용자들은 조직적으로 현재 사유재산으로 분류된 정보의 상당 부분을 포함하고 있는 정보 공유지[information commons](모든 이들에게 무료로 제공되는 정보의 공유지)를 만들 수 있다. 그러면 사용자-혁신자들은 무료로 공개된 이 대체재로 지적재산권법의 제한을 어느 정도 피해갈 수 있다(Lessig 2001). 소프트웨어 분야에서 일어나고 있는 현상은 위에서 설명하고 있는 정보 공유지의 개념을 잘 나타내주고 있다. 소프트웨어로 해결해야 하는 많은 문제들에 대해서 이 분야의 혁신-사용자들은 마이크로소프트나 다른 소프트웨어 업체에서 제공하는 폐쇄적인 사유 소프트웨어^{Proprietary &} ^{closed software}와 인터넷에서 합법적으로 다운받고 그들의 사용 목적에 따라 개조할 수 있는 공개 소프트웨어 중에서 선택할 수 있다.

사용자와 생산자가 동등하게 경쟁할 수 있도록 정책을 수립하면, 생산자들에게 피해를 주지 않으면서도 그들의 더 빠른 변화를 유도할 수 있다. 개방적이고 분산된 혁신 과정이 많이 진행된 분야를 살펴보면 생산자들이 적응하는 모습과 방법을 확인할 수 있다. 일례로, 어떤 생산자들은 개발 플랫폼과 같은 제품을 만들어서 공급할 때 사용자-혁신자들은 이러한 플랫폼을 통해 자신을 위한 제품을 개발하고 사용할 수 있게 된다. 다시 말해, 플랫폼 제품 자체가 더욱더 많은 혁신을 가져오게 되는 것이다.

8장 혁신의 민주화

컴퓨터 소프트웨어와 하드웨어가 꾸준히 개선되고, 혁신을 쉽게 만들어주는 컴포넌트와 도구들이 등장하며, 정보 공유지가 증대됨에 따라 사용자들의 혁신 능력은 급속도로 향상하고 있다. 오늘날 사용자가 설립한 회사뿐 아니라 취미로 혁신을 하는 개인들조차도 세련된 프로그래밍 툴과 CAD 디자인 프로그램을 쉽게 이용할 수 있다. 이런 도구들은 개인용 컴퓨터에서 실행이 가능할 뿐 아니라 가격도 개인이 감당할 수 있을 정도로 많이 저렴해졌다. 이는 사용자들의 욕구 다변화와 주문형 제품에 대한 수요가 늘어나는 추세와 맞물려 사용자 혁신을 지속적으로 늘어나게 하는 중요한 원인이 된다.

위에 설명된 혁신 자원들은 예전부터 기업에 속한 소수 사람들만이 사용할 수 있었다. 기업 내의 수석 디자이너들은 오래전부터 엔지니어와 디자이너들을 감독하고 통제함으로써 초기 시제품을 빠르게 만들고 실험할 수 있었다. 자동차 디자인과 의류 디자인 분야를 포함한 다른 분야도 마찬가지다. 최고의 자동차 디자이너들 옆에는 그들의 디자인을 빠르게 실현하고 실험할 수 있도록 도와주는 엔지니어와 모델 제작자들이 항상 있었다.

우리가 이 책에서 앞으로 살펴보겠지만, 비중 있는 혁신을 하기 위한 정보가 널리 보급될 수만 있다면 일부 개인에게만 혁신을 위한 자원을 집중적으로 공급하는 기존의 방법은 상당히 비효율적이다. 혁신을 지원하기 위한 고비용 자원을 '적절한 정보를 가지고 있는 적절한 사람'에게만 효율적으로 배치하는 것은 거의 불가능하다. 널리 통용되고 가치 있는 혁신이 개발되어 알려지기 전까지는 여기서 말하고 있는 '적절한 사람들'이 누구인지 정확히 알아낼 방법이 없기 때문이다. 제품 설계와 시제품 제작을 위한 양질의 자원 가격이 낮아지면 이 자원들은 널리 보급될 수 있고, 이를 통해 자원 분배의 문제가 많은 부분 해결된다. 이 모든 과정의 최종 결과는 '새로운 것을 창조를 할 수 있는 기회가 민주화되는 것democratizing the opportunity to create'이다.

동등한 기회가 주어지면 사용자들은 점차적으로 혁신의 중요한 근원이 될 것이고, 생산자들의 혁신 활동을 대체하거나 보충하게 될 것이다. 정보재의 경우 사용자들은 생산자의 서비스가 없이도 아무런 문제가 없는 단계에 이를 수 있다. 공개 소프트웨어 프로젝트를 통해 배울 수 있는 것은 사용자들이 생산자 없이 사용자 공동체의 자원만을 활용해서 창조, 생산, 보급, 사용자 지원, 프로그램 보완, 그리고 복잡한 제품 이용이 가능하다는 점이다. 정보재가 아닌 일반 제품의 경우 사용자들에 의한 제품 개발은 생산자의 제품 개발 단계를 완전히 대체할 수 있는 정도까지 진화할 수 있다. 이 경우 제품의 직접적인 생산은 사용자들에 의해 쉽게 대체되기 어려운데, DIY^{do-it-yourself} 사용자들보다는 생산자들이 생산과 분배에 관련된 규모의 경제를 쉽게 이루기 때문이다.

카이트 서핑^{Kitesurfing}(서핑과 패러글라이딩을 접목한 레저 스포츠) 분야를 살펴보면, 생산자들의 제품 개발자로서의 역할을 사용자들이 점점 대체해나가고 있는 것을 알 수 있다. 이 분야에서는 사용자 혁신 공동체의 공동 제품 설계와 실험 작업이 카이트 서핑 장비 생산자 기업 내부의 제한된 개발 노력에 비해 질과 양 모든 면에서 상대적으로 명백히 뛰어나다. 장비 생산자들은 제품을 설계하는 기존의 역할에서 방향을 전환해서 사용자-혁신 공동체에서 처음 개발되고 실험 작업을 마친 제품들을 생산하는 것에 초점을 맞추고 있다.

그렇다면 생산자들은 기존에 해왔던 자신들의 사업 활동에 대한 이런 도전을 수용해야만 할까? 만약 그렇다면 어떤 방법으로 이런 변화에 적응해야 할까? 일반적으로 세 가지 가능성이 존재한다.

(1) 사용자가 개발한 혁신을 상업적인 목적으로 생산하거나 특정한 사용자들을 위한 맞춤형 생산^{custom manufacturing}을 제공한다.

(2) 사용자 혁신과 관련된 임무를 수월하게 하기 위한 제품 설계 도구 혹은 제품 관련 플랫폼을 판매한다.

(3) 사용자가 개발한 혁신과 보완되는 제품^{complementary products} 또는 서비스를 판매한다.

사용자들이 이미 활발한 제품 설계 활동을 하고 있는 분야의 기업들은 이미 이 모든 가능성을 실험하고 있다.

9장 선도 사용자 혁신의 탐색

생산자들은 자신들이 보유하고 있는 제한적인 지식에 근거해 혁신 과정을 설계한다. 대다수의 생산자들은 제품 및 서비스 개발이 항상 자기들에 의해서만 이루어진다고 생각한다. 이들은 고객이 필요로 하는 부분을 찾아내 그것을 충족시키기만 하면 된다고 생각하지, 선도 사용자들이 이미 개발해놓은 것을 찾아내 상업화하는 것은 미처 생각하지 못하는 경우가 태반이다. 따라서 생산자들은 자신들이 이해하고 있는 그대로 혁신 과정을 설계하는데, 이는 보통 시장조사 부서를 따로 만들어 핵심 시장의 고객 요구를 조사하거나 제품개발 팀을 따로 만들어 그 요구에 부응하는 제품을 만들어내는 식이다. 드물게나마 선도 사용자들의 욕구와 그에 맞는 시제품이 출현하더라도 일반적으로 관심 대상 밖의 아웃라이어^{outlier}로 취급된다. 이전의 연

구를 통해 증명된 바와 같이 사용자들에 의해 이루어진 혁신의 결과
들이 기업 혁신의 중요한 원천이 되는데, 이런 과정을 거쳐 선도 사용
자들의 혁신 제품이 기업의 생산 라인에 들어가게 되더라도 대개 일
반적이지 않고 비체계적인 방법을 통해서 더디게 도입된다. 예를 들
어, 제조업자는 혁신 사용자 업체 측에서 업체 내부의 욕구를 충족시
키기 위해 제조업자에게 먼저 디자인의 대량 생산을 의뢰할 경우에
만 사용자 혁신을 '발견'할 수 있다. 또는 제조업체의 영업 내지는 서
비스 사원들이 고객업체에 방문했을 때 가능성 있는 시제품 형태의
사용자 혁신을 발견할 수도 있다.

선도 사용자가 만들어낸 혁신 제품을 체계적으로 찾아내고 발
전시키는 방향으로 기업의 혁신 과정 자체를 변화시키는 것은 궁극
적으로 기업들에게 더 나은 혁신 과정과 성과를 가져오게 한다. 3M
에서 진행된 실험은 이런 가능성을 보여준다. 3M의 선도 사용자
프로젝트에서 선도 사용자의 아이디어가 산출한 연간 매출은 1억
4,600만 달러로, 전통적인 방식으로 개발된 신제품(1,800만 달러의
예상 수익)에 비해 8배나 높은 것으로 예측되었다. 더 중요한 점은 이
선도 사용자 프로젝트는 신제품을 위한 새로운 아이디어를 생산하는
데 반해 전통적인 시장 조사 방법은 기존의 제품을 약간 향상시키는
아이디어를 만들어낼 뿐이라는 점이다. 그 결과 3M에서 선도 사용자
프로젝트에 자금을 제공하는 부서에서는 지난 50년간 가장 큰 규모
의 주요 제품 라인을 새롭게 만들어낼 수 있었다(Lilien et al. 2002).

10장 사용자 혁신과 맞춤형 제품 설계를 위한 툴킷

기업이 분산된 혁신 과정과 그 속에서의 사용자의 역할을 이해할 수 있다면, 그 기업은 선도 사용자 혁신에 영향을 주는 요소를 바꿈으로써 자신이 원하는 속도와 방향에 맞게 사용자 혁신에 영향을 줄 수 있다. 사용자 혁신 맞춤 디자인에 쓰이는 툴킷toolkit을 이용하면, 기업은 사용자 혁신에 영향을 줄 수 있다. 이 접근 방법에는 제품 개발과 서비스 개발 프로젝트에서 필요 정보에 관련된 작업들과 해결 정보에 관련된 작업들로 분리하는 작업이 필요하다. 이런 세분화 작업을 거친 후에 필요 정보에 관련된 작업들이 사용자들에게 주어지는데, 이때 작업을 효율적으로 실행하기 위한 툴킷이 함께 제공된다. 이런 툴킷의 사용은 결과적으로 이동이 어려운 정보가 같은 장소에 모여 있게 하고,* 문제 해결 활동을 도와줌으로써 사용자들이 더욱더 효과적이고 경제적으로 혁신 활동에 임할 수 있도록 한다. 결국에는 사용자들이 이런 툴킷에 끌리게 되고, 그 결과 기업들은 사용자들이 무엇을 개발하는지 또 어떻게 개발하는지에 영향을 줄 수 있게 되는 것이다. 주문형 반도체 산업은 툴킷의 얼리 어답터early adopter였다. 2003년에는 이 방법으로 설계된 반도체가 1,500만 달러 정도의 규모로 생산되었다.

사용자 혁신을 지원하고 이를 기업의 혁신 활동과 연계시키기 위

---

* 이러한 주장의 배경에는 정보의 점착성이라는 중요한 개념이 자리하고 있다. 이에 대해서 상세한 설명이 10장에 이어진다.

해 툴킷 접근법^{toolkit approach}을 채택하는 제조업자들은 비즈니스 모델을 대폭 수정하게 되며, 어떤 경우에는 그 기업이 속해 있는 산업 전체가 이런 변화에 직면하기도 한다. 예를 들어, 반도체 제조업계에 툴킷이 도입됨으로써 이전에는 고객에게 제품 설계와 제조 서비스 둘 다를 제공하던 주문형 반도체 제조업자들이 제품 설계 작업의 많은 부분을 고객에게 이관하게 되었다. 그 후 이 제조업자들 중 상당수는 주로 생산 서비스만을 공급하는 반도체 전문 제작업체가 되었다. 제조업자들은 이런 변화를 원할 수도, 원하지 않을 수도 있다. 그러나 툴킷이 활성화된 분야에서 경험한 바와 같이 고객은 기존의 제조업 중심의 개발 관습보다는 자신들이 툴킷을 이용해 직접 맞춤형 제품을 설계하는 것을 선호한다. 따라서 툴킷의 도입이 가능한 분야의 제조업자들은 툴킷 도입을 선도해야만 한다. 그렇지 않으면 계속해서 선도업체에게 끌려갈 수밖에 없는 입장에 놓이게 된다.

11장 사용자 혁신과 다른 분야의 연계성

11장에서는 사용자 혁신이라는 개념이 관련된 현상과 연구들에 어떤 연관성이 있는지 살펴본다. 현상에 관해서는 사용자 혁신과 정보 공동체의 관계에 대해 살펴본다. 열린 정보 공동체의 한 예로 온라인 백과사전인 위키피디아^{www.wikipedia.org}를 들 수 있다. 비슷한 공동체로는 일반 질환과 희귀 질환을 앓고 있는 개인들이 서로를 찾을 도 있고, 전문의도 찾아볼 수 있는 전문적인 인터넷 사이트도 있다. 사용자 혁신 공동체가 갖는 여러 장점들은 열린 정보 네트워크와 공동체에도 똑같이 적용이 된다. 정보 공동체를 분석하기 위해서는 이 책에서 거론되는 혁신 공동체의 분석 방식이 그대로 쓰이는데, 일반적으로는 정보 공동체의 분석이 비교적 더 단순하다. 열린 정보 공동체의 경우에는 특정 소유권이 있는 정보가 적거나 거의 존재하지 않기 때문에 참여자들의 손실 위험이 적거나 아예 없다.

11장의 후반부에서는 사용자 중심의 혁신 현상과 포레이(Foray 2004)와 웨버(Weber 2004)에 의해 꾸준히 발전된 지식 경제economics of knowledge에 관한 연구 사이의 연결 고리에 대해 이야기한다. 또한 국가 차원에서의 경쟁 우위에 관한 포터의 연구(Porter 1991)와 국가의 선도 사용자가 제품 개발자가 되는 과정에 관한 연구 결과를 연결시켜 이해해보도록 한다. 마지막으로 이 책에서 설명된 연구 결과들이 기술의 사회적 구성론(Pinch and Bijker 1987)과 어떻게 연결되고 서로 보완하는지에 대해 논의한다.

이 책의 결론 부분에서는 사용자 혁신, 무상 공개, 그리고 사용자 혁신 공동체가 언제 어떤 상황에서 번성하게 되는지에 대해 논의하고자 한다. 사용자 혁신이 어느 때나 제조자 혁신을 대체하는 것은 아니다. 우리가 제조업 중심의 혁신에 관해 알고 있는 것들이 아직도 중요하기는 하지만, 선도 사용자 중심의 혁신이 점점 더 중요해지고 있으며 우리 모두에게 새로운 기회와 도전을 제시하는 것은 분명한 사실이다.

1장

선도 사용자를 통한 제품 개발

DEVELOPMENT OF PRODUCTS BY LEAD USERS

참신한 제품이나 서비스의 생산은 개발자들의 역할이라는 생각은 학계나 일반인에게 익숙하다. 상품의 사용자인 우리는 기존에 존재하는 상품의 문제점들을 발견하거나 새로운 상품이 나오길 바랄 때 '누군가'가 이걸 개발해야 한다고 생각한다. 우리 스스로는 아니라는 말이다. 뿐만 아니라 개인 사용자들을 지칭하는 '소비자'라는 기존의 용어는 사용자들이 제품이나 서비스 개발 과정에 적극적인 주체가 아니라는 것을 암시한다. 그럼에도 불구하고 사용자 기업*과 일반 개인 사용자 모두는 곳곳에서 빈번하게 제품을 개발하거나 수정하고 있고, 그 효과가 중요하다는 것을 잘 보여주는 실증 결과들이 있다.

---

* 여기서 말하는 사용자 기업이란 생산자 기업과 대비되어 기업 간 거래에서의 사용자 측에 있는 기업을 말한다. 이 책에서 전반적으로 거론되고 있는 사용자라는 개념은 일반 개인 사용자뿐 아니라 기업 간 거래에서의 사용자 기업(user firm)에도 적용된다.

1장의 전반부에서는 실제로 다양한 분야에서 많은 수의 사용자들이 제품을 더 편리하게 사용하기 위해 제품을 직접 개발하고 수정하는 사례들을 살펴본다. 그리고 다수의 혁신이 선도 사용자들에 의해 일어나고 있다는 것과, 선도 사용자들에 의한 혁신이 종종 실제 상품으로 상업화되는 과정에 대해 이야기하도록 하겠다.

사용자들이
혁신의 주체가 되다

〈표 1.1〉을 보면, 사용자 혁신이 얼마나 자주 또 다양한 분야에서 이루어지고 있는지를 살펴볼 수 있다. 기업 사용자 또는 개인 사용자들이 자신들의 사용을 위해 스스로 제품을 개발하거나 수정하는 빈도가 10~40%에 이른다. 이 연구는 산업재부터 스포츠 용품과 같은 소비재까지 다양한 분야에서 진행되었는데, 산업재의 경우 사용자가 기업인 경우가 많았고, 스포츠 용품의 경우 개인 소비자가 사용자인 경우가 많았다.

〈표 1.1〉에 소개된 연구들은 사용자에 의한 상품 개발과 수정이 자주 일어나고 있음을 잘 보여준다. 하지만 이 연구 결과가 전체 사용자 인구의 혁신 비율을 반영한다고 말하기에는 무리가 있다. 응답자

들이 가지고 있는 편견이 연구에 어느 정도 영향을 주었을 가능성이
있기 때문이다.* 또한 각 연구들은 그 상품에 지대한 관심을 가지고
있는 사용자들의 혁신 비율을 살펴본 것이다. 〈표 1.1〉의 4번째 항목

〈표 1.1〉 사용자 혁신에 관한 연구 결과

	조사된 사용자의 종류와 수	사용자 혁신율 (사용을 위해 제품을 개발한 비율)	출처
산업재			
인쇄회로 CAD 소프트웨어	PC-CAD 회의에 참여한 사용자 기업의 136명의 참석자들	24.3%	Urban and von Hippel 1988
배관 장비	74개 배관 장비 업체들의 직원들	36%	Herstatt and von Hippel 1992
도서관 정보 시스템	OPAC 정보 시스템을 사용하는 102개 호주 도서관들의 직원들	26%	Morrison et al. 2000
외과 수술 장비	독일의 대학병원에서 근무하는 261명의 외과 수술의들	22%	Lüthje 2003
아파치 OS 서버 보안관련 소프트웨어	131명의 고급 아파치 사용자들(웹마스터들)	19.1%	Franke and von Hippel 2003
소비재			
아웃도어 제품	153명의 아웃도어 제품 우편 판매 상품 안내서 수령자들	9.8%	Lüthje 2004
익스트림 스포츠 관련 장비	197명의 4가지 서로 다른 익스트림 스포츠 클럽의 멤버들	37.8%	Franke and Shah 2003
산악자전거 장비	특정 지역의 291명의 산악자전거인들	19.2%	Lüthje et al. 2002

다수의 응답자들은 스스로 사용할 목적으로 표에 제시된 8개 제품 분야에서 제품을 개발하거나 수정한 적이 있다고 응답했다.

을 보면 대학 부설 병원의 수술의들은 자신들에게 적합한 수술 기구를 갖는 것에 큰 노력을 기울이고, 마찬가지로 8번째 항목의 산악자전거 이용자들은 자신들의 스포츠에 꼭 맞는 자전거에 대해 높은 관심을 가지고 있다.

관심의 정도가 줄어들수록 사용자가 혁신을 할 확률도 줄어든다.[**] 6번째 항목의 아웃도어 용품을 구매하는 사용자들에 대한 연구가 이를 보여준다. 이 항목의 응답자들은 겨울 재킷, 침낭 등 상대적으로 일반적인 아웃도어 상품을 판매하는 업체들이 보낸 우편 판매 상품 안내서를 한 개 이상 받아보는 사람들이었다. 질문의 대상자들은 (산악자전거와 같이 매우 구체적인 경우가 아니라) 위의 다양한 상품의 종류 중 어느 하나라도 개발하거나 수정해본 경험이 있냐는 질문을 받았는데, 오직 10%만이 긍정적인 대답을 했다. 물론 전 세계의 수천만 명의 전체 사용자의 10% 혹은 5%라면 여전히 작은 숫자는 아니다. 따라서 우리는 다시 한번 많은 수의 사용자들이 상품을 개발하거나 수정한다는 것을 깨닫게 된다.

위의 연구는 사용지가 직접 개발하거나 수정한 상품들이 갖는

---

[*] 만약 누가 당신에게 혁신을 해본 경험이 있냐고 묻는다면 혁신을 해본 사람들이 '그렇다'고 대답할 확률이 높아진다. 혁신을 해본 경험이 응답 여부에 영향을 주기 때문에 편향성(bias)을 가질 가능성이 있다.

[**] 표의 4번째 항목에서 보다시피 대학병원 외과의사들은 외과 수술에 쓰이는 도구나 장비들에 당연히 관심이 더 많을 것이고, 마지막 연구에서 보는 바와 같이 산악자전거를 타는 사람들이 일반인과 비교해서는 훨씬 산악자전거 관련 장비에 대한 관심이 많을 것이다. 이런 사용자들의 범위를 넓혀보면 관심의 정도가 사용자 혁신율에 얼마나 영향을 끼치는지를 알 수 있다. 여기서 사용자 혁신율이란 전체 경우의 수 가운데 사용자가 개발 후 사용을 목적으로 개발하는 경우의 비율을 말하며, 개발 후 판매를 목적으로 하는 경우는 제외된다.

상업적 중요성이나 기술적 중요성의 상한선이나 하한선을 정해놓지 않았다. 따라서 대부분의 경우에는 그 중요성이 크지 않을 가능성이 높다. 어느 분야든지 혁신의 정도가 아주 큰 급진적 혁신(radical innovation)은 그리 자주 일어나지 않고, 이런 점에서는 사용자 혁신의 경우도 마찬가지라고 볼 수 있다. 하지만 그렇다고 해서 혁신의 가치가 사소한 것이라고 볼 수는 없다. 기술적인 진보는 결국에는 작은 규모의 혁신들이 누적되면서 일어나는 것이기 때문이다. 홀란더는 1965년 엔진 섬유 제조 기업에서 일어난 원가 절감의 80%는 사소한 기술 변화가 누적되면서 일어났다고 밝혔다(Hollander 1965). 나이트는 개인 디지털 컴퓨터의 성능 향상을 측정해 위의 연구와 유사한 결과를 찾았다(Knight 1963, vii, 2-3). 컴퓨터 디자이너들 개개인이 전자공학과 관련된 지식을 활용해 작은 규모로 여러 번 개선을 일으킨 결과, 그것들이 합쳐져 중요한 성능 변화를 가져오게 되었다.

사용자에 의한 상품 개발이나 수정의 대부분은 작은 규모로 이루어지지만, 그 결과물을 보면 사소하거나 기존의 기능을 약간 개선한 혁신만을 하는 것은 결코 아니다. 이전의 연구 결과들을 살펴보면, 주요한 공정 개선은 사용자에 의해 이루어졌음을 알 수 있다. 애덤 스미스는 "노동을 줄이고 편리하게 하며, 한 사람의 노동자가 여러 사람의 몫을 할 수 있게 해준 아주 많은 수의 기계들을 발명한 것이 얼마나 중요한 일이었는지"를 강조했다(Smith 1776, 11-13). 그는 또한 "노동이 최대한으로 세분화된 공장에서 사용되는 기계의 대부분은 원래는 평범한 노동자들이 발견한 것이다. 이 노동자들은 아주 간단한 공정에서 일하던 사람들로 그들은 자연스럽게 일하기 더 편리하고 쉬운 기계를 고안하게 됐다"고 말한다.

로젠버그(Rosenberg 1976)는 미국의 기계 장치 산업의 역사를 연구하면서 선반기旋盤機나 제분기와 같은 중요한 기계들은 이것을 아주 필요로 하는 기업 사용자들에 의해 고안되고 개발되었다는 사실을 알아냈다. 초기의 중요한 기계 장치 사용자-개발자들로는 직물 제조업체, 총기 제조업체, 재봉기 제조업체가 있다. 다른 연구 결과들 또한 가장 중요하고 기발한 상품이나 프로세스는 기업 사용자와 개인 사용자들에 의해 고안되었음을 보여준다. 에노스(Enos 1962)는 정유 분야에서 중요한 혁신의 거의 대부분을 기업 사용자들이 했다는 연구 결과를 발표했다. 폰 히펠(Von Hippel 1988)은 사용자들이 과학 기구 분야에서의 일어난 가장 중요한 혁신의 80% 가량과 반도체 제조 분야에서 중대한 혁신의 대부분을 이루었음을 밝혔다. 파비트(Pavitt 1984)는 영국 기업의 주요한 발명들이 기업 내부에서 자신들이 사용하기 위해 이루어졌다는 것을 밝혔다. 샤(Shah 2000)는 4개의 스포츠 분야에서 일어났던 혁신 중 가상 상업적으로 중요했던 장비의 혁신들은 개인 사용자들에 의해 고안된 경우가 많다는 것을 보여주었다.

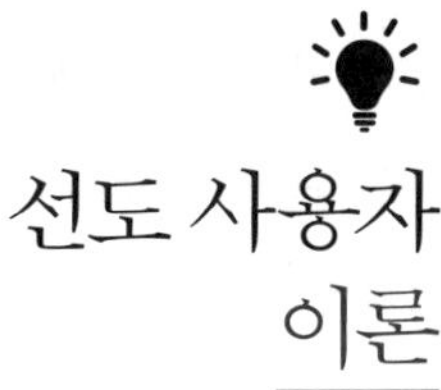

선도 사용자
이론

　사용자 혁신에 대한 실증 연구의 두 번째 중요한 결과는 사용자에 의해 개발되거나 수정된 상품은 (그리고 상업적으로도 가장 가치가 있는 상품들은) '선도 사용자$^{lead user}$'의 특징을 가진 사용자에 의해 만들어졌다는 점이다. 서장에서 보았듯이 선도 사용자는 전체 사용자 중 다음의 두 가지 명확한 특징을 가지고 있는 대상으로 정의된다.

(1) 중요한 시장 트렌드에서 선두적인 위치에 있으며, 그 결과 현재 이들이 가지고 있는 필요는 향후 그 시장의 다수의 사용자들이 겪게 되는 필요다.

(2) 자신들의 필요를 해소하는 해결책을 통해 상대적으로 높은 수준의 효용을 얻는다고 예상하고, 그래서 혁신에 참여한다.

　선도 사용자를 위와 같은 두 가지 특징으로 정의하게 된 데는 다음과 같은 논리가 적용되었다(von Hippel 1986). 먼저 '중요한 시장 트렌드에서 앞서 있다'는 내용은 시장에서 선도적인 위치에 있는 선도 사용자들이 개발한 혁신들이 마찬가지로 상업적 매력도도 가지고 있을 것이라는 가정에 기반하고 있다. 사람들이 필요로 하는 것은 항상 변하기 마련이다. 사람들의 필요는 진화하고, 때로는 근본적인 트렌드의 변화에 따라 형성되기도 한다. 확산 이론diffusion theory의 내용처럼, 사람들을 트렌드에 따라 분류할 수 있다면 중요한 트렌드에서 앞서 있는 사람들이 오늘 (혹은 올해) 겪고 있는 필요를 시장의 다수 사용자가 내일 (혹은 내년에) 겪게 될 것이다. 따라서 선도 사용자들이 자신의 필요를 해결하기 위해 스스로 개발하고 수정한 상품에 다수의 사용자들이 향후에 매력을 느끼게 될 것이다. 혁신에 대한 효용의 예상치와 혁신이 일어날 확률 사이의 연관성은 산업재의 제품 및 공정 혁신에 관한 연구에서 그 근거를 찾아볼 수 있다. 이 연구에 따르면, 혁신을 통해 얻을 수 있다고 예상되는 효용이 클수록 사용자가 해결책을 얻기 위해 투자하는 정도도 커진다. 여기서 해결책이란 스스로 혁신을 하거나 비용을 지불하고 다른 사람이 이루어놓은 혁신을 구입하는 것을 말한다(Schmookler 1966; Mansfield 1968).

선도 사용자 이론은 다수의 사례를 통해 뒷받침되었다. 모리슨과 로버츠, 미젤리(Morrison, Roberts, and Midgely 2004)는 디지털 도서관 정보 시스템을 사용하는 호주 도서관 이용자를 대상으로 혁신을 하는 사용자와 그렇지 않은 사용지로 구분한 후 가가의 특성에 대해 연구를 진행했다. 그 결과 도서관 표본에서 선도 사용자의 두 가지 특성이 지속적으로 일관되게 발견되었다. 또한 선도 사용자의 두 가지 특성과 사용자들이 실제로 혁신을 하는 것 사이에 높은 상관관계가 있다는 것을 찾을 수 있었다. 아파치 웹 서버 소프트웨어의 사용자를 혁신을 하는 사용자와 그렇지 않은 사용자로 구분해 진행한 프랑케와 내가 함께 연구한 내용 또한 위의 사례를 뒷받침한다

(Franke and von Hippel 2003b). 뿐만 아니라 사용자 혁신이 가지는 상업적 매력도는 그 사용자가 선도 사용자의 특성을 많이 가질수록 증가한다는 것을 이 연구는 보여주고 있다.

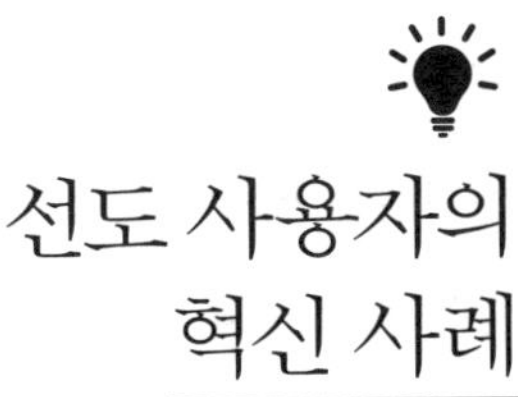

선도 사용자의 혁신 사례

연구 결과를 살펴보면, 사용자 혁신은 대개 선도 사용자 특성을 가진 사용자들에 의해 일어난다. 또한 선도 사용자가 개발하는 상품들은 향후 상업적인 상품의 토대를 제공하는 경우가 많다. 지금부터 살펴볼 연구들은 여러 방법을 통해 진행되었고 다수의 시장과 혁신자 유형을 포함하기 때문에 상당한 설득력을 가지고 있다. 네 개의 연구를 간략히 살펴보고 연구 결과의 핵심에 대해 논의해보자.

기업 사용자의 산업재 혁신

첫 번째 실증 연구로 어반과 나의 연구 사례를 살펴보자(Urban and von Hippel 1998). 우리는 회로 기판 설계 소프트웨어의 사용자 중 혁신하는 사용자를 살펴보고, 사용자가 혁신에서 갖는 역할에 대해 연구했다. 회로 설계 소프트웨어 PC-CAD: printed circuit computer-aided design

^{software} 시장에서 가장 중요한 트렌드는 회로판에 전기 회로망을 점점 더 촘촘하게 넣는 것이었다. 전기 회로망을 촘촘하게 넣는다는 것은 곧 회로판의 크기가 전반적으로 작아지고 내부의 회로들이 빠르게 작동하는 것을 의미하는데, 이 두 가지 모두는 이 분야에서 꼭 달성해야만 하는 목표들이다. 당시의 기술로 이런 회로판을 만드는 것은 매우 까다로운 작업이었다. 회로 와이어를 더 얇게 만들고, 회로판에 전기 회로망을 여러 겹 더 부착하며, 작은 크기의 전기 부품을 사용하는 법을 배워야 했기 때문이다.

이렇게 전기 회로망의 밀도를 높이는 업계의 경쟁에서 선도적인 능력을 보유한 기업들이 느끼는 필요와 사용자 혁신과의 관계를 연구하기 위해 어반과 나는 PC-CAD 산업 박람회를 찾았다. 그리고 이곳에서 138개 기업 사용자의 직원 138명을 표본으로 모았다. 이 연구는 각 회사가 전기 회로망의 밀도를 높이는 업계의 트렌드에서 어느 위치에 있는지를 파악하기 위해 각 회사에게 현재 생산 중인 회로판이 얼마나 촘촘히 제작되는지를 질문했다. 또한 각 회사가 향상된 PC-CAD를 사용하면서 얻게 될 효용을 측정하기 위해서 현재 각 회사의 PC-CAD 능력에 얼마나 만족하고 있는지를 물었다. 마지막으로 사용자 혁신 활동에 대해 파악하기 위해서 회사가 회사 내부에서 사용할 목적으로 PC-CAD 소프트웨어를 직접 만들거나 수정해 본 적이 있냐고 질문했다.

직원들의 응답을 클러스터 분석^{cluster analysis} 한 결과, 선도 사용자 (38명)와 선도 사용자가 아닌 사용자(98명)로 구분할 수 있었다. 선도 사용자 그룹의 사용자들은 일반적으로 촘촘한 회로판을 제작하고, 현재 자신들이 사용하고 있는 PC-CAD 능력에 완전히 만족하지 못하는 사람들이었다. 즉, 이들은 주요 시장 트렌드에서 선두적인 위치에 있었고 기술 향상을 위해 혁신을 할 인센티브가 높은 사용자였다. 놀랍게도 선도 사용자 그룹의 87%가 그들이 사용하고 있는 PC-CAD 소프트웨어를 개발하거나 수정한 경험이 있다고 대답했다. 반대로 선도 사용자가 아닌 사용자 그룹의 경우 오직 1%만이 혁신 경험이 있다고 응답했다. 이를 통해 사용자 혁신은 전체 사용자 인구 중 선도 사용자 그룹에 집중되어 있다는 것을 확실히 확인할 수 있었다. 판별 분석discriminant analysis의 결과, 선도 사용자 그룹의 가장 중요한 지표는 그들이 "스스로 시스템을 만들어본 적이 있다"는 점이었다. 판별 분석은 95.6%의 정확도로 선도 사용자 그룹을 구별해냈다.

선도 사용자가 개발한 PC-CAD 해결책들은 상업적으로도 높은 매력도를 지녔다. 연구가 진행될 당시 시중에 판매 중이었던 PC-CAD 시스템 중 가장 뛰어난 제품과, 선도 사용자가 개발한 기술이 담겨 있는 새로운 PC-CAD 시스템 중 어느 것을 선호하는지를 선도 사용자와 보통 사용자 모두에게 물어본 결과, 가격이 2배나 더 비쌈에도 불구하고 선도 사용자가 개발한 것이 훨씬 더 선호되었다($p < 0.01$, 특정 대형 PC-CAD 시스템 생산자의 경쟁 분석 자료를 인용한 것이다).

도서관의 혁신

나는 모리슨과 로버츠와 함께 호주의 도서관에서 온라인 공공 접속 시스템^{OPAC: Online Public Access Systems}이라고 불리는 디지털 정보 검색 시스템의 사용자 혁신에 관해 연구했다(Morrison, Roberts, and von Hippel 2000). 기술 혁신이라는 단어와 도서관이라는 장소가 서로 그리 잘 어울리지 않는 것일 수도 있다. 하지만 컴퓨터 기술과 인터넷은 도서관이 운영되는 방식에 중대한 영향을 미쳤고 오늘날의 많은 도서관들은 프로그래밍 전문가들을 고용하고 있다.

디지털 도서 검색 방법은 뛰어난 운영진과 기술을 보유한 도서관에서 처음 개발되었다. 1970년대 미국의 주요 도서관과 의회 도서관은 연방 정부의 재정적 지원을 받아 개발을 시작했다(Tedd 1994). 1978년까지만 해도 디지털 검색 시스템은 도서관들이 자체적으로 개발한 것만 있었다. 1970년대 후반 미국에서 도서관을 위한 검색 시스템을 제공하는 기업이 처음으로 등장했고, 1985년이 되자 미국에서만 48개의 OPAC 판매 기업이 생겼다(Matthews 1985). 연구 대상 중 하나였던 호주의 경우 미국보다 8년 늦게 OPAC이 도입되었다(Tedd 1994).

모리슨, 로버츠와 나는 OPAC을 사용하는 호주의 도서관 102곳에서 응답을 얻었다. 연구 결과를 살펴보면, 위 도서관의 26%가 그들이 구입한 검색 시스템의 단순한 사용자 조작 범위를 훨씬 넘어선 수준으로 OPAC의 하드웨어나 소프트웨어를 수정하고 있었다. 도서관들이 이루어낸 혁신의 종류는 도서관이 무엇을 필요로 하는지에 따라 매우 다양하게 존재했다. 예를 들어, 소장 도서들이 여러 채의 건물에 매우 복잡한 방법으로 나뉘어 있어서 직원과 방문객들이 정확한 방향 설명 없이는 책을 찾을 수가 없었던 도서관은 OPAC 시스템을 수정해서 '직원과 방문객들을 위한 도서 검색 방법'을 추가했다. 대부분의 혁신은 중복되지 않았는데, 한 가지 예외는 OPAC 시스템에 인터넷 검색 기능을 추가하는 것이었다. 인터넷 검색 기능은 특별한 경우로, OPAC의 시스템 제조업체가 이 기능을 추가하기 전에 이미 9개의 도서관이 이 기능을 스스로 프로그램으로 만들어 보유하고 있었다.

연구 표본의 도서관들은 '선도적 지위LES: Leading edge status'(모리슨이 제시한 개념으로 선도 사용자와 관련성이 높은 개념을 말한다)*를 포함한 여러 개의 항목에 대해 어느 정도 위치에 있는지 스스로를 평가해 달라는 질문을 받았다.[1] 자신을 직접 평가하는 데서 발생할 수 있는 오류인 자기 평가 편향self-evaluation bias 을 점검하기 위해 우리는 각 응답자에게 선도 사용자라고 생각되는 다른 도서관들을 나열하라고 요구했다. 그 결과를 통해 스스로에 대한 평가와 타인에 대한 평가 결과가 크게 다르지 않음을 확인했다.

연구 결과에 따르면, OPAC 시스템을 수정한 도서관은 훨씬 더 높은 선도적 지위를 가지고 있었다. 즉, 이들은 선도 사용자인 셈이

---

* 여기서 언급된 선도적 지위(LES)는 이후에 개발된 선도 사용자의 개념과 거의 일치한다. 이 두 개념의 상관관계 지수는 0.904고, 통계적으로도 유의미하다.

향상된 도서관 운영 방법

- 도서관 방문객을 요약한 통계치 추가
- 도서관 구분 방법 추가
- 도서 보유 현황 조사를 위한 위치 정보 추가
- 직원과 방문객을 위한 도서 검색 방법 추가
- CD-ROM을 이용해 시스템을 백업
- 저작권에 의한 도서 접근 제한 추가
- 방문객은 OPAC을 통해 자신의 신분을 확인 가능
- 방문객은 OPAC을 통해 도서 예약 가능(2)
- 다른 시스템을 통해 원거리에서 OPAC에 접근 가능
- 비밀번호 입력 통해 졸업생도 시스템을 사용 가능
- 도서관 내부의 다른 IT 시스템에 인터페이스를 추가
- 워드 작업과 관련 통신 기능(2)
- 부분적인 정보 수집을 위한 상부 시스템 개발(2)
- 지역 시스템에 맞춰 개조

향상된 도서 검색 기능

- 녹음에 이미지도 추가(2)
- 통합적인 메뉴/명령 검색 기능 추가
- 제목 분류와 짧은 제목 제시 기능 추가
- 키워드를 통한 빠른 접근 기능 추가
- 여러 언어의 검색 포맷 추가
- 키워드 검색 추가(2)
- 연관 주제와 제목 접근 추가
- 이전 검색 메모리 기능 추가
- '네비게이션 도움' 검색 추가
- 다양한 위계 구조 검색 추가
- 다른 도서관의 카탈로그에 접근 가능(2)
- 웹 인터페이스 추가와 개인 맞춤화(9)
- 주제에 관련된 핫 링크
- 추가 검색
- 자료에 관련된 핫 링크

선도 사용자는 OPAC를 보완해 다양한 종류의 기능 향상을 이루어냈다.
기능적으로 유사한 혁신을 이룬 사용자가 복수로 있는 경우 괄호 안에 숫자를 표시했다.

출처: Morrison, Robert, and von Hippel, 2000

다. 또한 이 도서관들은 혁신을 하지 않는 도서관들에 비해 혁신을 할 인센티브가 훨씬 더 높았고, 더 높은 수준의 기술 능력을 내부적으로 가지고 있었다. 그리고 이들은 '외부의 자원을 활용하는' 경우가 낮았는데, 그 이유는 자신들이 제시하는 혁신을 정확히 수행해줄 외부업체를 찾는 것이 어렵다고 느꼈기 때문이었다. 로짓 모형$^{logit\ model}$에서 위의 네 가지 변수를 응용함으로써 우리는 도서관을 혁신하는 사용자와 그렇지 않은 사용자를 88%의 정확도로 분류했다.

도서관 OPAC 시스템에서 사용자 혁신이 갖는 상업적 가치는 비교적 간단한 방법을 통해 측정했다. 우리는 OPAC 제조사 두 곳의 제품 개발 매니저에게 도서관의 사용자 혁신 각각이 갖는 상업적인 가치를 평가하도록 부탁했다. 매니저들에게는 다음의 두 가지를 물어보았다.

(1) 사용자가 OPAC을 수정해서 개발한 기능이 당신의 회사에 상업적으로 얼마나 가치가 있는가.

(2) 사용자 혁신이 이루어진 시점에서 판단한다면 사용자 혁신의 내용이 얼마나 참신하다고 평가하는가.

2명의 매니저 모두는 OPAC의 상업적 중요성에서 사용자 혁신 39개 중 25개, 즉 70% 정도가 적어도 중간 이상의 기능적 향상을 이루었다고 응답했다. 그리고 실제로 이 기능들의 다수가 시중의 OPAC 제품 개발에 반영되었다. 하지만 이 매니저들은 선도 사용자들이 해결책을 떠올릴 때 대개의 경우 매니저들이 속한 기업도 이런

<표 1.3> 도서관 혁신과 관련된 요소들(로짓 모형)

	계수	표준 오차
선도적 지위(LES)	1.862	0.601
개선하려는 인센티브 부족	−0.845	0.436
내부 기술 부족	−1.069	0.412
외부 자원 부족	0.695	0.456
변화 없음	−2.593	0.556

$x_4^2 = 33.85$; p2=0.040; 분류 정확도=87.78%

출처: Morrison et al. 2000, table 6

필요성에 대해 느끼고 있었으며, 선도 사용자에 의한 혁신이 참신한 정보를 제공하는 경우는 전체의 10~20% 정도뿐이라고 대답했다. (기업은 선도 사용자들의 필요성을 초기에 파악하는 경우에도 '이제 막 생기기 시작한 필요'에 대해 해결책을 고안하는 것이 지금 당장은 수지 타산에 맞지 않는다고 판단하기도 한다. 이 경우에 대해서는 3장에서 논의하도록 하겠다.)

스포츠 동호회에 속한 개인 사용자들의 혁신

프랑케와 샤는 독일의 스포츠 동호회 네 곳을 조사해 사용자 혁신에 대해 알아보았다(Franke and Shah 2003). 네 곳의 동호회 각각은 다른 종류의 운동을 즐기는 곳이었고 활발히 운영되고 있었다.

하나는 알프스에서 새로운 인기 종목으로 떠오른 협곡타기라는 개념의 캐녀닝canyoning 동호회였다. 캐녀닝은 산악 등반과 라펠링rappelling(암벽 등에서 자일을 타고 내려가는 것—옮긴이), 협곡에서 수영

하기 등이 모두 결합된 스포츠로, 사람들은 물이 쏟아지는 계곡을 타고 내려가 그 밑의 협곡으로 뛰어내린다. 캐녀닝은 상당한 기술을 필요로 할 뿐만 아니라 부상을 당할 위험도 매우 높다. 캐녀닝을 하는 사람들은 새로운 도전을 즐기고 달성 가능하면서도 짜릿한 것들을 탐험하는 사람들이며, 캐녀닝은 빠르게 성장하는 스포츠다.

두 번째 동호회는 세일플레인sailplane을 하는 곳이었다. 세일플레인 혹은 글라이딩이라고 불리는 이 스포츠는 캐녀닝보다 오래된 것으로, 한 명 혹은 두 명의 사람이 엔진이 없고 개방되지 않은 글라이더를 타고 비행하는 것이다. 먼저 동력이 달린 비행기가 글라이더를 로프에 달아 원하는 고도까지 이동시킨다. 그 후 로프를 밑으로 떨어뜨리면 엔진이 없는 글라이드가 대기에서 열의 상승기류를 통해 최대한의 고도를 유지하면서 스스로 나는 것이다. 프랑케와 샤가 연구한 이 동호회는 독일의 한 공과대학 학생들로 이루어져 있었는데, 이들은 모두 세일플레인에 관심이 있을 뿐만 아니라 스스로 세일플레인을 제작하기도 했다.

세 번째 동호회는 보더크로스boardercross 동호회로, 여섯 명이 동시에 스노우보드를 타고 밑으로 내려가며 경쟁을 하는 스포츠였다. 경주로의 종류는 다양했지만 대개 터널과 가파른 커브, 물구덩이, 그리고 점프를 포함한다. 이 아마추어 동호회는 유럽, 북미와 일본에서 있었던 10개 정도의 시합에서 만난 전 세계의 운동선수들로 이루어져 있었는데, 이들은 프로에 가까운 운동선수들이었다.

네 번째 동호회는 거의 직업적으로 자전거를 타는 사람들이 모인 곳이었다. 이 동호회의 회원들은 뇌성마비나 팔다리를 절단한 경우 등 중대한 장애를 가지고 있는 사람들이었고, 자신들의 장애에 맞게 기구를 설계하거나 고쳐야 했다. 이들은 국가대회나 세계대회, 연습 훈련, 독일 스포츠 연합회(독일 스포츠 의회) 등을 통해 서로를 잘 알고 있었다.

37.8%의 응답률로 총 197명이 혁신 활동에 대한 설문지에 응했다. 32%가 자신의 스포츠를 위해 기구를 개발하거나 고친 적이 있다고 대답했다. 혁신의 비율은 스포츠 종목에 따라 다르게 나타났는데, 혁신 비율이 가장 높았던 곳은 세일플레인 동호회로 응답자의 41%가 혁신 경험이 있었다. 혁신 비율이 가장 낮았던 곳은 스노우보드 동호회였다. (아마도 스포츠 기구가 얼마나 복잡한지가 관련이 있을 것이다. 세일플레인은 스노우보드보다 더 복잡하다.)

이들이 하는 혁신은 그 종류가 엄청나게 다양했다. 세일플레인 동호회에서는 로켓을 사용한 위급 상황 탈출 시스템부터 조종석 환기 장치의 개선에 이르기까지 다양한 시도를 하고 있었다. 스노우보드 동호회에서는 보드의 부츠나 바인딩을 개선했다. 캐녀닝 동호회에서는 아주 전문적인 해결책을 만들었는데, 예를 들어 화학적인 부식제를 사용해서 꼬인 로프를 잘라내는 것 등이 있다. 상업화 가능성에 대해 살펴보면, 사용자가 개발한 혁신의 23%가 실제로 생산되었거나 조만간 제조업자들에 의해 생산되고 판매될 예정이었다.

〈표 1.4〉에서 확인할 수 있듯이 혁신을 한 사용자들은 그렇지 않은 사용자들에 비해 확실히 선도 사용자의 두 가지 특성을 더 보유하

	혁신가	비혁신가	차이의 유의성
동호회에서의 시간			
동호회 가입 연차	4.46	3.17	$p < 0.01$
1년 중 동호회 회원들과 보내는 날	43.07	32.73	$p < 0.05$
1년 중 스포츠 활동을 하는 데 보내는 시간	72.48	68.71	차이가 거의 없음
동호회에서의 역할			
"나는 이 동호회에서 매우 활동적인 회원이다"	2.85	3.82	$p < 0.01$
"나는 이 동호회 회원들과 스포츠와 관련되지 않은 활동(영화 감상, 저녁 모임 등)을 함께 한다"	3.39	4.14	$p < 0.05$
"동호회에서 결정할 사항이 있을 때 내 의견도 반영된다고 느낀다"	2.89	3.61	$p < 0.05$
선도 사용자 특징 1: 트렌드의 선두에 있다			
"나는 대개 다른 사람들보다 새로운 상품이나 해결책을 먼저 찾는 편이다"	2.71	4.03	$p < 0.001$
"나는 새로운 상품을 빨리 알고 사용해서 얻는 효용이 컸다"	3.58	4.34	$p < 0.01$
"제조업자들이 새롭게 내놓을 상품들의 시험판을 사용해본 적이 있다"	4.94	5.65	$p < 0.05$
"내 스포츠에 있어서 나는 '선두자'라고 여겨진다"	4.56	5.38	$p < 0.01$
"나는 보드를 탈 때 기술을 개선하거나 새 기술을 만들었다"	4.29	5.84	$p < 0.001$
선도 사용자 특징 2: 혁신을 통해 얻는 효용이 크다			
"나는 현존하는 상품들로 채워지지 않은 새로운 필요를 가지고 있다"	3.27	4.38	$p < 0.001$
"나는 현존하는 기구들에 만족할 수 없다"	3.90	5.13	$p < 0.001$

a. 모든 값은 평균값이다(n=60).
b. 모든 값은 평균값이다(n=129).
c. 독자적인 표본에 대해서는 양측 t−검정(two-tailed t-test)했다.
d. 7점 만점으로 평가했는데, "1=매우 그렇다, 7=전혀 그렇지 않다"이다. 독자적인 표본에 대해서는 양측 t−테스트(two-tailed t-test)을 했다.

출처: Franke and Shah 2003, table 3

고 있었다. 이들은 스포츠 활동이나 동호회 활동에 더 많은 시간을 보냈고 자신이 동호회에서 중심적인 역할을 하고 있다고 느꼈다.

의사들의 혁신

뤼테는 독일의 대학병원에서 근무하는 의사들의 혁신 활동에 대하여 연구했다(Lüthje 2003). 그는 무작위로 10개의 병원을 선정했고, 그중 262명의 의사가 설문지에 응답했다. 응답률은 32.6%였다. 응답한 의사들 가운데 22%가 진찰에 사용하기 위해 의료 기구 중 일부를 개선하거나 새로운 기능을 개발한 적이 있다고 했다. 로짓 모형을 사용해 사용자의 특성이 혁신 활동에 미치는 영향을 측정했는데, 혁신을 하는 의사들일수록 선도 사용자인 경우가 많다는 것을 발견할 수 있었다($p < 0.01$). 또한 혁신을 하는 의사들이 혁신을 통해 가장 이루고 싶어 한 것은 수술 도중 발생하는 문제의 해결책을 찾는 것이었다. 또한 혁신은 의사들이 보유하고 있는 기술 지식의 수준과 밀접한 연관이 있다는 점을 알 수 있었다($p < 0.05$). 의학 분야이기 때문에 예상할 수 있는 법적 문제나 책임 위험과도 같은 혁신을 가로막는 환경적인 요인들이 크면 클수록 혁신이 줄어드는 부정적인 상관관계 또한 발견되었다.

토론

　이번 장의 연구를 통해 일반적인 사용자 혁신, 특히 상업적으로 매력이 있는 사용자 혁신은 선도 사용자에 의해 일어나는 경우가 많다는 것을 확인할 수 있었다. 제시된 연구들은 다양한 분야에서 행해졌지만, 특히 하드웨어 혁신이나 새로운 소프트웨어와 같은 정보 혁신^{information innovations}에 집중되어 있었다. 따라서 많은 분야에서 기술과 관련된 새로운 노하우를 개발하는 기술 일도 장비 혁신만큼, 혹은 그 이상으로 중요하다는 것을 간과하지 말아야 한다. 예를 들어, 외과 분야에서는 여전히 수술용 칼과 같은 표준 장비를 사용해 수술하면서도 여러 가지 참신한 수술 방법들이 쏟아져나오고 있으며, 스노우보드 분야에서는 성능 개선을 위해 변형되지 않은 일반 장비를 사용하면서도 스노우보드 활강에 관련된 여러 가지 참신한 기술 혁신이 일어나고 있다. (다른 것은 혁신하지 않고) 오직 기술과 관련된 노하우만을 개발하는 경우에도 그 주체가 선도 사용자일 가능성이 높은데, 실제로 우리가 다룬 장비 혁신에 대한 연구를 살펴보면 장비 혁신뿐만 아니라 기술과 관련된 노하우를 개발하는 기술 혁신도 포함되어 있다.

　현재까지 우리가 연구한 결과들이 중요한 사실들을 보여주었지만, 앞으로도 선도 사용자 이론과 관련해 연구할 만한 재미있는 주제들이 많이 남아 있다. 예를 들어, 선도 사용자에 의한 혁신을 연구할 때 세계의 가장 중요한 선도 사용자만을 대상으로 하는 것만은 아니다. 여기에서 다룬 연구들은 표본 안에 있는 대상 중 선도 사용자 특성이 가장 많은 사람들을 대상으로 이루어졌다. 연관된 시장 트렌드에서 우리가 연구한 대상들보다 심지어 더 '선도적인' 사용자들을 포함한 표본을 각 분야에서 뽑아서 연구할 수도 있었을 것이다. 사용자 혁신이 '극단적인' 선도 사용자들에게 집중되어 있는 것이라면 왜 적당한 선도 사용자를 대상으로 한 표본들도 사용자 혁신의 결과를 나타내고 있는 것일까?

이에 대해서 적어도 세 가지 설명이 가능할 것이다. 첫째로, 사용자 혁신 연구의 대부분은 아마도 그들의 표본 내에서 세계적으로 선도적인 위치에 꽤 근접한 사용자들을 포함했을 것이다. 만약 '가장 선도적인' 사용자가 포함되었더라면 아마 더 뚜렷한 사용자 혁신 결과가 나왔을 것이다. 둘째로, 사용자가 속한 지역에 따라 그들이 갖는 필요는 서로 다르기 때문에 각 지역의 선도 사용자가 그들이 느끼는 필요에서는 세계의 선도 사용자라고 말할 수 있을 것이다. 셋째로, 표본에 포함된 선도 사용자가 선도 사용자 특성에 비추어 세계적으로 가장 선도적인 사람이 아니라고 할지라도 지역의 선도 사용자들은 여전히 그들의 지역 내에서 혁신을 하거나 혁신을 개선할 동기를 갖는다. '세계에서 가장 선도적인' 선도 사용자가 이미 개발해놓은 혁신과 비슷한 것을 찾는 것보다 스스로 혁신을 하는 것이 더 저렴하고, 빠르고, 흥미롭고, 즐거운 것이지 않겠는가.

2장

사용자들이 주문 생산품을 선호하는 이유

WHY MANY USERS WANT CUSTOM PRODUCTS

우리는 앞 장에서 사용자 혁신의 비율이 높다는 것을 살펴봄으로써 주문 생산품을 원하는 사용자가 많다는 사실을 확인할 수 있었다. 왜 그런 걸까? 사람들의 필요를 자세히 들여다보면 이유는 제각기 다르기 마련이다. 뿐만 아니라 상당수의 사용자들은 개개인의 필요에 꼭 맞는 맞춤 상품을 얻기 위해 그에 따른 비용을 지불할 의사가 있고, 거기에 투입할 수 있는 자원이 충분히 있기 때문이다. 2장에서 나는 먼저 사용자 필요의 이질성^{heterogeneity}이 무엇인지를 설명하고, 사용자들이 가진 필요가 서로 얼마나 다른지를 알아볼 것이다. 그리고 사용자들이 주문 생산품에 얼마나 지불할 용의가 있는지도 살펴보겠다.

각자 다른 것을 꿈꾸는
사용자들

어떤 한 종류의 상품에 대해 사용자 개개인이 원하는 것이 같지 않을 때 상품에 대한 사용자의 필요는 이질성이 높다고 말한다. 만약 사용자들의 필요가 매우 이질적이라면 모두가 정확히 똑같은 한 가지 제품을 원하는 경우는 거의 없다. 이런 경우 대량 생산된 제품이 다수의 사용자들의 필요에 정확히 들어맞는 경우는 거의 없을 것이다. 대량 생산업자들은 제품 개발과 생산에 따른 고정비용을 분배하기 위해 소수보다는 다수의 사용자들이 원하는 제품을 만들고 싶어 한다. 만약 다수의 소비자가 서로 다른 것을 원하고 자신들이 원하는 상품을 얻는 데 충분한 관심과 자원을 쏟는다면, 결국 이들은 스스로 제품을 개발하거나 주문 생산품 생산자에게 그에 상응하는 대가를 지불하고 맡길 것이다.

연구 결과에 따르면, 새로운 상품과 서비스에 대해 사용자들의 필요가 매우 이질적인 경우가 빈번히 일어난다.* 많은 제품의 경우 개인이나 기업 사용자의 필요는 사용자의 처음 상태나 자원 제약, 처음

---

* 제품 개발 과정을 일련의 문제 해결 과정으로 보는 시각에서는 초기 상태를 시발점으로 여러 중간 단계를 거쳐 최종적으로 문제를 해결하는 최종 단계로 제품 개발 과정을 나누어 생각해볼 수 있다. 여기서 저자가 강조하는 점은 개별 사용자마다 문제를 바라보는 시각과 문제 해결 방식이 다를 수 있고, 이에 따라 제품의 필요 또한 달라진다는 것이다.

상태에서 자신이 원하는 상태로 나아갈 때 거치는 경로, 그리고 그들이 최종적으로 원하는 상태의 세부 조건에 따라 달라진다. 이것들은 개인 사용자나 기업 사용자마다 다를 가능성이 높다. 이는 곧 사용자 개개인에게 정확히 맞는 새로운 제품이나 서비스에 대한 필요가 다를 수밖에 없다는 것을 말해준다. 결과적으로 말해서 제품에 대한 필요는 매우 이질적이다.

예를 들어, 당신의 집에 새로운 가구를 놓을 필요가 생겼다고 가정해보자. 당신의 집은 이미 수백 가지의 크고 작은 물건들로 채워져 있고, 새로운 가구는 여기에 적절하게 어울려야 한다. 게다가 새로운 가구에 대한 당신의 구체적인 필요는 당신의 거주 환경이나 자산, 그리고 당신의 개인적인 취향의 영향을 받을 것이다. 예를 들어, "우리는 새 소파가 필요해. 그런데 그 소파는 빌 삼촌의 마음에 들어야 하고, 애들이 뛰어놀 수 있어야 하며, 내가 사랑하는 우리 집 벽지와도 어울려야 하고, 산호초에 대한 나의 애정도 반영해야 하고, 또 나의 전반적인 안목도 보여줘야 하며, 우리가 지불할 수 있는 것이어야 해"라고 조건을 달아보자. 이런 구체적인 조건들은 일시적인 유행의 결과가 아니며 쉽게 바꿀 수 있는 것도 아니다. 당신이 벽지를 바꿀 수 있을지는 몰라도 빌 삼촌이나 당신의 아이들, 거주 환경에 대한 당신의 취향, 그리고 당신이 현재 가지고 있는 자원 문제는 바꿀 수 있는 것이 아니다.

그 결과 각자에게 가장 잘 맞는 제품의 특성들은 개인이나 회사에 따라 달라진다. 물론 많은 경우 사람들이 자신이 정확히 원하는 것을 갖는 데 쓸 수 있는 돈이나 시간에는 한계가 있기 때문에 적정한 선에서 만족을 하거나 타협을 한다. 예를 들어, 열정적인 산악자전거인은 아주 만족스럽지는 않더라도 일정 정도만 된다면 세일하는 소파들 중에서 하나를 대충 고를 수 있다. 하지만 반대로 이 산악자전거인은 자신의 구체적인 필요에 잘 들어맞는 자전거 부품을 사는 데는 전혀 타협의 여지가 없을 것이다. 미국항공우주국[NASA]은 우주선의 부품을 고를 때 안전에 영향을 주는 부품이라면 아주 정확한 부품을 구할 것을 강력하게 주장하겠지만, 다른 물건들에 대해서는 타협을 할 것이다.

사용자 혁신에 대한 연구 결과

사용자 혁신에 관한 다음 두 가지 연구를 보면 사용자 필요가 얼마나 이질적인지를 엿볼 수 있다. 이 연구들을 살펴보면 연구 대상인 사용자들이 이룬 혁신의 기능에 대해 자세히 알 수 있다. 연구 결과에 따르면, 사용자 혁신은 거의 서로 중복되지 않고 다양한 기능을 나타내고 있다. 물론 여기서의 디양한 기능은 곧 사용자들의 필요가 각기 다르다는 것을 암시한다. 앞서 살펴봤던 도서관 IT 시스템에서의 사용자 혁신에 관한 연구 결과를 보면, 39개의 혁신 중에서 오직 14개만이 기능 면에서 다른 혁신과 비슷했을 뿐이다(Morrison, Roberts, and von Hippel 2000). 여러 사용자들에 의해 반복적으로 개발되었던 웹 인터페이스 기능을 제외한다면 중복 현상은 더욱 적었다(《표 1.2》 참고). 응답자들의 다른 대답들을 살펴보면 사용자들이 가진 필요가 매우 이질적이라는 사실을 더욱 잘 알 수 있다. 응답자의 30%는 자신들이 속한 도서관의 IT 시스템은 특정한 필요를 충족하기 위해 매우 맞춤형으로 설치되었다고 말했다. 뿐만 아니라 응답자의 54%는 "시스템이 제공하는 사용자 맞춤 영역 이상으로 추가적인 기능 개선을 하고 싶다"는 주장에 동의했다.

사용자 혁신이 중복되는 사례는 내가 뤼테와 헤르스타트와 함

〈표 2.1〉 산악자전거 혁신과 관련된 특화 활동들

선호 지형	산악 자전거인 숫자	외부 상황	산악자 전거인 숫자	특별히 집중하는 운전 능력	산악자 전거인 숫자
빠른 내리막길(가파르고 내리막길이며 속도가 붙는 지형)	44 (39.6%)	어두운 야간	45 (40.5%)	점프, 급하강, 곡예, 장애물	34 (30.6%)
기술이 요구되는 경주로 (오르막과 내리막길, 울퉁불퉁한 길, 점프 지형)	68 (61.3%)	눈, 비, 추위	60 (54.1%)	기술적인 능력/ 균형 잡기	22 (19.8%)
부드러운 경주로(언덕, 구릉, 속력이 붙거나 모래길, 단단한 길)	13 (11.7%)	비, 진흙	53 (47.7%)	빠른 하강/ 내리막길	34 (30.6%)
도시형 도로	9 (8.1%)	열기	15 (13.5%)	지구력	9 (8.1%)
선호 지형 없음	5 (4.5%)	높은 고도	10 (9.0%)	산 오르기	17 (13%)
		특별한 외부 상황 없음	29 (26.1%)	전력 질주	3 (2.7%)
				특별히 집중하는 기술 없음	36 (32.4%)

산악자전거 장비의 개선을 위한 아이디어를 가지고 있는 111명의 사용자들을 대상으로 했다. 사용자들의 대부분은 하나 이상의 활동 경험이 있다고 응답했으며, 따라서 각 행의 총합은 111을 넘는다.

출처: Lüthje, Herstatt, and von Hippel 2002

께 진행한 산악자전거 연구에서도 확인된다(Lüthje, Herstatt, and von Hippel 2002). 나는 이 연구 표본에서 43개의 사용자 혁신 중에서 기껏해야 10개 정도가 다른 연구 표본의 결과와 기능적으로 겹친 것으로 평가한다. 일반인은 산악자전거가 한 개의 운동 종목일 것이라고 생각하지만 사실 산악자전거에는 다수의 하위 전문 분야가 있기 때문에 여기에서 보는 기능의 다양성은 충분히 이해할 만한 수준이다.

〈표 2.1〉에서 볼 수 있듯이 산악자전거인들은 분화되어 있기 때문에 아주 다양한 산악자전거 지형이나 자전거를 타는 조건, 자전거 기능의 중요한 차이들이 기능의 다양성에 대한 원인이 되고 있음을 알 수 있다. 사용자들은 그들 각각의 자전거 활동과 기능에 적합하도록 혁신을 했다. 연구의 세 가지 사례를 살펴보자.

- 저는 주로 높고 좁은 지형에서 자전거를 타고, 점프와 가파른 비탈길 주행, 장애물, 낙하 등을 합니다. 그래서 여러 가지 해결책들을 고안해냈죠. 예를 들어, 저에게는 정교한 자전거용 방어복과 보호 장비가 필요했죠. 그래서 팔다리 보호 장비, 가슴 보호대, 반바지와 바지, 그리고 재킷을 디자인해서 부상에 대한 걱정 없이도 더 고난이도 기술을 시도할 수 있게 되었습니다.

- 저는 오지 여행을 하기 때문에 가파른 언덕이나 산에서 짐을 가득 실은 산악자전거를 쉽게 들고 다니고 절벽을 탈 때는 자전거를 매달 수 있는 방법이 필요했습니다. 제가 고안한 해결책은 이렇습니다. 우선 앞바퀴와 자전거 안장의 윗부분을 개조해서 이동시킬 때 쓰는 끈을 달 수 있는 안전한 부착점을 만들었습니다. 그리고는 아주 편안하고 내구성이 좋은 등산용 붕대를 어깨끈으로 활용했죠. 이 끈의 길이를 조정해서 어깨까지 높이 올릴 수 있도록 했기 때문에 무릎을 약간 구부리기만 하면 자전거

| 소셜 이노베이션 |

를 무릎까지 들 수 있었습니다. 가파른 언덕을 오를 때 앞바퀴가 땅에 부
딪히지 않는 딱 알맞은 정도의 높이였죠. 최종적으로 저는 끈이 내 어깨
로부터 미끄러지는 것을 방지하는, 그러면서도 물살이 빠른 강에 빠지거
나 높은 곳에서 떨어질 때 다치지 않기 위해 자전거를 몸에서 재빨리 분
리할 때 쉽게 풀어버릴 수 있는 빠르게 풀리는 끈을 생각하게 되었습니
다.

- 얼음 위에서 자전거를 탈 때 마찰력이 없는 자전거 때문에 자주 미끄러
지고 넘어졌습니다. 제가 여기에서 고안한 해결책은 바로 다음과 같습니
다. 저는 겨울용 자동차 타이어에서 사용되는 금속 못을 구해서 제 자전
거 타이어의 마찰력을 높였죠. 그러고 나서 자전거 타이어에서 접지면 패
턴의 고무가 큰 네모인 것을 골라서 네모의 중앙마다 구멍을 뚫고 거기
에 못을 하나씩 박았습니다.

시장 세분화에 대한 연구 결과

특정한 상품과 서비스에 대한 수요가 이질적이라는 것을 보여주
는 실증 자료를 찾는 것은 쉽지 않다. 일반적으로 이 문제를 연구하
는 데 가장 관심이 있는 사람들은 고객을 위해 제품이나 서비스를 대
량 생산하는 기업들이다. 이들은 우리가 논의해온 이질성을 알아내
기 위해 노력하지 않는다. 대신에 그들은 소비자들의 필요가 유사해
서 대량으로 표준화된 상품을 생산해 이익을 볼 수 있도록 그런 목
표에 부합되는 시장을 찾는 데 관심이 있다. 제조업자들은 시장을 소
수의 세그먼트^{segment} 로 (대개는 3~5개 정도로만) 나눠서 시장 세분화
_{market segmentation} 연구를 진행함으로써 이런 영역을 찾는다. 각 세그먼트
는 특정한 제품에 대해 상대적으로 유사한 필요를 가지고 있는 소비
자들로 구성되어 있다(Punj and Stewart 1983; Wind 1978). 예를 들어,

치약 제조업체는 시장을 남자아이와 여자아이, 치아 미백에 관심이 있는 성인 등으로 나눈다.

1970년대 이래로 거의 모든 시장 세분화 연구는 클러스터 분석을 통해 진행되었다(Green 1971; Green and Schaffer 1998). 클러스터 분석을 통해 개개인을 시장에서 그들의 필요와 가장 잘 맞는 세그먼트에 배치한 뒤, 세그먼트 내에서 수요 다양성$^{need variation}$을 측정했다. 수요 다양성은 전체 다양성에서의 비율을 각 세그먼트 내에서 구하는 것인데, 이를 통해 사용자들이 '그들이 속한' 각 세그먼트 내에서도 그들의 필요가 평균에 비해 어느 정도 다른지를 보여주는 것이다. 만약 세그먼트 내 다양성이 낮다면 세그먼트 안의 사용자들은 꽤 동질적인 필요를 가지고 있는 것이고, 그 세그먼트에 있는 고객들을 위해 만들어진 표준적인 제품에 상당히 만족할 것이다. 만약 다양성이 높으면 많은 사용자들은 표준 제품에 만족을 하지 않을 것이고, 몇몇은 매우 불만족스러운 상태가 될 것이다.

세그먼트 내 다양성은 자주 발표되는 연구 주제가 아니지만 저명한 저널에 기고된 시상 분할에 관한 조사는 이와 관련된 15개의 통계치를 제공한 바 있다. 이 연구들은 평균적으로 5.5개의 클러스터를 제시했고 평균적으로 클러스터 내 분산은 46%였다(Franke and Reisinger 2003). 프랑케와 나의 독립적인 연구 표본에서 이와 유사한 결과를 얻었다(Franke and von Hippel 2003b). 이 연구에서는 평균 3.7개의 시장 세그먼트가 제시되었고 클러스터 분석을 한 결과, 전체 다양성이 54%가 세그먼트 내의 다양성으로 남았다. 이 결과는 많은

제품군에서 사용자들이 갖는 필요의 이질성이 상당히 높다는 것을 말해준다.[1]

이질성 연구와 지불 의사

시장에 없는 새로운 상품에 대한 필요가 실제로 그 물건을 개발하거나 주문 생산품을 구입하는 과정으로 이어지기 위해서는 사용자들에게 돈과 자원을 지불할 충분한 의지가 반드시 있어야 한다. 수요의 이질성과 지불 의사, 그리고 주문 생산품 개발이나 구매, 이 세 가지 사이의 확실한 관계를 보여주기 위해서는 한 표본 내에서 이 세 요소 모두를 다루고 있는 연구 결과를 살펴보는 것이다. 나와 나의 동료인 프랑케는 주로 회사에서 사용하는 웹 서버 소프트웨어 제품의 사용자들을 대상으로 연구를 수행했다(Franke and von Hippel 2003b).

프랑케와 나는 소비자들이 아파치 웹 서버 소프트웨어의 보안에 대해 가지고 있는 필요와 그들이 자신의 필요에 정확히 맞는 해결책을 위해 지불할 의사가 있는지를 자세히 살펴보았다. 아파치 웹 서버 소프트웨어는 적절한 기술만 가지고 있다면 누구든지 수정을 할 수 있도록 고안된 오픈소스 소프트웨어[OSS]였다. 누구나 인터넷에서 OSS를 다운받아 비용을 지불하지 않고 사용할 수 있다. 또한 사용자들은 소프트웨어의 소스 코드를 연구하고, 소프트웨어를 수정하고, 수정되거나 수정되지 않은 버전을 타인들에게 분포할 수 있는 법적 권한을 가지고 있다. (OSS에 대한 자세한 설명은 6장을 참고하라.)

아파치 웹 서버 소프트웨어는 인터넷에 연결된 웹 서버 컴퓨터를 통해 사용할 수 있다. 웹 서버의 역할은 인터넷 브라우저에서 특정한 문서나 내용에 관한 요청이 들어오면 여기에 대응하는 것이다. 보통의 서버는 사용자의 요청을 기다리다가 들어온 자료 요청을 분류하고 자료에 따라 요청 방법을 적용해 사용자에게 대답을 보낸다. 원래 웹 서버 소프트웨어는 상대적으로 단순한 기능을 제공하면서 시작되었다. 하지만 시간이 지나면서 인터넷에서 작동하는 수준 높은 기술을 요구하는 응용 프로그램들에 대응하기 위해 아파치와 기타 웹 서버 소프트웨어 프로그램은 복잡하게 진화해갔다. 예를 들어, 요즘의 웹 서버 소프트웨어는 사용자 보안과 인증을 다루거나, 전자 상거래를 제공하거나, 데이터베이스의 게이트웨이로 사용되고 있다. 마이크로소프트와 선-네스케이프^{Sun/Netscape}를 포함한 상업적인 경쟁자들과의 한층 치열한 경쟁을 벌이면서 아파치 웹 서버는 인터넷에서 가장 많이 활용되는 웹 서버 소프트웨어가 되었고, 2004년 초에 존재했던 수백만 개의 인터넷 사이트의 67%가 이 소프트웨어를 사용하고 있었다.

프랑케와 나는 인터넷의 자료와 기존에 발표되었던 자료를 통해 서버의 보안 기능이 가져야 할 기초 항목들을 정했다. 그리고 웹 서버 보안과 아파치 웹 서버 소프트웨어 전문가들을 통해 이 기초 항목을 평가하고 수정했다. 그렇게 해서 우리는 다수의 사용자가 필요하다고 생각하는 45개의 보안 기능 리스트를 만들 수 있었다. 이 가운데 몇몇 기능은 이미 사용자가 다운로드할 수 있는 표준 아파치 코드를 통해 해결책이 제시된 것들이었고, 어떤 것들은 추가적인 모듈module을 통해 사용할 수 있었으며, 나머지 몇 개는 아파치 커뮤니티에서 일반적으로 사용 가능한 보안 모듈 중 어느 것에서도 아직 다루어지지 않고 있었다. (보안 문제는 갑작스럽게 일어날 수 있으며 적절한 해결책을 찾아 일반 커뮤니티에 제공하기도 전에 큰 문제점으로 부상할 수 있다. 최근에 있었던 해킹 사례로 플러딩flooding 공격이 있는데, 해커들이 웹사이트에 아주 많은 양의 동일한 요청을 올려서 웹사이트에 과부하가 걸리도록 공격하는 방식이다.)

기업은 자신들의 소프트웨어가 제때 업데이트되고 잘 작동하는지를 확인하기 위해 웹마스터를 고용해서 이들이 웹 서버 소프트웨어의 보안 기능을 다루도록 한다. 웹마스터의 주요 업무는 소프트웨어에 불법으로 접근하려는 시도를 막고 특별한 목적 없이 소프트웨어에 문제를 일으키려는 공격으로부터 소프트웨어의 안전을 유지하는 것이다. 우리는 아파치 웹마스터의 두 표본을 정해 설문을 진행했다. 첫 번째 그룹은 아파치 유즈넷 포럼Apache Usenet Forum[2]에 질문을 올리거나 질문에 대답을 달았던 웹마스터들이었고, 두 번째 그룹은 전문적인 온라인 아파치 뉴스그룹online Apache newsgroup[3]을 구독하는 웹마스터들이었다. 두 분화된 표본을 통해 우리는 웹마스터를 아파치 보안 소프트웨어를 자신들의 필요에 맞게 고칠 수 있는 전문적인 기술을 가진 웹마스터와 그렇지 않은 웹마스터로 분류할 수 있다. 아파치 모듈 사이트modules.apache.org를 구독하는 웹마스터들은 아파치 유즈넷 포럼에 글을 올리는 웹마스터들보다 평균적으로 뛰어난 전문 기술을 보유한다. 이 자료는 인터넷 설문지를 통해 수집했다.

사용자 필요의 이질성

프랑케와 나는 회사 내부적으로 아파치의 수정에 필요한 코드를 작성할 수 있는 사용자들과 그렇지 못한 사용자를 살펴보았는데, 양쪽 모두 보안 모듈에 대해 아주 다양한 필요를 가지고 있었다. 이질성 상관계수 조정치^{calibrated coefficient of heterogeneity}인 Hc는 0.98이었는데, 이는 여러 사용자들이 하나의 동일한 그룹으로 묶일 가능성이 거의 없음을 말한다. (그룹 내의 '필요의 이질성'은 다음과 같이 정의했다. i명의 개인들이 그들의 필요를 충족시키기 위해 필요한 표준 제품의 수 j개로 인해 만족하는 정도다. 즉, i명의 필요를 만족시키기 위해 필요한 제품의 수가 많다면 필요의 이질성이 높은 것이고, 몇 개의 표준 제품만으로도 사용자들의 필요가 충족될 수 있다면 필요의 이질성이 낮은 것이다. 상관계수가 더 높을수록 한 표본 내의 사용자들이 갖는 필요도 더 이질적이다. 만약 이질성 상관계수 조정치 Hc가 1이라면 사용자들을 하나로 묶을 수 있는 체계적인 경향^{systematic tendency}은 없다. 만약 Hc가 1보다 낮다면 개개인을 하나로 묶을 수 있는 가능성이 약간 있으며, Hc가 0이라면 모든 사람들은 하나의 동일한 필요를 가지고 있다는 것을 나타낸다.[4])

이것 말고도 이질성에 관한 더 나은 근거를 찾아볼 수 있었다. 아파치 웹마스터들은 웹 서버 소프트웨어의 보안과 관련된 45가지 기능에 대해 우리가 물어본 것보다 훨씬 더 다양한 이야기를 들려주었다. 우리는 설문지 질문에는 없어도 그들이 사용하면서 느낀 추가적인 필요를 적을 수 있도록 서술형 답안 칸을 제공했다. 50%에 달하는 응답자가 이 칸을 활용해 추가적인 기능에 대해 답했다. 복수의 응답을 제거했을 때 1명 이상의 웹마스터들은 보안과 관련된 92개의 추가적인 필요를 제시했다.[5]

우리의 표본에서 나타나는 높은 수준의 이질성은 사용자들이 아파치를 수정하는 데 관심이 많다는 것과 그들이 현재 버전에 만족하는 비율이 대체로 높지 않다는 것을 확인해준다.

개선을 위한 지불 의사

사용자가 자신에게 맞는 주문 생산품을 갖고 싶어 하는 것만으로는 문제가 해결되지 않는다. 사용자는 자신이 원하는 것을 위해 지불할 수 있는 의지와 능력을 가져야 한다. 아파치 표본에서 혁신을 했던 사용자들은 아마도 혁신에 따르는 비용을 지불할 용의가 있었을 것이다. 하지만 우리가 가지고 있는 표본(이 표본에는 혁신하는 사용자와 그렇지 않은 사용자가 모두 포함되어 있다)의 사용자들이 제품의 개선을 위해 지금 바로 지불해야 한다면 얼마만큼 지불할까? 사용자의 지불 의사를 예상하는 것은 어려운 작업이다. 프랑케와 나는 가상가치 측정법contingent valuation method을 사용해 응답자들에게 그들이 제품이나 서비스에 어느 정도의 지불 의사가 있는지를 직접 물었다(Mitchell and Carson 1989). 가상가치 측정법에서 나온 지불 의사 결과는 종종 심하게 과장되기도 한다. 응답자들이 말한 지불 의사와 실제로 그들이 지출한 평균 지불액을 비교한 실증 연구에 따르면, 개인 구매의 경우 그들이 지불하겠다고 말하는 것보다 실제로 지출하는 금액이 더 적다는 결과를 볼 수 있었다. (우리가 본 경우도 마찬가지였다.) 이와는 반대로 불필요한 도로를 없애는 것과 같은 공공재의 경우 지불 의사는 훨씬 더 과장되게 큰 수치로 나온다.[6]

실제로 지불하려는 것보다 과장되게 지불 의사를 표현하는 것을 보완하기 위해 프랑케와 나는 응답자의 지불 용의를 80%로 축소해서 보수적으로 계산했다. (단, 설문지에 제시한 제품은 개인들이 사용하는 물건이었지만, 웹마스터들이 말하는 지불 용의는 개인 돈이 아니라 회사 돈을 지불하는 것이었다.) 우리는 현재의 기능에 만족하지 않는다고 말한 사용자 개개인에게 매우 만족스러운 해결책을 얻을 수 있다면 지불 용의가 얼마나 있는지를 물었다. (이 사람들은 각 기능에 얼마나 만족하냐는 질문에 대해 7점 만점 중 4점 이하를 표시한 사람들로, 1점은 '전혀 만족하지 않는다', 7점은 '매우 만족한다'이다). 설문은 137명의 웹마스터들을 대상으로 진행되었는데, 이들의 지불 용의를 80%로 축소한 결과를 보면, 보안 기능을 수정해서 충분히 만족할 수 있을 경우 응답자들을 모두 합쳐 70만 달러를 지불할 용의가 있었다. 이는 응답자 개인당 평균 5,232달러의 금액이다. 우리의 연구가 진행될 당시 아파치 1개의 서버와 유사한 기능을 가진 웹 서버 소프트웨어의 가격이 1,100달러 정도라는 것을 감안하면 이는 매우 놀라운 숫자다(자료: www.sun.com, 2001년 9월). 웹마스터가 평균적으로 10개의 서버를 책임진다고 가정해본다면, 이는 곧 개별 웹마스터가 각자의 보안 문제에 대한 필요를 더 잘 해결할 수 있을 경우 전체 서버 소프트웨어 패키지 가격의 반절에 해당하는 금액을 지불할 용의가 있다는 것이다.

아파치를 맞춤화하면 만족도가 증가한다

아파치 웹 서버 소프트웨어를 수정하기 위해 새로운 코드를 작성하는 것에는 전문적인 기술이 필요하다는 사실을 떠올려보자. 〈표 2.2〉에서 프랑케와 나는 우리의 표본들 가운데 아파치 웹 서버 소프트웨어를 수정할 수 있는 능력이 있다고 말한 전문가들만을 대상으로 실험을 진행했다. 실제로 소프트웨어를 개인에게 맞춤화한 경우 중에서도 기술을 가진 사용자들에 의한 맞춤화가 더 높은 만족도를 보였다. 하지만 소프트웨어를 수정을 했다고 해서 사용자들이 완전히 만족하는 것은 아니다.*

자신의 선호에 맞게 아파치를 수정할 수 있는 능력을 가진 사용자들이 왜 완벽하게 만족하지 않는지가 궁금할 수 있을 것이다. 응답자들에게 자신들의 선호에 맞게 아파치를 수정하는 데 어느 정도의 노력이 필요하다고 생각하는지를 물어보면 그 대답을 찾을 수 있다. 우리는 아파치의 특정한 기능에 대해 4점 이하의 만족도를 표시한 응답자 전원에게 그들이 매우 만족을 하는 지점까지(7점의 만족도를 얻을 수 있는 지점까지) 이 기능을 향상시키려면 어느 정도의 시간이 필요하겠냐고 물었다. 그 결과 아주 만족스러운 해결책을 얻기 위해

---

* 그만큼 사용자의 필요가 이질적이라는 것의 증거라고 할 수 있다.

	맞춤화한 사용자들 (18명)	맞춤화하지 않은 사용자들 (44명)	차이 (one-tailed t-test)
기본 웹 서버 기능 만족도	5.5	4.3	0.100
고객 인증 관련 만족도	3.0	1.0	0.001
전자 상거래 관련 기능 만족도	1.3	0.0	0.023
사이트 내 고객 접근 권한 만족도	8.5	6.9	0.170
기타 보안 기능 만족도	3.9	3.9	0.699
전체적인 만족도	4.3	2.6	0.010

소프트웨어를 개인 맞춤화한 숙련된 사용자들이 맞춤화를 하지 않은 사용자들보다 더 만족했다.

이 표에서 45개의 개별 기능들은 5개의 영역으로 나뉘어 평가되었다. 만족도는 각각 −21에서 +21까지로 측정되었다.

출처: Franke and von Hippel 2003, table 8.

서는 8,938명의 근무시간에 해당하는 근무일이 필요하다는 결과가 나왔다. 이는 프로그래머의 근무일이 하루 늘어날 때마다 78달러(71만 6,758달러를 8,938일로 나눈 수치)의 효용이 늘어난다는 말과 같다. 이는 숙련된 프로그래머가 받는 평균 임금보다 확실히 낮은 금액이다. 이를 통해 프랑케와 나는 사용자들이 완벽히 만족하는 지점까지 아파치 버전을 개선하는 데 들어가는 비용이 거기에서 나오는 효용보다 크기 때문에 숙련된 사용자들이 그렇게 하지 않을 것이라는 결론을 내렸다.

토론

　사용자들이 가진 필요의 이질성은 다양한 제품군에서 높게 나타날 가능성이 있다. 이와 관련된 자료는 여전히 많지 않지만, 사용자에 의한 맞춤화가 아주 많이 일어나고 있다는 사실은 사용자들이 가진 필요의 이질성이 높다는 것을 잘 보여준다. 많은 사용자들은 제품과 서비스에 대해 '자신들만'의 필요를 가진다.

　이 장을 관심 있게 읽은 사람들은 사용자 필요의 이질성과 이에 관련된 사용자 혁신에 대해 직관적인 해석력을 얻었으리라 생각된다. 사용자 혁신은 이제 드물지 않은 광경이기 때문에 작고 간단한 표본에서도 사용자 혁신의 예들을 찾을 수 있다. 따라서 독자들이 그들 스스로 이 문제에 관한 비공식적인 테스트를 해보는 것이 가능하다. (이는 재미있는 경험이기도 하다.)

　예를 들어, 나는 내 수업을 듣는 MIT의 학생들에게 배낭처럼 일반적으로 이용되는 특정 제품에 대해 생각해보라고 했다. 먼저 학생들에게 각자의 책가방에 얼마나 만족하고 있는지를 물었다. 처음에는 대부분의 학생들이 "쓸 만해요"라고 대답할 것이다. 하지만 몇 차례 토론과 생각을 거친다면 몇 개의 불만들이 수면 위로 천천히 떠오르기 시작할 것이다. ('천천히' 떠오를 것인데, 왜냐하면 우리 모두는 자신이 사용하는 물건에 약간의 불만족을 가지고 있는 것을 당연한 것으로 생각하기 때문이다.) 학생들이 가방의 이런저런 면에 대해서 나눈 말들은 다양했다. "나에게 완전히 맞지는 않아." "내 점심 도시락통과 보온병이 새서 책과 노트에 음식이 배어들고 가방에 들어 있는 것이 젖었어, 방수 기능이 있어야 해." "가방에 큰 도화지를 말아 넣고 학교에 가져가면 끝 부분이 가방 끝으로 튀어나와. 비가 올 때 플라스틱 통 안에 잘 말아 넣는 걸 까먹으면 그 끝 부분이 망가져버려."

다음으로, 나는 학생들에게 그들의 필요에 맞는 방향으로 책가방을 개조해본 적이 있냐고 물었다. 흥미롭게도 대개 한두 명의 학생은 그런 경험이 있다고 대답했다. 대부분의 사용자들에게 책가방은 매우 전문적이거나 수집을 하는 물건이 아니기 때문에 소수의 비전문적인 경우라고 할지라도 자신의 충족되지 않는 필요에 맞게 가방을 혁신하려는 시도는 이 장에서 다루어진 논의와 관련해 재미있는 직관을 제공한다.

3장

혁신이냐 구매냐

USERS' INNOVAATE-OR-BUY DECISIONS

사용자는 자신의 필요에 꼭 맞는 제품이 필요할 때 왜 가게에 가서 사거나 주문 생산품을 주문하는 대신 스스로 혁신을 하는 것일까? 나는 이것이 궁극적으로는 사용자가 선택할 문제라고 생각한다. 그러나 사용자가 주문 생산품을 구입하기로 결정하고 그에 따르는 비용을 지불할 의지와 자원을 가지고 있더라도, 자신이 원하는 사항을 정확히 반영한 제품을 만들어줄 제조업체를 구하는 것은 놀라우리만큼 쉽지 않은 일이다. 당연히 표준 제품을 대량으로 생산하는 대규모 제조업체는 일반 개인에게 특별 주문 제작을 받는 것을 꺼릴 것이다. 고객들도 이 점을 잘 알고 있기 때문에, 캠벨^{Campbell}과 같은 대량 수프 생산업체에 연락을 해서 '나에게 꼭 맞는' 특별한 수프를 제작해달라고 하는 고객은 거의 없을 것이다. 하지만 주문 생산품 생산을 특화한 생산업자들의 경우는 어떤가? 특별 상품 주문을 받는 것이 그들의 일이지 않은가? 혁신-구매 결정이 어떻게 진행되는지를 이해하기 위해서는 사용자와 제조자에 관련된 거래 비용과 정보 비대칭에 대해 이해해야 한다. 3장에서 거래 비용에 대해 다루고, 다음 4장에서는 정보 비대칭에 대해 이야기해보자.

우선 사용자들의 혁신이냐 구매냐의 결정, 즉 혁신-구매 결정에 영향을 주는 네 가지 중요한 거래 비용에 대해 논의해보자. 그리고 이를 보여주는 사례를 다룬 후, 간단한 양적 모델quantitative model을 사용해서 왜 기업 사용자는 스스로 해결책을 찾는 것(새로운 제품이나 서비스를 만드는 것)이 제조자를 고용해 문제를 해결하는 것보다 비용 대비 효과적이라고 느끼는지에 대해 자세히 알아보겠다. 마지막으로, 개인 사용자는 새로운 제품이나 서비스를 만들어내는 것은 물론이고 혁신 과정 자체에서도 가치를 느끼기 때문에 우리가 예상하는 것보다 더 많이 혁신한다는 사실을 알아보자.

혁신의 기회에 대한
사용자와 제조자의 관점 차이

사용자들이 스스로 제품을 만들지 아니면 주문 제작품을 구매할지를 결정할 때 거래 비용과 관련한 다음의 세 가지 중요한 원인이

사용자들의 결정에 영향을 준다.[*]

(1) 사용자와 제조자가 생각하는 바람직한 해결책은 서로 다르다.

(2) 혁신의 질에 확신을 주기 위해 제조업체가 별도로 지불해야 하는 비용이 발생한다.

(3) 사용자-혁신자와 제조자-혁신자들에게 요구되는 법적 요구 사항의 수준에 차이가 있다.

처음 두 가지 요소는 상당한 대리인 비용 agency cost 을 초래한다. 사용자가 주문 제작품을 만들기 위해 제조자를 고용한다면, 그는 주문 제작품 제조업체를 자신의 '대리인'으로 고용한 '주인'이 된다. 그리고 주인과 대리인의 이해관계가 일치하지 않을 때 대리인 비용이 발생한다. 서장에서 대리인 비용을 다음의 세 가지로 정의했던 것을 떠올려 보자.

(1) 대리인이 주주의 이해를 따라오는지를 감시하는 데 들어가는 비용

(2) 대리인이 자신의 주인의 이해에 반하는 행동을 하지 않으려고 노력하는 데 겪는 대리인의 비용[**]

(3) 주인의 이해를 완전히 만족시키지 못하는 결과에서 비롯되는 비용

---

[*] 이 장에서 언급될 혁신—구매 의사 결정 모델들은 거래 비용과 관련한 경제학적인 논의(transaction cost economics)와는 여러 가지 다른 요소들을 포함하고 있다.

[**] 확증 비용(確證, bonding cost)이라고 하며, 대리인의 행동이 주체의 이익에 반하는 않음을 증명하기 위해 소요되는 비용을 뜻한다.

대리인 비용을 제품과 서비스 개발에 적용한다면, 주문 제작품 개발에 대한 사용자와 제조업자의 이해가 종종 현격하게 다르기 때문에 대리인 문제가 발생한다.

어떤 해결책을
더 선호하는가?

사용자는 자신들의 문제를 해결하기 위해 구매한 제품이나 서비스를 문제 해결 수단의 일부로 사용한다. 그러므로 제품과 서비스는 사용자 해결책^{user solutions}을 구성하는 일부 요소일 뿐이다. 따라서 사용자들은 해결책의 질과 가격을 모두 따져서 총체적으로 가장 큰 만족을 줄 수 있는 제품이나 서비스를 원한다.[•] 사용자는 해결책의 질과 가격 모두를 고려해서 결정을 내리기 때문에, 때로는 아주 정확한 해결책을 얻기 위해 놀랄 만큼 큰 금액을 기꺼이 내놓기도 한다. 예를 들어, 한 개인 사용자는 테니스 라켓을 주문할 때 자신의 고유한 테니스 기술과 체력에 딱 맞는 기능을 갖춘 라켓을 부탁하고, 이를

• 　보통의 경우에는 좋은 해결책을 낮은 가격에 얻으려 할 것이다. 그러나 해결책이 좋을수록 가격이 올라가기 마련이기 때문에 어떤 경우에는 사용자들이 원하는 극히 제한된 해결책을 찾기 위해 상당한 대가를 지불하기도 한다.

　　　　　　　　　　　　　　　| 소셜 이노베이션 |

위해 엄청난 액수의 돈을 기꺼이 지불한다. 라켓의 기능이 그녀와 맞지 않다면 그녀는 지금까지 연습해왔던 방식과 이미 익숙한 서브 기술을 바꿔야 하고, 이것은 사용자의 관점에서 볼 때 주문 제작을 하는 경우보다 훨씬 더 큰 비용이 든다. 이와 반대로 사용자는 자신의 원하는 기능이 정확히 어떻게 얻어지는가에 대해서는 크게 생각하지 않는다. 예를 들어, 대개의 경우 테니스 선수들은 라켓이 자신이 원하는 대로 작동되기만 한다면 라켓의 재질이 금속, 탄소 섬유, 플라스틱, 나무, 진흙 중 어떤 것이라도 신경 쓰지 않는다. 실례로 사용자들은 지난 몇 년간 자신들이 원하는 기능에 더 적합하기만 하다면 새로운 재질의 라켓으로 계속해서 바꾸었다.

산업재의 경우에도 같은 논리가 적용된다. 예를 들어, 생산과정에 사용할 기계가 필요한 기업이 있다고 하자. 이 기업은 새로 주문하는 기계에 원자재를 투입하고 처리하던 기존의 방식을 지원하고 이 기계를 사용할 노동자들의 기술 수준과 일치한다면 상당한 금액을 지불할 의사가 있을 것이다. 새로운 기계의 작동 방식이 기업의 현재 원자재 처리 과정이나 노동자의 특성과 맞지 않는다면 기업은 원자재 공급처를 바꾸고 노동자를 재교육시켜야 하는데, 기업의 관점에서 이런 비용이 기업에 딱 맞는 기계를 주문하는 것보다 훨씬 크기 때문이다. 이와 반대로 기업 사용자는 자신이 원하는 성능이 정확히 어떤 방법을 통해 작동되는지에 대해서는 별로 궁금해하지 않는다. 이 기업은 오로지 기계가 자신이 원하는 조건들에 맞게 작동하는지에만 관심이 있다.

사용자들로부터 주문 생산품의 제작을 주문받은 제조업체들도 비슷한 문제를 고려하게 되는데, 그들의 주된 관심사는 비용을 최소화할 수 있는 범위 내에서 해결책을 찾는 것이다. 제조자는 자신들이 잘할 수 있는 1개 혹은 소수의 특정한 해결책 유형solution type을 정하고 그 분야에 집중해서 경쟁 우위competitive advantage를 달성하려 한다. 그 후 제조자는 자신들이 잘하는 특정 해결책을 활용해 이윤을 낼 수 있는 일감을 최대한 많이 찾는다. 예를 들어, 탄소섬유 분야에서 주문 생산품 제작을 전문으로 하는 제조자는 탄소섬유가 들어가는 것이라면 비행기의 날개부터 테니스 라켓까지 상관하지 않고 어떤 종류의 제품이든 생산해 이윤을 추구한다. 반대로 이 제조자는 같은 제품이라 할지라도 경쟁 우위가 전혀 없는 금속이나 나무에는 관심이 없다.

하지만 기업이 특정한 해결책 유형을 특화하는 것은 스스로에게 한계를 만드는 행동일 수도 있다. 예를 들어, 수천 개의 제조업체는 접착식 잠금 방식adhesive-based fastening에 기반을 둔 해결책을 특화하고, 또 다른 수천 개의 제조업체는 금속 나사나 못을 사용하는 기계식 잠금 방식을 특화한다. 사용자의 관점에서 볼 때에는 '잠금'이라는 동일한 기능의 해결책을 제시하고 제품을 생산하는 기업들이지만, 제조자의 관점에서는 서로의 방식이 매우 달라 보일 수 있다는 점에 주목해야 한다. 예를 들어, 접착제를 대량 생산하거나 맞춤 제작하는 제조업체에는 화학을 전공한 사람이 꼭 있어야 한다. 또한 이 기업은 미세한 화학물질들을 특정한 방식으로 조합할 수 있는 생산 기구와 화학 실험실이 필요하고, 고객들에게 편리하면서도 안전한 포장을 하기 위해 포장에 관련된 도구와 포장 기술의 전문성, 관련된 법적 승인이 필요하다. 이와 반대로 기계식 잠금 방식을 해결책으로 대량 생산하거나 맞춤 생산을 하는 제조업체는 이것들이 하나도 필요하지 않다. 대신 이들은 기계 설비 기술자, 제품의 원형^{原型}과 공구 세공^{細工}을 하는 기계 공장이나 나사 절삭기와 같은 특수 금속을 주조하는 설비 기구 등이 필요하다.

사용자가 관심이 있는 것은 기업이 어떤 해결책 유형을 사용하느냐가 아니라 사용자 자신의 필요 사항이 만족되는지 여부이기 때문에, 기업이 어떤 해결책 유형을 사용하든 사용자가 요구한 문제에 가장 적합한 해결책을 찾아주기만 하면 된다. 반대로 제조자는 자신의 전문성과 생산 능력을 활용할 수 있는 해결책을 제공하려고 한다. 따라서 사용자는 두 잠금 방식 가운데 어떤 것이든 가장 좋은 결과가 나오는 것에만 관심이 있다. 사용자와는 달리 제조자 입장에서 보면, 접착식 잠금 방식 제조자는 접착식 잠금 방법이 사용되는 해결책을 선호하며, 기계식 잠금 방법을 특화한 제조자는 기계식 제조 방식을 사용하는 해결책을 훨씬 더 선호할 것이다.

자신의 필요를 가장 잘 충족시키는 해결책을 찾으려는 사용자의 인센티브와 자신이 가진 특정한 해결책 유형을 사용해 제품을 만들려는 제조자의 인센티브 사이의 차이는 주문 생산품을 제작할 때 발생하는 대리인 비용의 주된 이유가 된다. 인센티브의 차이가 대리인 비용으로 이어지는 이유는 훌륭한 해결책에 대해 사용자와 제조자 사이에 존재하는 정보 불균형이 중간에 작용하기 때문이다. 제조자는 사용자보다 전문 지식을 가지고 있는 경우가 많고, 자신이 제공하는 해결책 유형이 사용자에게 가장 적합한 것이라고 확신을 주기 위해 편향된 정보를 제공할 가능성이 높다. 사용자는 제품 생산에 필요한 여러 기술에 대해 제조자만큼 전문적이지 않기 때문에 이런 편향성을 알아채기 힘들다.

이론적으로 볼 때 계약을 완벽하고 명확하게 작성하는 것이 가능하다면 이런 대리인 비용은 사라진다(Aghion and Tirole 1994; Bessen 2004). 하지만 제품 개발 계약을 작성하는 것은 복잡한 과정이다. 계약을 작성하는 시점에서 사용자가 모든 필요와 해결책을 완전히 아는 것은 현실적으로 불가능하다. 제품 원형이 나오기도 전에 사용자가 자신이 원하는 것을 완벽하게 제시하는 것은 매우 힘들고, 제조자도 고객의 특정한 제품 개발에 투자해 노력을 기울이기 전에는 어떻게 해결책에 접근할지 완전하게 알 수 없다.

구매만 하는 사용자와 제품을 만드는 사용자의 기대 차이

일반 사용자는 제조자에게서 제품을 구매할 때 종종 제품뿐만 아니라 여러 가지 서비스가 함께 제공되길 기대한다. 하지만 사용자가 스스로 제품을 개발한다면 이런 과정을 생략함으로써 불필요한 형식이나 비용을 줄여 저렴한 해결책을 찾을 수 있다. 제조 공장에서 생산된 제품을 일반 구매자는 구매한 후에는 사용만 하기 때문에 이 두 가지 환경은 철저히 분리되어 있고, 그렇기 때문에 일반 사용자들은 자신이 구매한 해결책이 '포장을 뜯자마자' 안전하게 제대로 작동하길 기대한다. 하지만 스스로 제품을 만들어내는 사용자는 제조와 사용이 동일한 곳에서 이루어진다. 사용 초기에 제품을 지속적으로 테스트해보고 개선해나가면서 비록 완전치 못한 제품을 상당 기간 사용해야만 할지라도 이런 불편한 상태를 받아들이고, 또 이를 제품 개발 과정의 필요한 부분으로 인정하게 될 것이다.

이런 구매 위주의 사용자와 스스로 개발을 하는 사용자 사이의 차이는 애프터서비스를 바라보는 관점에서도 명확히 드러난다. 주문 생산품을 구매한 경우 사용자는 만약 제품이 고장 나면 제조자가 대체품을 줄 것이라고 기대한다. 하지만 제조업체가 이 기대를 만족시키기는 데는 많은 비용이 들어간다. 만약의 경우가 발생해 고객에게 그 제품을 다시 제공하거나 판매하기 위해서는 제조업체가 각각의 고객에게 어떤 제품을 만들어줬는지, 그 제품에 특별히 필요했던 부품은 무엇인지를 일일이 기록하고 보관해야 한다. 이와 반대로 사용자가 스스로 제품을 개발한다면, 제품의 사용 현장에 제품의 개발 과정을 자세히 알고 있는 사람이 항상 있는 것과 같다. 사용자들은 필요한 것이 생기면 즉석에서 제품을 수정하거나 고칠 수 있다. (물론 기업 사용자의 경우 혁신을 통해 만든 제품을 아직 사용 중인데도 그 제품을 직접 만들었던 직원이 퇴사한다면 더 이상 제품의 수정이나 개선이 불가능하다. 따라서 이런 직접적인 혁신은 혁신의 주체를 잃어버림으로써 결과적으로 상당한 비용을 초래할 가능성이 있다.)

제조업체는 실제 제품의 질을 향상시키는 것과 관련이 없더라도 그 제품을 구매하는 소비자에게 제품의 품질에 대해 확신을 주기 위해 불필요한 지출을 하기도 한다. 이는 또 다른 형태의 대리인 비용으로, 사용자가 직접 혁신을 하는 경우에는 발생하지 않는 비용이다. 사용자가 스스로 혁신을 할 경우 사용자는 자신이 만든 해결책의 실제 품질에 대해 상세하게 알고 있고, 또 그 제품이 자신의 필요를 어떻게 만족시켜주는지를 알고 있다.

예를 들어, A라는 기업의 생산과정에 공정 기계가 필요해서 그 기업이 수백만 달러를 투자해서 스스로 기계를 만든다고 가정해보자. A기업에 속한 엔지니어는 아이들의 장난감인 레고에 들어있는 컨트롤러가 이 기계에 사용하기에 아주 적합하면서도 저렴한 부품이라는 것을 알아내어 공정 기계 제조에 사용할 수도 있다.[*] (레고가 판매하는 아이들 장난감 상자의 일부에는 컴퓨터 컨트롤러가 들어있다.) 하지만 만약 A기업이 전문 공정 기계 제조업체를 통해 기계를 구매한다면 A기업 엔지니어는 기계의 설계 과정에 대해 잘 모르기 때문에 수백만 달러짜리 기계에 레고 컨트롤러가 쓰이는 것을 부정적으로 생

---

[*] 레고가 판매하는 제품 중에 레고 마인드스톰(Lego Mindstorm)이라는 제품군에는 실제로 RCX 혹은 NXT로 불리는 중앙 제어 장치가 있어서 다양한 센서와 모터를 제어하는 데 사용된다.

| 소셜 이노베이션 |

각하게 될 것이다. A기업의 엔지니어와 그의 동료들은 이를 품질이 나쁘다는 신호로 받아들일 수 있고, 이는 결과적으로 그 공정 기계 제조업체의 브랜드에 나쁜 영향을 끼칠 수 있다.

제조자들은 품질에 대한 명성에 매우 예민하기 때문에 고객의 특별한 요구를 들어주거나 특정 고객에게 딱 맞게 제품을 만들어주었다가 다른 사람들이 이를 알아채고 회사 제품의 전체적인 질을 의심할까봐 이런 요청을 거부한다. 예를 들어, 당신이 고급 맞춤 자동차 제조업체에게 가서 "나는 당신의 브랜드에서 차를 한 대 맞추고 싶소. 내 친구들이 이를 보고 감탄할 테지. 하지만 나는 이 차를 장보러 갈 때나 가끔씩 사용할 것이므로 싸고 작은 엔진을 사용하고 싶소. 즉, 나는 럭셔리한 외관과 저렴한 부품으로 차를 조합하고 싶소. 어떻게든 맞춰서 가격을 낮춰주시오"라고 말할 수 있다. 그러면 자동차 제조업체는 다음과 같이 대답할 것이다. "저희도 고객님이 원하는 바를 이해하지만 품질이 낮은 제품은 절대 저희 회사에서는 생산할 수 없습니다. 다른 사람들이 고객님의 차 후드를 열어보는 일이 생기면 그 순간 우리 회사의 '고급 자동차 제조사'라는 명성에 금이 갈 것입니다. 다른 곳을 찾아보시거나 차를 자주 사용하지 않더라도 저희 제품에 대해 제 값을 치러주셔야겠습니다."

제조자에게 더욱 엄격한
법적 규제

사용자 혁신의 경우 만든 제품이 실패해서 하자가 생기더라도 타인에게만 피해를 끼치지 않는다면 사용자-혁신자는 일반적으로 법적 책임을 지지 않는다. 하지만 제품을 생산하고 판매하는 제조자들은 각국의 법에 따라 일반적인 제품 보증을 제공해야만 한다. (대부분의 경우 이런 제품 보증은 사용자들이 제품을 적절히 사용했을 때에만 제공된다는 것을 전제로 한다.) 만약 이 기준을 만족시키지 못하거나 별도로 다른 식의 제품 보증을 서면으로 제공하지 않는다면, 제조자는 결함이 있는 제품을 만들고 소비자에게 적절한 주의를 주지 못한 과실에 대해 법적 책임을 질 수 있다(Barnes and Ulin 1984). 이 사소한 차이가 혁신자들이 지는 법적 책임에서는 더 큰 차이가 될 수도 있고, 따라서 사용자 혁신에 비해 제조자 혁신은 혁신 비용이 올라간다.

예를 들어, 사용자 기업 A가 공장 운영에 필요한 공정 컨트롤러를 직접 만들었다고 하자. 만약 직접 만든 컨트롤러가 고장 나서 값비싼 원재료가 파괴되었다면 A기업에게 원재료 가격만큼의 비용이 발생한다. 반대로 전문 컨트롤러 제조업체가 새로운 컨트롤러를 만들어서 A기업에게 판매했는데 고장이 났고, 그 고장의 원인이 컨트롤러의 제작 과정에 있을 경우 전문 컨트롤러 제조업체는 A기업에게 실제 발생한 비용뿐만 아니라 고객에게 피해를 입힌 대가로 더 큰 비용을 지불해야 할 수 있다. 뿐만 아니라 화가 난 고객이 불만을 퍼뜨린다면 제조업체의 명성에 엄청난 타격이 될 수 있다. 이런 위험에 대한 전문 제조업체의 논리적인 대응은 제품의 가격을 높이거나 신제품을 발표하기 전에 오랜 시간에 거쳐 많은 테스트를 거치는 것이다. 이에 따른 비용 증가와 제품 출시의 지연 때문에 사용자는 스스로 자체적인 해결책을 찾는 것이 더 낫다고 생각하게 된다.

최종 결과

앞에서 다룬 내용의 최종적인 결과는 1명 혹은 소수의 사용자를 위해 주문 생산품을 제작하는 것이 제조사에게 이윤이 되지 않는 경우가 많다는 것이다. 주문 생산품 제작에 관련된 거래 비용을 고려해봤을 때 이런 경우 사용자는 (적절한 능력만 있다면) 제품을 직접 만드는 것이 더 저렴하다. 반대로 시장 규모가 클 경우 고정 거래 비용은 다수의 고객들에게 분산되고 시장 전체를 대상으로 생산하기 때문에 얻을 수 있는 규모의 경제 효과도 크다. 이 경우 사용자에게는 스스로 혁신을 하는 것보다 제품을 사는 것이 더 저렴할 것이다.

따라서 제조자는 사용자가 특정한 제품 제작을 요구했을 때 이 제품과 그 속에 필요한 부품에 다른 소비자들도 관심이 있는지를 주의 깊게 살펴본다. 만약 원하는 소비자가 드물다면 제조자는 이 프로젝트를 받아들이지 않을 것이다.

물론 제조자의 입장에서는 시장을 좀 더 자신들에게 유리한 방향으로 유도해나가는 것이 이득이 된다. 이를 위해 기업은 특정 고객의 필요를 아주 정확히 충족시켜주는 해결책 대신에 그 고객의 요구에 '적당히' 맞으면서도 동시에 다수의 사람들에게 통용될 수 있는 해결책을 만든다. 예를 들어, 기업은 비슷한 필요를 가진 고객들을 한데 모아서 그들 모두가 만족할 수 있는 공통적인 해결책을 찾도록 한다. 그러고 나서 고객들에게 다음과 같이 설명할 수 있다. "여러분이 느끼셨다시피 고객 개개인의 필요에 꼭 들어맞는 상품을 각각 만드는 것은 결국 불가능합니다. 따라서 여러분들은 어느 정도 타협을 하셔야 합니다!" 이와는 반대로 기업은 잘 드러나지 않게 몇몇 고객의 특별한 요청을 그냥 무시해버리고, 대신에 다수의 사람들에게 맞는 더 일반적인 제품을 만들 수도 있다.

앞에서도 설명했듯이 사용자와 제조자는 해결책의 선택권에 차이가 있다. 뿐만 아니라 이들은 필요의 범용성^{generality}•에 대해서도 서로 다른 인센티브를 가지기 때문에 자신이 가진 중요한 정보를 숨기

• 사용자는 자신의 필요를 꼭 맞게 충족시켜줄 특정한 해결책을 찾는 데 반해, 제조자들은 늘 일반적인 필요를 찾아냄으로써 그것을 만족시킬 만한 대량 생산 제품을 생산하기를 원한다. 규모의 경제를 고려할 때 제조자 측에서 생각해보면 이는 당연한 결과라 할 수 있다.

고 상대방을 자신에게 유리한 방향으로 조종하려고 한다. 그리고 그 결과 사용자와 제조자 간의 상호작용이 매우 어렵고 불투명해진다. 필요의 범용성 측면에서 현명한 사용자들은 맞춤 생산품 제조업자들이 더 큰 시장 규모를 선호하는 것을 이해하기 때문에 "내가 지금 당신에게 주문하는 이 제품을 조만간 많은 사람들이 원하게 될 것"이라고 제조업체를 설득하기 위해 노력한다. 제조업체는 사용자가 이렇게 행동하는 것을 알기 때문에 그들을 전적으로 믿지 않고 자신들이 봐도 합리적으로 이해할 수 있는 수요에 대해서만 주문 생산품을 개발할 것이다. 사용자도 제조업체가 제품을 생산할 때 그들의 전문 지식이나 기술을 사용할 수 있는 방법을 선호한다는 것을 안다. 이런 인센티브 때문에 제조자가 편향된 충고를 하는 것을 막기 위해 사용자들은 많은 수의 제조업체를 방문해 다양한 해결책 유형을 찾아보거나 스스로 전문성을 쌓거나 계약서를 철저하게 작성한다. 앞에서 논의된 바와 같이 제조자가 사용자를 어떤 방향으로 몰아가고 사용자가 그것으로부터 벗어나려는 여러 행동들은 모두 대리인 비용과 관련이 있다.

좋은 예시

사라 슬로터의 연구(Slaughter 1993)를 통해 거래 비용이 사용자의 혁신-구매 결정에 미치는 영향에 대해 살펴보자. 그녀는 건축자재로 사용되는 응력 외피應力外皮, stressed skin 패널 분야에서 일어났던 혁신에 대해 연구했다. 이 연구는 특히 패널을 설치하는 과정에 초점을 두었기 때문에 여기서 응력 외피의 사용자는 집의 소유주보다는 집을 짓는 건축가들이다. 슬로터는 사용자가 제품을 구매할 때의 비용과 직접 혁신할 때의 비용을 비교해보았는데, 그 결과 패널 제조업체에게 제품을 맡기는 것보다 건축 현장에서 직접 해결책을 만드는 것이 항상 더 저렴하다는 것을 발견했다.

응력 외피 패널은 4×8피트 크기의 커다란 샌드위치 모양을 떠올리면 된다. 두 개의 합판이 있고 그 사이에 있는 플라스틱 발포 고무가 두 합판의 접착제 역할을 하고 있다. 이 발포 고무는 4인치 정도의 두께인데, 두 합판을 강하게 접착시키는 역할을 할 뿐만 아니라 열을 보온해주는 단열 역할도 하고 있다. 1989년에 응력 외피 패널 생산 시장은 거의 과점 상태였다. 상위 4개의 제조자가 이 시장의 77%를 차지하고 있었던 것이다. 그에 비해 사용자들은 상대적으로 고르게 퍼져 있었다. 1989년 응력 외피 패널을 사용하는 상위 4개의 건축업체를 합쳐도 전체 주택 건축 시장의 1%밖에 되지 않았다.

집을 지을 때 응력 외피 패널은 대개 집의 외관을 만들 때 튼튼한 목새 구조와 함께 이용되거나 전단 하중剪斷荷重, shear loads을 견디는 데 사용된다. 따라서 응력 외피끼리 접착시키거나 응력 외피를 바닥이나 지붕, 집의 뼈대에 바를 때 실용적이면서도 오래 지속될 수 있는 방법을 찾는 것이 이 작업의 관건이다. 또한 패널 내부는 발포 고무로 막혀있기 때문에 패널을 사용한 벽에는 파이프나 전선을 놓을 빈 공간이 거의 없다는 문제도 해결해야 한다.

응력 외피 패널이 주택 건축 시장에 도입된 것은 제2차 세계대전

이후인데, 슬로터는 응력 외피 패널이 도입된 그 시점부터 1989년까지를 연구했고, 그 기간에 일어난 34개의 혁신을 12개의 기능군으로 분류했다. 그녀는 12개로 분류된 혁신 각각의 역사를 조사해서 82%의 경우 혁신이 응력 외피 사용자들인 건축가들에 의해 이루어졌음

〈표 3.2〉 응력 외피 패널의 사용자 혁신				
기능	사용자 혁신에 들인 평균 시간(일)	사용자 혁신의 평균 비용	N	제조업체에 혁신을 맡길 경우 요구되는 최소 비용
패널의 일부를 개방하는 작업	0.1	$20	1	$1,400
패널 간 구조적인 연결	0.1	$30	2	$1,400
지붕 패널의 통풍	0.1	$32	2	$28,000
패널 간 절연 연결	0.1	$41	3	$2,800
패널 간 코너 연결	0.2	$60	1	$2,800
패널에 HVAC 설치	0.2	$60	2	$2,800
패널에 와이어 설치	0.2	$79	7	$2,800
패널을 지붕에 연결	0.2	$80	1	$2,800
패널에 방충망 설치	0.4	$123	3	$70,000
패널을 건물의 토대에 연결	0.5	$160	1	$1,400
패널을 건물 골조에 연결	1.2	$377	3	$2,800
곡선 모양의 패널 발명	5.0	$1,500	1	$28,000
전체 평균	0.5	$153		$12,367

사용자들은 제조업체에게 맞춤 해결책을 의뢰하는 것이 훨씬 더 비싸다는 것을 발견했다. 응력 외피 패널의 경우 사용자 혁신의 비용이 훨씬 낮았다.
N은 위 각각의 기능에서 일어난 사용자 혁신의 숫자를 나타낸다. 위의 비용과 시간은 각 기능에서 일어난 사용자 혁신의 결과를 평균한 것이다. (슬로터의 연구 중 제조자에 의한 혁신은 6개였는데, 이는 위 표에 포함하지 않았다.)

출처: Slaughter 1993, tables 4 and 5

을 밝혔다. 응력 외피 패널의 제조자가 혁신을 한 경우는 겨우 18%였다. 하나의 문제에 대해 여러 명의 사용자가 서로 다른 접근을 한 경우도 있었다(〈표 3.1〉 참조). 건축가들은 자신들이 만든 혁신에 대해 소유권을 주장하기보다는 스스럼없이 그 내용을 공개했다. 이에 따라 혁신 과정은 입에서 입을 통해 전 세계의 건축가들에게 공유되거나 잡지에 소개되면서 널리 퍼져나갔다. 패널 제조업체가 문제에 대해 해결책을 찾고 판매하기 수년 전에 이미 건축 현장에서 혁신이 퍼져나간 것이다.

응력 외피 패널 분야의 사용자 혁신 역사를 살펴보면, 이 혁신들은 미리 계획한 연구 개발R&D을 통해 이뤄진 것이 아니라는 것을 알 수 있다. 오히려 각각의 혁신들은 건축 현장에서 발생한 문제에 대처해나가는 과정에서 탄생했다. 문제가 발생하면 건축가는 현장에서 사용 가능한 도구나 자재, 기술을 사용해서 빠른 속도로 해결책을 생각하고 만들어냈다. 건축가들이 문제를 발견해서 그것에 대해 완성된 해결책을 찾는 데까지 걸리는 시간은 평균적으로 반나절밖에 걸리지 않았다고 답했다. 혁신에 들었던 시간과 기구, 자재를 포함한 전체 비용은 평균 153달러에 불과했다.

예시: 응력 외피 패널에 전선을 설치하기

건축가는 곧 패널의 전선을 패널의 안쪽에 있는 발포 고무 속을 통과시켜 패널의 중간에 위치한 스위치까지 설치해야 하는 문제에 부딪치게 됐다. 패널의 표면부터 이 지점까지 홈을 파거나 길을 뚫는 방

| 소셜 이노베이션 |

법은 패널의 구조적인 내구성이 엄청나게 떨어진다는 문제를 발생시키기 때문에 좋은 방법이 아니다. 건축가들이 찾은 새로운 해결책은 긴 대롱 안에 전기로 데운 철선을 넣고 철선을 패널의 중간에 있는 단열층으로 밀어 넣는 방법이었다. 건축가가 철선을 밀면 전기로 데워진 끝부분이 플라스틱 발포 고무 층 속으로 빠르게 녹아들어가 패널의 끝부터 원하는 지점까지 이를 수 있게 된다. 그런 후 철선을 통로에서 뽑아내면 전선이 들어갈 자리가 생긴다.

건축가-사용자는 이 혁신을 고안하는 데 총 1시간밖에 걸리지 않았고, 여기에 들어간 비용은 시간과 자재를 모두 합쳐 40달러라고 말했다. 어떻게 이렇게 적은 시간과 비용만을 사용해서 혁신적인 아이디어를 떠올릴 수 있었을까? 건축가는 뜨거운 철선을 사용해 플라스틱 발포 고무의 단열층을 필요한 길이만큼 잘라내는 것은 자신들에게 익숙한 기술이라고 말했다. 그는 이 기술을 통로를 녹이는 방법으로 응용한 것이다. 그는 아이디어를 시험해보기 위해 곧장 직원을 전자 용품 상점으로 보내 니크롬선(전기 난방에 자주 사용되고 높은 저항력을 가진 전선—옮긴이)을 얻어오도록 했고, 이 선을 막대기의 끝에 붙여 건축 현장에서 시험해볼 수 있었다. 그리고 시험 결과는 성공이었다.

이 해결책은 건축 잡지를 통해 자세히 소개되었고 널리 퍼져나갔다. 사용자 해결책이 수년 동안 퍼져나간 뒤에야 패널 제조업체가 이에 반응해서 패널의 플라스틱 발포층 안에 전선이 들어갈 자리를 미리 뚫어놓은 패널을 제작했다. 하지만 이것이 건축가들이 원하는 최상의 제품은 아니었다. 미리 뚫어놓은 위치에 스위치 박스를 놓고 싶지 않을 수도 있기 때문이다. 게다가 현장의 직원들은 실수로 패널을 뒤집어 설치하기도 했는데, 이 경우 미리 뚫어놓은 제품은 그 옆의 패널들과 맞지 않게 된다. 이런 경우 건축가들은 사용자가 고안한 처음의 해결책을 찾게 된다.

예시: 곡선 모양의 패널 만들기

한 건축가는 고객의 요구에 따라 곡선 모양의 큰 창문들을 이용해 집을 만들고 있었다. 곡선 창문의 위아래 공간을 채우기 위해서는 휘어질 수 있는 응력 외피 패널이 필요했지만 그 당시 시중에서 파는 패널은 모두 평평한 패널이었다. 하지만 건축가가 평평한 표준 패널을 구입해 직접 휘게 만들 수도 없었다. 판매되는 패널들은 구조상 휘어지지 않았기 때문이었다. 따라서 건축가는 동네의 자재 상점에서 합판과 플라스틱 발포층을 구입해서 건축 현장에서 곡선의 창문에 맞게 합판과 플라스틱 발포층 각각을 천천히 구부렸다. 그리고선 세 개의 구성층(두 개의 합판과 그 사이에 들어가는 플라스틱 발포층)을 접착제를 통해 붙여서 창문 모양에 맞게 강하면서도 휘어진 패널을 만들 수 있었다.

사용자가 해결책을 구매하는 대신 스스로 혁신하는 것이 경제적으로 이득이 되는지를 판단하기 위해 슬로터는 비용을 계산해보았다. 이때 그녀는 아주 보수적인 방법을 이용해 스스로 해결책을 찾는 것보다 제조업체에게 패널 제작을 의뢰했을 때 추가적으로 들어가는 비용에 대해 계산했다. 제조업체의 패널을 기다려야 해서 발생하는 공사 지연 비용만을 계산한 것이다. 현장에서 제조자의 해결책을 기다리는 것은 건축가에게 큰 비용인데, 왜냐하면 이에 따라 배송 스케줄, 하청업체와의 연락, 기타 여러 가지 일들이 같이 수정되어야 하기 때문이다. 예를 들어, 패널의 설치가 지연되면 그것에 전선을 심기 위해 고용한 하청업체와의 스케줄을 조정해야 하고, 도배를 맡기로 한 하청업체와의 약속도 미뤄야 한다. 슬로터는 하루가 지연될 때마다 직원 1명당 280달러의 추가 비용이 건축가에게 발생한다고 예상했다(Means 1989). 며칠이 지연되는지를 파악하기 전에 일단 몇 가지 가정을 했다. 먼저 제조업체는 건축가가 맡기는 특별 주문을 항상 수락한다고 가정한다. 또한 제조자가 건축가의 필요에 대해 이해하고, 계약서를 작성하며, 해결책을 설계하고, 필요한 법적 승인을 얻는 데는 시간이 필요하지 않다고 가정한다. 그녀는 패널 제조업체에게 이런 준비 과정을 제외하고 건축가가 필요로 하는 패널을 만들고 그것을 공사 현장에 가져다주는 과정만 생각한다면 시간이 얼마나 필요하냐고 물었다. 제조업체들이 제시한 지연 일수는 최소 5일에서 최대 250일이었고 평균은 44일이었다.

이 계산은 매우 보수적이라는 것을 짐작할 수 있을 것이다. 예를 들어, 슬로터가 위 계산에서 제외한 법적 승인 과정은 사용자-건축가들보다 제조자에게 훨씬 더 엄격하다. 제조업체는 지역마다 그 지역의 건축법령에 준수한다는 것을 보여주는 시험 자료를 제시해야 하는데, 새로운 제품이 각 지역의 법령에 맞는지를 시험하는 것은 수

개월에서 수년이 걸리는 일이고, 여기에 더해 승인을 받는 데에도 추가적인 시간이 필요하다. 이와 반대로 건축가가 혁신을 한 경우 그는 지역 건축 검사관에게 찾아가 그가 한 작업이 법령이나 조건에 맞는지만 확인하면 되는데, 이는 훨씬 간단한 일이다(Ehrenkrantz Group 1979; Duke 1988).

사용자가 제조업체를 통해 해결책을 얻는 것은, 위와 같이 매우 보수적으로 계산했음에도 불구하고, 사용자가 스스로 혁신을 하는 것에 비해 최소 100배 이상의 비용이 든다는 결과가 나왔다. 이 경우라면 사용자는 해결책을 구매하는 것보다 스스로 혁신을 하는 것이 경제적으로 훨씬 더 이득이다.

사용자의 혁신-구매 결정 모델링

이번에는 칼리스 볼드윈^{Carliss Baldwin}과 함께 고안한 단순한 양적 모델을 통해 이번 장의 핵심 내용을 다시 한번 간추려보자. 이 모델은 복잡하고 풍부한 내용을 포함하진 않지만, 핵심 내용을 간결하게 제시함으로써 앞에서 논의된 질적 방법론을 잘 보완하고 있다.

기업 사용자가 혁신과 구매 사이에서 고민을 하는 것은 결국 공급망 supply chain(제품 및 서비스의 공급자에서부터 시작해 생산과 유통을 거쳐 최종 소비자에게 이르기까지의 모든 과정을 포함하는 일련의 과정—옮긴이)에서 자신의 위치를 정하는 것과도 같은 문제다. 현실에서는 이 과정에 여러 변수가 함께 작용한다. 나와 볼드윈은 연구를 단순하게 만들기 위해 모델에서 이런 문제의 대부분을 무시하는 대신 사용자가 혁신-구매를 결정할 때 고려하는 거래 비용에 초점을 맞추었다. 그리고 이 모델은 개인 사용자보다는 제조업체나 기업 사용자들을 대상으로 진행되었다. 우리는 기업 사용자나 제조업체가 문제를 해결하기 위해 디자이너들을 고용할 때 동일한 인력풀 pool에서 디자이너들을 고용한다고 가정했다. 또한, 특정한 사용자 문제를 해결하는 데는 기업 사용자와 제조업체 둘 다 같은 비용이 든다고 가정했다. 예를 들어, 기업 사용자나 제조업체 모두 디자이너를 고용하고 그들의 성과를 관리하는 데 동일한 금액의 비용이 필요한 것이다. 이런 가정을 통해 우리는 구매-혁신 결정 문제를 거래 비용의 관점에서만 접근할 수 있었다.

만약 거래 비용이 없다면(예를 들어, 계약서를 작성하고 실행하는 데 비용이 발생하지 않는다면) 코스의 정리 Coase's theorem에 따라 사용자는 문제의 해결책을 구매하거나 자신이 직접 혁신하는 두 가지 선택에 무차별하다 indifferent(차이를 느끼지 못한다). 하지만 실제 세상에서는 거래 비용이 항상 존재하기 때문에 사용자는 직접 혁신을 하거나 구매를 하는 선택 중 하나만을 선호할 것이다. 문제의 해결책을 최소한의 비용으로 구해야 한다고 생각한다면 어느 상황에서라도 더 나은 결과물을 제공하는 선택은 둘 중 어느 것일까?

사용자 i에게 발생한 문제 j에 대한 해결책이 갖는 가치를 V_{ij}라고 하자. N_j는 문제 j를 가진 사용자의 숫자이다. Wh_j는 문제 j를 해결하는 데 들어가는 비용인데, 여기서 W는 시급, h_j는 문제를 푸는 데 들어가는 시간이다. P_j는 제조업체가 문제 j에 대한 해결책 제공할 때 요구하는 가격이다. T는 문제 j에 대한 해결책을 구매할 때 계약서 작성 등의 이유로 들어가는 거래 비용 금액인데, 여기서 T는 그 금액이 미리 정해져있다고 하자. t는 그 외에 별도로 들어가는 거래 비용인데, 예를 들어 특정한 고객에게 맞춰 계약 내용을 다듬을 때 발생한다.

이 연구를 진행하기 전에 우리는 두 가지를 가정했다. 먼저 기업 사용자는 자신이 가진 문제가 무엇인지 알고 있으며, 문제의 해결책이 갖는 가치 V_{ij}가 어느 정도인지도 알고 있다. 둘째로, 제조업체는 각각의 문제에 대해 몇 명의 기업 사용자 N_j가 그 문제를 가지고 있는지, 그리고 각 문제의 해결책이 사용자에게 갖는 가치 V_{ij}가 어느 정도인지를 알고 있다.

일반적인 경우 정보 점착성 때문에 기업이 완전한 정보를 얻는 것이 어려운 일이긴 하지만, 위의 가정은 실제 현실 속의 사용자와 제조자가 가진 인센티브를 잘 보여주고 있다. 즉, 사용자는 자신의 문제를 파악하고 그것의 해결책을 찾는 데 높은 인센티브를 가지고 있다. 제조자는 시장이 갖는 이익이 얼마나 될지를 자신들의 관점에서 파악하기 위해 자신이 목표로 삼고 있는 시장의 사용자들이 갖는 문제의 본질을 이해하고, 얼마나 많은 사용자가 그 문제를 갖고 있는지, 그리고 그들이 해결책을 얻는 데 부여하는 가치는 얼마인지를 파악하기 위해 투자할 인센티브가 존재한다.

먼저 사용자가 스스로 문제를 해결함으로써 얻는 이득을 살펴보자. 사용자가 스스로 문제를 해결할 때에는 거래 비용이 발생하지 않기 때문에 사용자가 문제 j를 해결함으로써 $V_{ij}-Wh_j$의 가치를 얻는다. 따라서 사용자는 $P_j \leq Wh_j$일 때 스스로 해결책을 찾는 대신 제조업체로부터 해결책을 구매할 것이다.

다음으로는 제조업체가 문제 j를 풀어주는 데서 얻는 이득을 살펴보자. 이 경우 앞의 내용에서 언급했던 거래 비용들이 발생하게 된다. 거래 비용의 경우 $t=0$이지만 $T \rangle 0$이라고 가정하자. 이 경우 제조업체가 문제를 풀어줌으로써 얻는 이득은 $V_{ij}-Wh_j$인데, 제조자는 이것이 양의 값일 때에만 혁신에 참여할 유인을 느낀다. 즉, 다음과 같은 등식이 성립한다.

$$N_j P_j - Wh_j - T \rangle O$$

하지만 앞에서 봤듯이 $P_j \leq Wh_j$일 때 사용자는 해결책을 구매하므로, 위의 부등식에서 Wh_j를 P_j로 바꾸어보자. 따라서 우리는 사용자가 구매를 하려면 다음의 부등식이 성립해야 함을 알 수 있다.

$$N_j(Wh_j) - Wh_j - T \rangle O$$

이거나

$$N_j \rangle \left(\frac{T}{Wh_j} \right) + 1$$

이는 곧 N이 최소 1보다 커야 함을 보여준다. 즉, $T=0$인 코스의 세계에 사는 것이 아닌 이상 (이 경우에는 사용자가 구매를 하거나 스스로 혁신을 하는 두 경우에 대해 무차별해진다) 한 명의 사용자는 자신이 가진 문제에 대해 항상 스스로 혁신을 하는 것을 선택하게 된다. 만약 개개인의 사용자가 가진 모든 문제가 그 개인에게만 해당하는 것이라면 사용자는 모든 경우 스스로 혁신을 할 것이다.

이번에는 $T=0$이지만 $t \rangle 0$이라고 가정해보자. 다음의 부등식이 성립할 때 사용자는 스스로 혁신을 하지 않고 해결책을 구매한다.

$$N_j - (Wh_j - t) - Wh_j \rangle O$$

또는 ($Wh_j \rangle t$ 라고 가정했을 때)

$$N_j \rangle \left(\frac{Wh_j}{Wh_j - t} \right) \rangle 1$$

마찬가지로 사용자는 자신에게만 해당하는 고유한 문제를 해결할 때 제조자를 찾지 않는다.

위의 간단한 모델을 통해 우리는 다음의 결과를 얻을 수 있다. 1

명의 기업 사용자가 자신에게만 해당하는 고유의 문제를 가질 경우, 그 기업은 회사 내부적으로 디자이너를 고용해서 직접 해결할 때 가장 문제를 효율적으로 해결할 수 있다. 반대로 일정한 숫자 n 이상의 사용자들이 같은 문제를 가지고 있다면, 이 문제는 거래 비용을 고려해보았을 때 제조업체가 디자이너를 고용해서 필요한 제품이나 서비스를 만들고 이를 관련된 사용자들에게 판매할 때 가장 효율적으로 해결할 수 있다. 하지만 거래 비용 T 또는(혹은) t가 상당한 수준으로 발생하고, 1명보다는 많지만 n명보다는 작은 수의 사용자가 같은 문제를 가진 경우에는 이 문제가 해결되지 않고, 그 결과 시장 실패가 발생한다. 우리가 개별적인 사용자들과 제조업체만으로 이루어진 시장구조를 가정한다면, 다수의 사용자들이 같은 문제를 각자 해결하게 될 것이다.

예를 들어 $t=0.25Wh_j$이고 $T=10Wh_j$라고 하자. 이를 통해 n을 구하면 다음과 같다.

$$n = (11Wh_j / 0.75Wh_j) = 14.66$$

사용자가 스스로 혁신을 하지 않고 해결책을 구매할 조건은 $N_j \geq 15$일 때다. 만약 사용자의 수가 1보다 크지만 15보다 작다면 사용자의 노력이 중복되고 낭비된다. 여러 명의 사용자가 같은 문제를 각자 비용을 들여 해결하기 때문이다.

만약 우리가 사는 세상에 자신들이 고안한 혁신을 전혀 공유하지 않는 사용자와 제조자들만 있다면 방금 제시한 사용자의 중복적인 혁신에 따른 낭비는 자주 일어날 것이다. 2장에서도 나왔고 또 슬로터의 연구도 보여주듯이, 상당한 양의 거래 비용은 늘 발생한다. 또 평범한 문제가 아닐 경우에는 같은 필요를 가진 소수의 사용자들, 즉 N_j가 작은 경우도 자주 발생할 것이다. 책의 뒷부분에서 나오겠지만 평범하지 않은 문제, 즉, 기능적으로 참신한 혁신은 선도 사용자에 의해 이루어질 때가 많고, 선도 사용자는 정의에 따라 시장에서 최선두의 위치 ($low-N_j$)에 있는 사람들이다.

앞에서 제시한 시장 실패가 발생하면 사용자들은 제조업체를 통할 때보다 T나 t를 낮출 수 있는 제도적 장치를 찾으려고 한다. 다수의 사용자에 의한 상호 의존적인 개발이 이런 제도적 장치의 일례다. (6장에서 제시할 오픈소스 소프트웨어 프로젝트가 성공적인 제도적 장치의 좋은 예다.) 볼드윈과 클라크는 우리의 모델에서 발견되었던 사용자 혁신에서의 투자 낭비 문제가 이런 형태를 통해 해결될 수 있다는 것을 보여주었다(Baldwin and Clark 2003). 소프트웨어의 모듈로 이루어진 구조 때문에 사용자들은 오픈소스 소프트웨어 프로젝트에 참여해서 혁신에 필요한 내용을 만들고 자유롭게 공개할 만한 충분한 이유가 있는데, 그것은 다른 사람들도 혁신을 하고 혁신에 필요한 다른 부분들을 공개하기 때문이다. 이런 다수의 사용자들에 의한 상호 의존적인 개발이 최대한 이루어질 수 있다면, 위에서 제시된 사용자들이 혁신을 중복적으로 함으로써 생기는 자원 낭비가 완전히 사라질 수 있다. 각각의 혁신은 1명의 사용자만이 하고 그 결과를 모두가 공유하게 될 것이다.

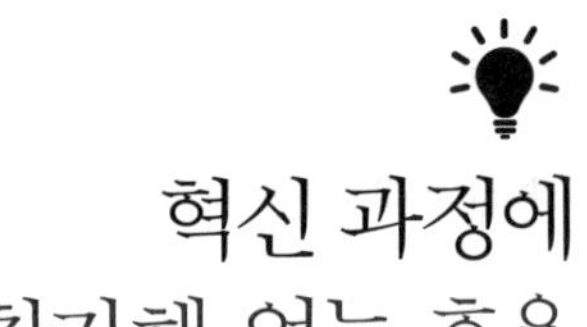

혁신 과정에
참가해 얻는 효용

비용과 효용을 계산해보았을 때 혁신에 들어가는 시간과 자원의 투자에 비해 혁신에서 얻어지는 기능 개선이 적다는 것이 분명할 때에도 일부 사용자들은 제조업체에게 맡기지 않고 스스로 혁신한다(기업 사용자는 여기에서 논외로 한다). 개인 사용자는 혁신의 결과물뿐만 아니라 혁신을 하는 과정을 통해서도 중대한 효용을 얻을 수 있기 때문이다. 혁신-구매 의사 결정에서는 일반적으로 해결책을 찾는 데 들어가는 시간과 자원을 고려한다. 사용자는 이 비용을 결과물(혁신을 통해 나오는 제품이나 서비스의 효용)과 비교해 자신이 직접 혁신을 할 만한 가치가 있는지 판단한다. 슬로터의 연구도 이 방법을 사용해서 연구 대상들이 응력 외피 패널을 직접 혁신하는지 아니면 구매하는지를 알아보았다. 하지만 개인 사용자-혁신자들에게 이 방법을 사용하면 혁신의 결과로 사용자들이 갖는 가치의 상당 부분을 놓칠 수도 있다. 연구 결과에 의하면 특히 개인들은 혁신 과정에서 얻는 효용을 소중하게 여긴다. 사용자들은 혁신 과정을 통해 얻는 배움과 즐거움을 중요하게 여긴다고 답했다.

사람들이 십자말풀이와 같은 취미 활동을 하는 이유는 그것을 하면서 즐기는 과정 자체 때문이다. 십자말풀이를 꽉 채우고 난 후의 '결과물'을 중요하게 생각하는 사람은 별로 없다. 자신이나 다른 사람들에게 필요한 제품을 만드는 혁신자들에게는 혁신의 과정이 주는 즐거움도 중요하다(Hertel, Niedner, and Herrmann 2003; Lakhani and Wolf 2005). 라카니와 울프는 새로운 소프트웨어 코드를 작성하고 그것을 오픈소스 소프트웨어에 기부한 개인들을 대상으로 연구를 진행했다. 이 연구에는 총 684명이 참여했으며, 응답률은 34%였다. 라카니와 울프는 프로그래머들에게 새로운 소프트웨어를 작성하고 공유하는 가장 중요한 이유 세 가지를 물었다. 일과 연관되어 필요하거나(33%), 일과 연관되지 않는 곳에서 필요하거나(30%), 두 경우 모두에서 필요하다는 대답(5%)이 총 58%였다. 이는 기존의 생각과도 일치하는 것으로 혁신자는 혁신의 '결과물'을 중요시한다. 하지만 응답자의 45%는 지적인 자극을 코드를 작성하는 주된 이유 중 하나로 답했고, 41%는 자신의 프로그래밍 실력을 높이기 위해 혁신에 참여한다고 했다(Lakhani and Wolk 2005, table 6). 이에 덧붙여 응답자의 61%는 오픈소스 소프트웨어에 참여하는 것은 그들이 해봤던 가장 혁신적인 경험 중 하나라고 대답했다. 또한 60% 이상이 "하루에 1시간이 더 주어진다면" 이 시간을 프로그래밍하는 데 사용하고 싶다고 대답했다.

칙센트미하이는 암벽 타기처럼 개인들이 내재적인 가치를 느끼는 일이 어떤 특징을 갖는지 체계적으로 연구했다(Csikszentmihalyi 1975; 1990; 1996). 그는 적당한 정도의 도전이 아주 중요한 요소이며(도전의 정도가 너무 약하면 일이 지겨워질 수 있고, 너무 강하면 일을 시작하기도 전에 두려워서 도전을 멈출 수 있을 것이다), 개인이 그 일에 완전히 몰두했을 때 경험하는 몰입flow•이 그들에게 내재적인 보람을 느끼게 해준다는 것을 발견했다. 아마빌레는 창의력의 핵심 요소는 내재적인 동기부여intrinsic motivation라고 제안했다(Amabile 1996). 그녀는 창의적인 일을 "정답을 찾는 데 정해진 길이 없이 스스로 정답을 찾아가는 일"이라고 정의했다. 그녀는 또한 창의적인 결과물을 "이런 일에서 참신하고, 요구되는 문제에 적절하면서도, 유용한 해결책을 찾는 것"으로 정의했다. 이 두 가지 조건은 제품이나 서비스를 개발하는 일에도 적용될 수 있다.

우리는 위의 내용을 통해 사용자들이 실제로 개발한 제품뿐만 아니라 그 제품을 만들거나 수정하는 과정에서 효용을 얻을 수 있다면, 사용자−혁신자들은 제품에서 얻는 효용이 상대적으로 적더라도 혁신에 참여할 것임을 알 수 있었다. (회사의 직원들은 그들의 일에서도 이러한 내재적인 보상을 느끼고 싶지만, 그들의 상사나 경제적인 여건 때문에 그들이 원하는 만큼의 기회를 제공받지 못한다. 실제로 다수의 프로그래머들은 직장에서 코드를 작성할 때보다 오픈소스 소프트웨어에서 코

• 　몰입은 일에 완전히 몰입되었을 때 느끼는 심리 상태를 일컫는 말로, 어떤 일을 처리하는 데 상당한 기술을 가지게 되었을 때 느끼게 된다.

드를 작성할 때가 더 즐겁다고 했는데, 그 이유는 "내가 내 일에 적극적으

로 관여할 수 있어서"였다.)

4장

사용자의 저비용 혁신 틈새

USERS'
LOW-COST
INNOVATION
NICHES

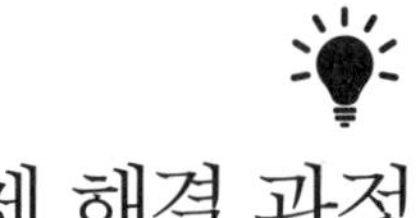

문제 해결 과정

제품과 서비스 개발은 근본적으로 문제 해결 과정이라고 볼 수 있다. 문제 해결의 본질을 연구한 결과를 보면, 문제 해결이라는 것이 결국에는 어느 정도의 통찰력을 이용해 해결책이 있을 것 같은 방향을 향해 행하는 수많은 시행착오라는 것을 알 수 있다(Baron 1988). 연구에 따르면 시행착오는 제품과 서비스의 개발 과정에서도 자주 발견된다(Marples 1961 ; Allen 1966 ; von Hippel and Tyre 1995 ; Thomke 1998 ; 2003)

문제 해결 과정은 새로운 제품과 서비스를 개발할 때 수없이 반복되는 4단계 사이클로 생각할 수 있다. 문제 해결자는 자신의 가장 뛰어난 지식과 통찰력을 사용해서 문제를 떠올리고 관련된 해결책을 설계한다. 다음으로 그는 자신이 생각했던 가능한 해결책과 사용 환경을 고려해 제품 원형을 제작하는데, 제품 원형은 실제로 만들 수도 있고 가상으로 만들 수도 있다.* 세 번째 단계는 실험하는 것이다. 즉, 원형으로 만든 해결책을 작동해보고 결과를 관찰한다. 마지막이자 네 번째 단계로 문제 해결자는 결과를 분석해서 실험 단계에서 일어난 일을 이해하고 그 과정에서 얻은 '착오 정보error information'를 분석한다. (배움의 과정에서 일어나는 시행착오에서 착오란 실험자가 실험 과정에서 새롭게 배운 정보다. 즉, 실험자는 예상하지 못했던 결과를 발견하게 된다.) 그러면 개발자는 새로운 배움을 활용해 해결책을 수정하고 개선해서 다음 사이클을 설계하고 테스트한다(《그림 4.1》).

시행착오를 통한 실험은 짜임새 있게 형식을 갖추어 이루어질 수도 있고, 때로는 일상적으로 이루어지기도 한다. 하지만 어떤 경우든 근본적인 원리는 같다. 만약 스케이트보드 사용자가 필요를 느끼고 이를 해결하는 과정을 통해 결국 새로운 제품을 만들었다면, 이는 일상적인 실험의 예라고 볼 수 있다.

1단계에서 사용자는 자신의 필요와 해결책 정보를 결합해 제품에 대한 아이디어를 떠올린다. "롤러스케이트는 이제 지겨워. 언덕을

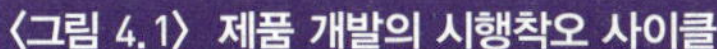

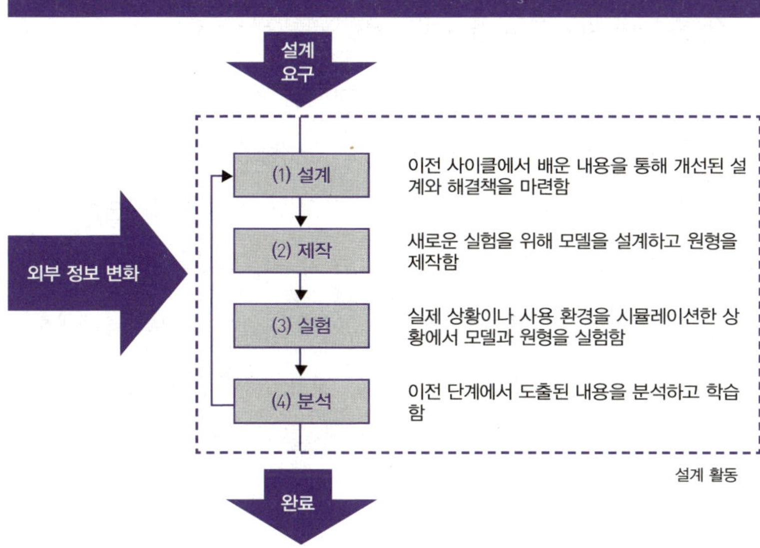

더 짜릿한 방법으로 내려가려면 어떻게 해야 할까? 판자 밑에 스케이트의 바퀴를 달아 언덕을 내려가면 재미있지 않을까?" 2단계에서 사용자는 스케이트를 분해하고 판자 밑에 망치로 바퀴를 달아 제품의 원형을 제작한다. 3단계에서는 이 스케이트 보드 원형을 타고 언덕을 내려가면서 실험을 해본다. 4단계에서 그는 처음으로 넘어지고 일어나면서 실수를 통해 새롭게 얻은 정보에 대해 생각해본다. "보드 위에 서 있는 게 내가 생각했던 것보다 어렵네. 뭐가 잘못된 걸까? 다음번에 언덕에서 잘 내려오려면 보드를 어떻게 고쳐야 할까?"

실험실에서 엔지니어가 자동차 엔진 성능 향상을 위해 제품을 개발하는 것은 형식을 더 갖춘 실험의 예다. 스케이트보드의 예에서처럼 1단계에서 엔지니어는 필요와 해결책 정보를 결합해 제품 아이디어를 만든다. "엔진의 연료 효율성을 향상시킬 필요가 있어. 실린더의 불꽃을 더 고르게 확장시키는 것이 해결 방향인 거 같아. 점화 플러그 전극^{spark plug electrodes}의 모양을 바꾸면 이게 가능해질 거야." 2단계에서 엔지니어는 자신의 아이디어를 반영해 점화 플러그를 제작한다. 3단계에서 엔지니어는 자동차 엔진 기통의 불꽃이 전달되는 아주 짧은 순간을 측정할 수 있는 정교한 기구가 설치된 실험실에서 실험용 엔진에 새로운 점화 플러그를 넣어서 실험을 해본다. 4단계에서 엔지니어는 데이터를 컴퓨터에 입력해 결과를 분석한다. 그리고 다음과 같은 내용을 확인할 것이다. "점화 플러그 설계를 바꾼 것이 기대했던 것처럼 불꽃 모양을 바꾸었나? 연료 효율성이 증가했나? 이 시도에서 얻은 내용을 통해 다음 시도를 하기 전에 무엇을 개선해야 할까?"

위의 두 가지 예는 좀 더 형식을 갖추었는지의 차이뿐만 아니라 또 다른 중요한 차이점을 가지고 있다. 첫 번째 예에서 스케이트보드 사용자는 자신이 의도한 제품의 완전한 원형을 가지고 자신이 직접 사용하는 환경에서 시행착오를 실험했다. 두 번째 예에서의 점화 플러그는 실제 제품의 내용을 모두 갖춘 원형일 수도 있지만 엔진의 연소실^{燃燒室}에 관련된 부분만 실제 점화 플러그이고, 나머지 부분은 실제 부품과는 다른 모양을 하고 있을 수 있다. 또한 실험실의 실험은 사용자가 실제 사용하는 환경의 일부만을 반영하고 있다. 즉, 실험용 엔진은 실제 자동차의 엔진과 다르며, 도로 위에서 차를 직접 운전하면서 실험한 것이 아니다.

　실험 공간은 개발한 제품과 그것이 사용되는 환경을 단순화한 '모형'일 때가 많다. 모형은 위의 예처럼 실제 환경일 수도 있고, 머릿속의 상상이나 컴퓨터 시뮬레이션을 통해 이루어지는 가상 실험일 수도 있다. 컴퓨터 시뮬레이션에서는 제품과 사용 환경이 모두 디지털 형태로 표현되고 그 둘의 상호작용도 컴퓨터 내에서만 실험된다. 예를 들어, 자동차와 충돌을 위한 벽으로 이루어진 디지털 모형을 생각해보자. 이 경우 실험자는 모형 자동차를 모형 충돌 벽에 충돌시키는 상황을 컴퓨터에서 모의로 실험한다.

　실험을 할 때 실제 상황이 아니라 모형을 사용하는 것에는 두 가지 장점이 있다. 먼저 실험 비용을 줄일 수 있다. 실제 BMW 자동차를 사용하는 것보다 모형을 사용해 충돌 실험을 하는 것이 훨씬 저렴하다. 두 번째로, 실험 상황을 단순하게 만들거나 현실과 다르게 만듦으로써 실험 결과를 더 명확하게 확인할 수 있다. 예를 들어, 자동차 부품을 일부 변화시켰을 때 안전에 미치는 영향을 실험하려면 그와 관련되지 않은 다른 모든 부분은 제거하고 실험하는 것이 효과적일 것이다. 자동차가 충돌할 때 바퀴의 서스펜스 구조가 어떻게 변형되는지를 시험하고 싶을 때 굳이 자동차 미등의 전구가 충돌 시 어떤 반응을 일으키는지를 계산하거나 알아야 할 필요가 없다는 것이다. 또 실제 자동차 충돌 상황은 굉장히 빠른 시간 동안 딱 한 번만 발생한다. 반대로 컴퓨터에서 가상 충돌 실행을 한다면 실험자는 자동차 사고를 연속해서 반복시킬 수 있고, 충돌 상황을 더 잘 이해하기 위해 자신이 원하는 만큼 충돌 시간을 늘리거나 단축시킬 수 있다

(Thomke 2003).

사용자가 실제 사용 환경에서 실제 원형을 가지고 실험을 한다면, 그는 상황을 수정해서 실험을 더 단순하고 명확하게 만들 수도 있다. 예를 들어, 레스토랑의 요리사는 고객이 특정 메뉴를 주문할 때마다 그 메뉴의 요리법을 아주 조금씩 바꿔보면서 음식이 어떻게 변하는지, 맛이 어떻게 좋아지는지를 더 잘 이해할 수 있게 된다. 마찬가지로 공정 기계의 사용자는 기계의 일부를 조금씩 변화시키면서 변화를 시험하고 문제가 되는 부분을 파악한다.

실제 상황의 여러 측면에 집중하거나 혹은 실제 상황의 복잡한 특징을 더 증대시킨 모형에서 수차례 실험을 진행한 후 실제 상황에서 실제 제품으로 실험을 할 수도 있다. 예를 들어, 제약회사의 연구자들은 약물 성분의 예비 후보를 그 약물이 효과를 미칠 것으로 예상되는 정제된 효소나 수용체에 여러 차례 실험한 뒤, 배양된 조직이나 실험용 동물과 같은 조금씩 더 복잡한 신체 유기체에 실험을 하고, 마지막으로 임상 실험을 통해 실제 사람에게 실험해서 그 약물의 효과를 살핀다.

정보 점착성

모든 실험에서는 그 실험에 들어가는 정보가 정확해야만 결과도 정확하다. 만약 정확하지 않은 정보를 사용한다면 실험의 결과도 정확하지 않을 것이다. '무가치한 데이터를 넣으면, 무가치한 결과가 나오는 것'이다.

제품과 서비스 개발의 목표는 사용자들이 실제로 사용하는 환경에서 실제 사용자들의 필요를 충족시킬 수 있는 해결책을 만드는 것이다. 따라서 더 정확하고 완전한 정보를 사용할수록 실험 모형의 정확도도 높아진다. 만약 한 장소에서 다른 장소로 정보를 이동할 때 비용이 발생하지 않는다면, 문제를 해결하려는 사람들에게 주어지는 정보의 질은 문제 해결자가 어디에 있는지에 상관없이 일정하다. 하지만 정보를 이동할 때 비용이 발생한다면 상황이 달라진다. 예를 들어, 사용자-혁신자가 제조자에 비해 자신의 필요와 사용 환경에 대해 더 자세한 정보를 가질 것이다. 결국 사용자들이야말로 자신들의 필요와 사용 환경을 만들고 그 속에서 실제로 생활하는 사람이기 때문이다. 반면에 제조자-혁신자는 사용자에게서 정보를 이전받기 때문에 그것을 100% 정확하게 얻는 것이 거의 불가능하다. 하지만 제조자들은 해결책에 관해서는 사용자들보다 더 전문적이고 정확한 정보를 가지고 있을 수 있다.

제품과 서비스를 개발하는 데 필요한 정보의 많은 부분이 '점착성이 있는sticky' 것으로 드러났다. 정보가 점착성은 "정보 사용자에게 사용 가능한 형태로 한 단위의 정보를 특정 장소로 이동시킬 때 발생하는 추가적인 지출"이라고 정의될 수 있다. 이 비용이 낮다면 정보의 점착성이 낮고, 이 비용이 높으면 정보의 점착성이 높다(von Hippel 1994). 나는 이 연구에서 개발이 완성된 기술을 한 장소에서 다른 장소로 옮기는 경우 정보를 받는 쪽과 보내는 쪽 모두가 정보 이동에 전적으로 협조를 했을 때의 정보 이동 비용에 대해 살펴보았다. 그 결과 정보에 점착성이 있다는 결론이 나왔다. 정보를 주고받는 주체들이 서로 협조한 긍정적인 조건에서도 정보 이동 비용이 높았기 때문에, 제품과 서비스를 개발할 때 정보를 이동하면서 드는 비용도 최소한 그 정도는 될 것이라고 예상할 수 있다. 티스는 26개의 국제적인 기술 이전 프로젝트에 대해 연구한 결과, 정보 이동 비용이 전체 프로젝트 비용의 2~59%를 차지하며 평균적으로는 19%라는 것을 발견했다(Teece 1997). 이는 상당한 수치다. 맨스필드를 비롯한 연구자들도 해외 공장으로 기술을 이전하는 다수의 프로젝트를 연구한 결과 기술 이전 비용이 전체 프로젝트 비용의 20% 가량을 차지한다는 결과를 제시했다(Mansfield et al 1982). 윈터와 스줄란스키는 잘 알려진 조직들의 프로세스를 새로운 장소에 도입하는 과정을 조사했고, 그 과정이 매우 어렵고 큰 비용을 요한다는 결론을 내렸다(Winter and Szulanski 2001).

정보 이동에 왜 비용이 많이 드는 것일까? '점착성'은 정보 이동의 결과일 뿐이지 그 이유를 설명해주는 개념은 아니다. 정보 점착성은 정보 그 자체가 갖는 특성부터 정보 소유주가 요구하는 비용에 이르기까지 다양한 원인에서 발생할 수 있다. 정보가 갖는 특성 중 '암묵성tacitness'이라는 측면을 생각해보자. 암묵성이란 명시적으로 표현되지 않고 자기만 아는 지식의 형태로 존재하는 정보의 특성을 말한다. 폴라니는 인간의 기술 중 많은 것들이 "어떤 규칙을 찾아볼 수는 있지만, 사람들은 그 규칙을 인지하지 않은 상태에서 그것들을 수행하기 때문에" 암묵적이라고 말했다(Polanyi 1958, 49-53). 예를 들어,

수영 선수들은 그들이 물에 떠 있기 위해서 숨을 내쉴 때 폐에 있는 숨을 모두 내뿜어서는 안 된다는 규칙을 의식적으로 자각하고 있지 않고, 마찬가지로 질병을 진단내리는 의료진도 자신들이 사용하는 방법에 대해 모두 알고 있지는 않다. 폴라니는 "현대 산업에서도 여전히 기술의 근본적인 부분은 설명하기 힘든 지식이 차지하고 있다"고 강조한다. 암묵적인 정보는 그 정보를 적은 비용으로 이동시킬 수 없기 때문에 점착성이 높은 정보라고 볼 수 있다. 폴라니가 지적하듯이 "상세한 부분까지 구체적으로 설명하는 것이 어려운 예술이라면 설명을 통해 그것을 이동시키는 것은 불가능하다. 왜냐하면 그것을 완벽하게 설명할 수 없기 때문이다. 오로지 대가^{master}의 작업을 그의 견습생들이 배우면서 전달될 수밖에 없다." 그리고 견습^{apprenticeship}은 정보 이동에 상대적으로 비용이 많이 드는 방법이다.

정보 점착성의 다른 원인으로는 '흡수력$^{absorptive\ capacity}$'이 있다. 한 회사나 개인이 외부의 새로운 기술 정보를 받아들이는 능력은 그가 새로운 기술에 대해 평소에 가지고 있던 지식과 큰 연관이 있다(Cohen and Levinthal 1990). 따라서 수준 높은 회로 공학 기술을 도입하고 싶은 기업이 회로 설계에 대해 아는 것이 전혀 없다면, 그 기업은 먼저 기초 지식을 배워야 한다. 따라서 이 기업은 새로운 기술에 대한 기초 지식을 갖고 있는 다른 기업에 비해 정보 점착성이 더 높다. (정보 한 단위의 점착성은 한 단위의 정보를 정보 사용자가 사용 가능한 특정한 형태로 특정 장소로 이동시킬 때 필요한 추가적인 지출이라고 정의한 것을 떠올려보자.)

특정한 문제를 푸는 데 발생하는 전체적인 정보 점착성은 문제 해결자가 필요로 하는 정보의 양에 따라 달라진다. 다음과 같은 이유 때문에 정보가 많이 요구되는 상황이 발생한다. 먼저, 로젠버그(Rosenberg 1976; 1982)와 넬슨(Nelson 1982; 1990)이 발견했듯이, 다수의 기술 지식은 구체적이고 특정한 것들을 다룬다. 둘째로, 문제를 풀기 전에는 어떤 정보가 중요한지를 알 수 없다.

내가 타이어와 함께 한 연구는 이 두 가지 특성을 모두 잘 설명하는 좋은 사례다(Von Hippel and Tyre 1995). 우리는 새로운 공정 기계가 공장에 처음 도입될 때 실패하는 원인에 대해 조사했다. 우리가 연구한 기계는 제조 기업이 큰 회로칩을 컴퓨터 회로판에 부착할 때 사용하는 자동화된 기계였다. 기업 사용자는 이 일에 필요한 기계를 외부 전문가에게 의뢰했고, 외부 전문가는 인공 시각 시스템machine-vision system에 연결된 로봇 팔을 제작했다. 시각 시스템에 의해 작동되는 로봇 팔은 집적회로를 집은 후 그것을 회로판의 정확한 위치에 놓도록 설계되었다.

개발자는 기계를 사용하는 공장 직원의 필요나 그들이 사용하는 환경에 대해 제한된 정보만을 갖기 때문에 이 기계가 공장에 설치되기 전에 여러 차례 실패를 겪었다. 예를 들어, 어느 날 기계 작동자가 기계가 또다시 고장이 났는데 이유를 모르겠다고 연락을 해왔다. 조사한 결과, 문제의 원인은 인공 시각 시스템에 있었다. 이 시스템은 작은 TV 카메라를 사용해 제작 중인 각각의 회로판 표면에 있는 특정한 금속화 패턴의 위치를 찾는다. 이 과정이 제대로 이루어지기 위해서는 시각 시스템이 회로기판 표면의 배경색에서 금속화 패턴을 명확하게 '볼 수 있어야' 한다. 외부 제조업체가 기계를 개발할 때 기업 사용자에게서 받은 회로판 샘플로 그들의 연구실에서 실험할 때에는 시각 시스템이 제대로 작동했다. 하지만 현장 감식가가 고장의 원인을 조사해보니 실제 공장에서 기계를 사용할 때 투입되는 회로판의 색깔이 연한 노란색이면 기계가 잘 작동하지 않았다.

기계 개발자들은 기계에 사용되는 회로판의 일부가 연한 노란색이라는 사실을 듣고 깜짝 놀랐다. 기계 개발자들에게 자신들이 기계를 사용하는 상황을 설명해준 공장의 직원들은 자신들이 사용할 회로판의 색깔이 여러 가지라는 것을 알고 있었다. 하지만 이들은 기계 개발자가 이 사실에 관심이 있을지를 몰랐기 때문에 아무도 나서서 기계 개발자에게 그 정보를 알려주지 않았다. 기계 개발 초기 과정에 그들은 개발자들에게 공장에서 사용되는 회로판의 일부를 샘플로 제시해주었고, 모든 샘플이 우연히도 초록색이었던 것이다. 개발자들은 이 샘플을 보고 공장에서 사용되는 모든 회로기판이 초록색이라고 (암묵적으로) 추정한 것이다. 그들은 사용자들에게 "당신들이 일반적으로 사용하는 회로판의 색이 여러 가지인가요?"라고 물을 생각을 미처 하지 못했던 것이다. 따라서 그들은 시각 시스템이 초록색 회로기판에서 제대로 작동하도록 만들었던 것이다.

이 실패 사례에서 보면 사용자는 문제를 이해하거나 예상하는 데 필요한 정보를 가지고 있었고 이를 기계 개발자들에게 쉽게 전해주었을 수 있었다. 만약 개발자나 물어볼 생각을 했거나 사용자들이 자발적으로 알려줄 생각만 했다면 말이다. 하지만 실제로는 둘 다 그렇지 못했다. 여기서 중요한 것은 정보를 묻거나 가르쳐주는 행동을 하지 않았던 것이 단지 일을 잘 처리하지 못했기 때문이 아니라는 점이다. 이는 문제 해결자들에게 잠재적으로 관련이 있는 필요와 사용 환경의 정보가 어마어마하게 많기 때문에 발생했다. 새로운 기계나 사용 환경은 향후 현장에서 문제를 일으킬 수 있는 특성을 많이 보유하고 있다. 또한 위의 고장을 야기한 회로판의 특성이 매우 구체적이고 세부적이라는 것을 기억해야 한다. 문제는 회로판이 가진 특성도, 회로판의 색깔도 아니었다. 어떤 회로판은 노란색이었고 그 노란색으로 인한 시각 시스템의 오류가 문제였다. 대부분의 다른 부품과 마찬가지로 회로판은 색깔뿐만 아니라 모양, 크기, 무게, 화학 구성, 공명 빈도, 유전율^{dielectric constant}, 유연성 등등에 다양한 특성을 가지고 있고, 사용 환경에 대해 문제 해결자가 필요한 정보를 모두 배우는 것이 거의 불가능할 정도로 아주 많은 특정 정보들이 존재한다.

다음으로, 수많은 정보 중 문제 해결자가 실제로 필요한 정보는 제품을 설계하는 사람이 어떤 해결 방식을 정하느냐에 달려 있다는 점을 생각해볼 수 있다. 위의 예에서 엔지니어가 기계를 개발할 때 시각 시스템을 사용하기로 결정했기 때문에 기업 사용자의 회로판 색깔이 문제 해결자가 알아야 할 정보가 된 것이다. 마찬가지로 엔지니어들이 노란색 배경의 회로판에서는 금속화된 패턴을 구분하지 못하는 비디오카메라와 조명을 사용했기 때문에 회로판의 노란색이 필요한 정보가 되었던 것이다. 정보 각각의 점착성이 낮다 할지라도, 이런

식으로 제품과 서비스 개발자가 필요로 할지 안 할지 모르는 모든 정
보를 전달하는 것은 엄청난 비용이 드는 일이다.

정보 비대칭이 사용자 혁신과
제조자 혁신에 미치는 영향

정보 점착성은 정보 비대칭이라는 중요한 결과물을 낳고, 정보
비대칭을 해결하는 데는 많은 비용과 노력이 필요하다. 서로 다른 사
용자와 제조자들은 엄청난 양의 서로 다른 정보를 보유하고 있고, 자
신이 가지고 있지 않지만 필요로 하는 정보를 얻는 데 많은 비용이
발생할 수도 있다. 그 결과, 혁신자들은 가장 적은 비용으로 혁신을
하기 위해 자신이 이미 가지고 있는, 점착성이 있는 정보에 기반해서
혁신을 계획한다(Aora and Gambardella 1994; von Hippel 1994). 제품
개발의 예를 들면, 사용자 집단은 필요나 사용 환경에 대해 자신들이
가지고 있는 정보에 크게 의존해 혁신을 한다. 제조자라는 집단도 자
신들이 특화하는 해결책 정보에 강하게 의존해 혁신을 수행한다.

혁신에 관한 연구를 살펴보면 이런 결과를 많이 찾아볼 수 있다.
리그스와 나는 중요한 두 가지 과학 기구의 성능을 개선한 사용자와
제조자들의 혁신에 대해 연구했다(Riggs and von Hippel 1994).

〈표 4.1〉 혁신의 주체에 따른 개선 내용

혁신을 통해 개선한 내용	혁신의 주체		
	사용자	제조자	n
새로운 기능	82%	18%	17
민감도, 해상도, 정확도의 개선	48%	52%	23
편리함이나 신뢰성의 개선	13%	87%	24
전체 샘플 수			64

사용자들은 새로운 성능을 제공하는 혁신을 수행했다.
출처: Riggs and von Hippel 1994, table 3

위 연구 결과에 따르면, 과학 기구에 질적으로 새로운 종류의 특성을 부여하는 혁신은 사용자에 의해 이루어지는 경우가 많았다. 반대로 제조자들은 사용자들의 혁신 활동이 더 편리하고 지속적으로 이루어질 수 있도록 돕는 혁신을 하는 경우가 많았다. 예를 들어, 초현미경적 차원에서 자구$^{magnetic\ domains}$를 시각화하고 분석할 수 있는 과학 도구를 처음으로 만들어낸 것은 사용자들이었다. 반대로 제조자들은 처음으로 과학 도구의 조정을 컴퓨터화해 도구를 쉽게 이용할 수 있도록 개선했다. 민감도나 해상도, 정확도의 개선은 자료가 보여주듯이 이 두 사례의 중간쯤에 해당한다. 이런 종류의 개선은 새로운 기술을 찾는 사용자에 의해 이루어질 수도 있고, 자신의 기술 능력을 활용해 도구가 본래 가지고 있는 장점(예를 들어, 정확성)을 증대시키기 위한 제조자의 노력에 의해 이루어질 수도 있다.

〈표 4.1〉을 통해 혁신은 종류에 따라 그 근원지가 각기 다르다는

점을 확인할 수 있는데, 이는 정보의 점착성과도 일치하는 이야기다.[*] 하지만 위 결과는 수익성을 고려하지 않은 결과다.[**] 새로운 기능성이 갖는 수익은 현존하는 기능에 개선을 더했을 때 얻는 수익보다 구조적으로 낮을 수 있다. 만약 그렇다면 이를 통해 우리가 보았던 패턴을 설명할 수 있다.

오가와는 연구의 다음 단계로 혁신의 기회가 갖는 수익성을 통제 변수로 사용한 실증 연구를 진행했다(Ogawa 1998). 연구 결과를 보면, 정보의 점착성 효과를 이번에는 제품 개발 프로젝트 내의 분업에서 찾을 수 있었다. 그는 24개의 재고 관리 혁신을 대상으로 혁신 과정의 패턴을 조사했다. 모든 혁신은 일본의 설비 제조업체인 니혼전기 주식회사[NEC]와 기업 사용자인 일본 세븐일레븐[SEJ: Seven-Eleven Japan]이 합작으로 이루어낸 것들이었다. SEJ는 일본의 대표적인 편의점 기업으로, 재고 관리 비법으로 유명한 회사이다. 재고 관리 기술과 도구를 통해 SEJ는 경쟁사들이 1년에 12번의 재고 회전율을 보이는 동안 30회가 넘는 재고 회전율을 보였다(Kotabe 1995). SEJ와 NEC가 합작으로 이루어낸 혁신의 한 가지 예로, '적기 공급[JIT: just-in-time] 주문 방식'이 있다. 편의점 직원이 새롭게 주어진 일들을 해낼 수 있도록

- 사용자는 새로운 기능에 대한 필요 정보를 가지고 있고 제조자는 편리함이나 신뢰성을 증가시키는 데 필요한 해결 정보를 가지고 있기 때문에, 정보를 이동하는 데 드는 비용, 즉 정보의 점착성을 고려하면 위의 결과가 설명될 수 있다.
- 수익성을 통해서도 위의 결과가 설명되어질 수 있는데, 이는 편리함이나 신뢰의 개선을 통해 제조자가 더 많은 수익을 올릴 수 있기 때문에 제조자가 이런 부분에서 훨씬 더 많은 혁신을 하고 있다고 설명할 수 있다.

SEJ는 절차를 고안했고, NEC는 이를 위해 손으로 들고 쓸 수 있는 도구를 제작했다. 일본에 SEJ의 편의점 수가 수천 개에 달했기 때문에 NEC에게는 이 도구를 SEJ에 판매하는 것이 중요한 일이었다.

24개의 혁신에서 사용자들이 요구하는 필요 정보의 양이나 제조자에게 필요한 해결 정보의 양은 모두 달랐다. 여기서 사용자들의 필요 정보는 각 편의점의 재고 관리 방식과 연관이 있고, 제조자의 해결 정보는 새로운 기술과 관련이 있다. 또한 사용자와 제조자가 각 혁신에서 예상하는 수익도 달랐다. 오가와는 사용자 기업과 제조자 기업이 각 혁신 과정에 어느 정도 참여하는지를 알아냈다. 그는 수익 예상치를 배제했을 때 사용자 정보의 점착성 증가는 사용자가 자신의 필요와 관련해 수행한 혁신의 증가와 연관이 있다는 것을 발견했다(켄들^{Kendall} 상관계수=0.5784, p〈0.01).* 반대로 기술과 관련된 정보 점착성은 사용자에 의한 기술 설계의 양과 부정적인 관계가 있었다(캔들 상관계수=0.4789, p〈0.05). 즉, 제품 개발 프로젝트에서 필요 정보와 관련이 높은 혁신은 사용자에 의해 이루어지고, 해결 정보와 관련이 높은 혁신은 제조자에 의해 이루어질 가능성이 높은 것이다.

---

* 즉, 점착성이 높을수록 정보 이동을 자제하고 혁신을 사용자 스스로 수행하는 경향이 있다.

저비용
혁신 틈새

사용자나 제조자라는 두 집단 간에 정보 비대칭이 존재하듯이 각각의 기업 사용자나 개인 사용자 사이에도, 그리고 개별 제조자 사이에도 정보 비대칭이 존재한다. 뤼테와 헤르스타트, 그리고 내가 공동으로 진행한 산악자전거 연구에 따르면, 특정 지역의 사용자-혁신자들이 갖는 정보는 그들이 하는 혁신의 종류에 강한 영향을 준다(Lüthje, Herstatt, and von Hippel 2002).

산악자전거는 산길처럼 거친 지형에서 자전거를 타는 활동이다. 또 눈이나 빙판, 어두운 곳과 같은 다양한 극한 상황 속에서 자전거를 탈 수도 있다(van der Plas and Kelly 1998). 산악자전거는 1970년대 초반 몇몇 젊은 자전거인들이 도로 밖의 거친 지형에서 자전거를 타면서 시작되었다. 시중에서 판매 중인 기존의 자전거는 거친 지형에 적합하지 않았기 때문에 초기 사용자들은 각자의 자전거를 조립해서 사용했다. 튼튼한 자전거 프레임과 저압 타이어, 오토바이에 쓰이는 강력한 드럼식 브레이크를 장착했다. 그리고 이 창작품에 '고물차clunker'라고 이름 붙였다(Penning 1998; Buenstorf 2002).

산악자전거의 초기 사용자들 중 일부가 다른 사람의 자전거도 만들어주기 시작했던 1975년쯤이 되어서 산악자전거를 만들어 판매하는 제조업체가 등장했다. 이는 작은 규모의 가내공업으로 시작되었는데, 1976년쯤에는 캘리포니아의 마린 카운티 지역에 대여섯 개의 작은 조립업체들이 등장했다. 자전거나 자전거 부품을 수입해서 마린 카운티 지역의 조립업체들에게 공급하던 스페셜라이즈드 Specialized라는 작은 회사가 1982년에 한발 나아가 처음으로 산악자전거를 대량 생산해 시장에 판매했다. 자전거 제조업체들이 이를 따라 산악자전거를 생산하고 미국 전역의 일반 자전거 가게에 판매하기 시작했다. 1980년대 중반쯤이 되자 산악자전거는 자전거 시장의 주류에 완전히 편입돼 상당한 크기의 시장으로 성장해 있었다. 2000년에는 미국 자전거 시장의 전체 소매 영업의 65%인 580억 달러 가량이 산악자전거 시장에서 발생했다(National Sporting Goods Association 2002).

산악자전거 애호가들은 산악자전거 제조업체가 등장한 후에도 혁신 활동을 그만두지 않았다. 이들은 산악자전거를 더욱 극한 환경으로 밀어붙였고 산악자전거를 이용한 새로운 스포츠 기술을 고안하는 것을 멈추지 않았다(Mountain Bike 1996). 어떤 이들은 집의 지붕이나 급수탑에서 자전거를 타고 뛰어내리거나 다른 종류의 곡예를 만들기도 했다. 이런 묘기와 함께 그들은 꾸준히 자신들의 자전거를 개선할 필요를 느꼈다. 그리고 그들은 자신들이 필요로 하는 것을 다른 이의 도움 없이 스스로 개선하고 발전시켰다.

우리는 미국의 브리티시컬럼비아 주부터 워싱턴 주까지 해당하는 지역(산악자전거인들은 이 지역을 미국의 북쪽 해안 지역이라고 부른다)의 산악자전거인들을 대상으로 연구를 진행했다. 전문 산악자전거인들에 의하면, 이 지역은 새로운 자전거 기술이 시작되고 산악자전거 스포츠의 한계가 재정의되는 한마디로 '핫'한 지역^{hot spot}이었다. 우리는 이 지역의 산악자전거 동호회 회원들과 '지역 온라인 산악자전거 포럼'의 참여자들에게 설문지를 돌려 정보를 모았고, 총 291명의 산악자전거인들이 정보를 제공했다. 이 설문지에 응답한 자전거인의 19%가 스스로 사용하기 위해 산악자전거에 필요한 부품을 새롭게 만들거나 고친 경험이 있다고 답했다. 사용자들에 의한 혁신은 자전거를 탈 때 각자가 연마한 자전거 기술을 반영해 이루어졌고, 따라서 혁신을 통해 다양한 기능들이 개발되었다.

우리는 혁신을 한 경험이 있는 산악자전거인들에게 문제 해결 과정에서 사용한 필요 정보와 해결 정보를 어디에서 얻었는지 물었다. 응답자의 84.5%는 그들의 필요 정보가 다른 사람들의 필요 정보가 아니라 "자신들이 자주, 직접 겪었던 개인적인 필요에서 왔다"는 데 매우 긍정적으로 답했다. 해결 정보에 관해서 가장 많은 응답은, 산악자전거 부품을 혁신하기 위해 사용한 해결 정보가 새롭게 습득한 해결 지식이기보다는 "자신이 이미 가지고 있었던 해결 정보를 사용했다"는 대답이었다(《표 4.2》). 혁신자들은 자신들의 아이디어를 발전시킬 때, 자신들이 이미 소유하고 있던 해결 정보를 사용했다. "당신은 해결책을 찾을 때 필요한 정보를 어떻게 얻었습니까?"라는 질문에 대해 혁신자들은 다음의 표와 같이 대답했다.

〈표 4.2〉 혁신자들의 필요 정보 공급처

	평균	중간값	"그렇다"나 "매우 그렇다"라고 대답한 비율
"나의 직업적인 배경 때문에 필요한 정보를 이미 가지고 있었다"	4.22	4	47.5%
"산악자전거 활동이나 다른 취미에서 필요한 정보를 얻었다"	4.56	5	52.4%
"이 해결책을 진행시키기 위해 그 정보를 따로 배웠다"	2.11	2	16%

N=61. 1="전혀 아니다", 7="매우 그렇다"로 표시한 7점 만점의 점수로 대답했다.

출처: Lüthje et al 2003

토론

사용자들이 갖는 필요 정보와 해결 정보가 서로 다르고 점착성이 존재하는 한, 사용자들은 서로 다른 저비용 혁신 틈새를 가질 것이다. 사용자는 이미 가지고 있는 자신의 필요 정보와 해결 정보에 의지해 혁신을 하지만, 그 각자의 틈새에서 뛰어난 개발자가 될 수 있다. 필요 측면에서 살펴보면, 일반적으로 사용자-혁신자는 선도 사용자이며 그들의 필요를 야기하는 활동이나 분야에서 전문가라는 점을 떠올려보자. 해결 정보의 측면에서 살펴보면, 기업 사용자는 세계 최고 수준의 전문성을 가지고 있다. 개인 사용자도 높은 수준의 전문성을 갖는다. 이들은 항공우주공학에서부터 정형외과에 이르기까지 여러 분야에 걸쳐 하루 종일 교육을 받는 학생이거나 해당 분야에서 일을 하는 사람들이기 때문이다. 따라서 산악자전거인이 자전거 부품을 고치기 위해 정형외과 내용을 따로 배우진 않지만, 만약 그가 정형외과 전문의였다면 관련된 해결 정보를 손쉽게 활용할 수 있다. 앞에서 다루었던 산악자전거 사례를 떠올려보자.

> 나는 인체공학과 생체역학 분야에서 인체의 움직임을 연구하는 과학자이고 자전거를 설계할 때 나의 의학 지식을 활용합니다. 나는 언덕이나 등산과 같은 다양한 조건에서 자전거를 탈 때 적합한 자전거 프레임 설계를 생각해냈습니다. 나는 자전거의 프레임을 카티아Catia 사의 CAD로 설계했고 자전거의 높이를 두 종류로 만들기 위해 스프링이나 공기 코일을 생각해냈습니다. 나는 내년에 자전거를 직접 만들 예정입니다.

사용자가 혁신을 하면서 실험을 하는 '실험실'은 대개의 경우 개인적인 사용 환경과 사용 활동이기 때문에, 그들의 저비용 혁신 틈새의 종류는 제한적일 수밖에 없다. 산악자전거인 개개인의 저비용 혁신 틈새를 생각해보자. 열정적인 산악자전거인은 대개 특정한 산악자전거 활동을 특화한다. 그 활동을 반복해서 시도하고 노력하다 보면 관련 기술을 개선하게 된다. 이를 통해 현재의 산악자전거가 갖는 문제점을 발견하고 이를 해결하는 혁신을 찾게 될 것이다. 우리가 연구한 산악자전거 혁신자는 다음과 같이 말했다. "내가 하고 싶은 특정한 묘기를 하려면 공중에서 발을 페달에서 떼어야 했는데, 그러면 페달이 돌아가버리기 때문에 착지하기 위해 페달에 발을 정확히 놓는 것이 어려웠어요." 이런 문제점은 사용자가 공중에서 자전거로 점프를 하고 묘기를 부리는 아주 특정한 기술 영역에서 고난이도 기술을 쓸 때에만 발생하는 문제다. 하지만 일단 사용자가 이런 문제를 경험하고 충분히 인지할 수 있다면, 이 기술에 능숙한 사용자는 일상적인 자전거 활동에서도 위의 문제 상황을 떠올릴 수 있을 것이다. 이 문제에 대해 실험을 하고 다양한 해결책을 비교하는 저비용 실험실이 생긴 것이다. 이 산악자전거인은 그가 선택한 특별한 활동을 하는 데서 즐거움을 얻고, 동시에 그 활동을 하면서 배우는 내용을 통해 새로운 무언가를 창조한다.

이와는 정반대로, 같은 산악자전거인이 자신과 다른 필요를 가진 사람들에게 필요한 혁신을 개발해주기 위해 자신이 잘하는 활동은 당분간 그만두기로 결심한다면, 새로운 혁신에 들어가는 비용은 상승할 것이다. 새로운 혁신 주제와 관련해 동등한 정도의 배경지식을 얻으려면 산악자전거인은 새로운 기술을 배워야한다. 그래야만 그는 그 기술을 하는 사람들만큼 그 분야를 깊이 이해할 수 있고, 새로운 문제들에 대한 해결책을 개발하고 실험할 만한 '현장 실험실'을 얻을 수 있기 때문이다.

물론 이는 개인 사용자뿐만 아니라 기업 사용자에게도 적용된다. 대리석 바닥에 광택을 내는 사업을 하는 기업은 대리석 바닥을 닦는 기술과 도구의 사용자이다. 이 기업은 고객의 요청에 따라 대리석 바닥을 닦는 일을 하는 '실험실'에서 시행착오 학습을 하기 때문에, 그는 이 활동에 대한 저비용 학습 실험실을 갖게 된다. 개발 중인 새로운 도구나 기술에서 얻는 효용과 무관한 영역에서도 혁신 활동에 대한 대가를 일정 정도 받기 때문에 혁신의 비용이 매우 낮아진다.[*] 이 기업의 경우, 바닥을 닦는 과정 속에서 혁신을 하고 있고 그 일을 하면서 돈을 받는다(Foray 2004). 대리석 바닥을 닦는 기업에게 저비용 혁신 틈새는 매우 좁다.[**] 예를 들어, 이 기업에게 나무 바닥을 닦는 일이 주어진다면, 이 일은 다른 종류의 도구와 기술을 필요로 하기 때문에 이 일을 하면서 혁신과 관련된 이득을 보는 것이 매우 어려울 것이다.

----

* 혁신과 관련 없는 대리석 바닥을 닦는 것에 대한 보상을 말한다.
** 다시 말해 이 기업은 이 영역에서만 저비용 혁신을 할 수 있기 때문에 대리석 바닥을 닦는 일에 저비용 혁신 틈새가 국한된다.

5장

왜 혁신을 무상으로 공개할까

WHY USERS OFTEN FREELY REVEAL THEIR INNOVATIONS

사용자가 개발한 제품이나 서비스, 프로세스가 그것을 필요로 하는 다른 사람들에게 확산될 수 있다면 혁신을 통해 사회가 얻는 가치는 더욱 커진다. 만약 사용자들의 혁신이 확산되지 않는다면 아주 비슷한 필요를 가진 다수의 사용자가 비슷한 결과를 얻는 혁신을 하기 위해 각자 비용을 들여야 하고, 이는 (경제학적인) 사회복지의 관점에서 볼 때 자원 낭비다. 실증 연구에 의하면, 사용자가 새롭게 개발하거나 수정한 제품들은 실제로 예상치 못한 방법을 통해 광범위하게 확산된다. 종종 사용자-혁신자들은 어떤 비용도 청구하지 않고 자신의 혁신 내용을 자발적으로 공개해서 대중들이 사용자의 혁신을 실험하거나 모방하고 수정할 수 있도록 한다.

5장에서 나는 혁신의 무상 공개가 자주 일어난다는 것을 사례를 통해 보이려 한다. 그리고 혁신자의 관점에서 무상 공개 사례를 살펴본 뒤, 사용자의 측면에서 보면 자신들의 혁신을 무상 공개하는 것이 혁신을 통해 이익을 얻는 가장 현실적인 방법이라고 설명한다. 마지막으로 무상 공개가 혁신 이론에서 어떤 의미를 갖는지 논의하도록 한다.

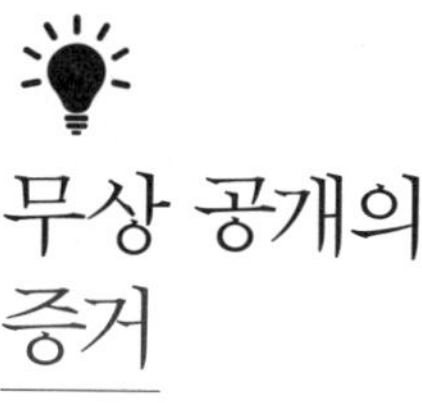

무상 공개의
증거

나와 동료들이 말하는 '혁신자가 소유하는 정보의 무상 공개'는 혁신자가 그 정보에 관련된 모든 지적재산권을 자발적으로 포기하고, 관심이 있는 모든 이들에게 정보를 열람할 수 있도록 해주는 것을 말한다. 즉, 정보는 공공재가 된다(Harhoff, Henkel, and von Hippel 2003). 저널이나 인터넷 사이트처럼 대중적으로 접근이 가능한 사이트에 특허 등록이 되어 있지 않은 정보를 공개하는 것이 한 예다. 하지만 정보의 수용자가 공개된 정보를 얻고 사용하기 위해 비용을 전혀 지불하지 않는 것은 아니다. 예를 들어, 정보의 수용자는 무상 공개된 자료를 얻기 위해 혁신이 이루어진 현장으로 직접 찾아가거나 혁신이 공개된 학술지를 구독하는 데 지출을 해야 할 수도 있다. 또 공개된 지식을 완전히 이해하거나 사용하기 위해 보완적 정보나 자산

asset을 찾아야 할 수도 있다.

하지만 이와 같은 사용자 지출과는 상관없이 정보 수용자의 지출을 통해 정보의 소유주가 어떤 이득도 얻지 않는다면, 우리는 여전히 정보가 무상으로 공개된다고 정의한다. 약간의 제한을 적용하여 정보를 공개하는 경우에도 (실제로 그러하다) 정보 공개가 갖는 경제적인 효과는 거의 같다는 점을 생각해봤을 때 무상 공개에 대한 위의 정의는 너무 엄격해보일 수도 있다. 하지만 위와 같은 엄격한 정의에도 불구하고 그 조건에 맞는 정보 공개가 자주 일어난다는 사실을 발견할 수 있다.

이윤 추구 기업들이 의도적으로 정보를 무상 공개하는 일이 자주 일어난다는 사실에 처음으로 주목한 것은 앨런 교수였다(Allen 1983). 그는 19세기 영국의 철강사 기록에서 이 현상을 목격하고 이를 '집단 발명collective invention'이라고 이름 붙였다. 철강 산업은 매우 높은 온도로 데워진 커다란 용광로를 사용해서 광석을 철로 가공했다. 1850년에서 1875년 사이에 용광로의 두 가지 성능이 꾸준히 개선되었다. 굴뚝의 높이가 높아졌고, 작동 중인 용광로로 투입하는 연소 가스의 온도가 높아진 것이다. 이 두 가지 기술적인 변화를 통해 생산자들은 철광석 제작의 에너지 효율성이라는 매우 중요한 문제를 상당히 개선시킬 수 있었다. 놀라운 것은 전문가 모임이나 인쇄 매체를 통해 심지어 경쟁사의 직원들에게조차 용광로 제작의 개선점이나 관련된 성능 데이터 정보를 공개적으로 밝혔다는 것이다.

앨런의 초기 관찰 후 많은 연구자들이 이익을 추구하는 기업들이 무상 공개하는 현상에 대해 조사했고 사례를 쉽게 발견할 수 있었다. 누볼라리는 앨런의 연구와 동일한 시대와 주제를 가지고 연구를 한 결과, 1800년대에 광산에서 물을 퍼내기 위해 사용했던 증기 엔진의 혁신에서도 유사한 형태로 정보가 무상 공개되었다는 사실을 찾을 수 있었다(Nuvolari 2004). 당시의 광산 작업은 물 때문에 많은 어려움을 겪고 있었는데, 광산의 깊이와 상관없이 물이 들어차기 십상이었고, 따라서 광산에서 물을 퍼내기 위해 작업 초기에 증기 엔진을 적절히 활용해야 했다. 누볼라리는 영국의 콘웰 지역에 있는 구리와 주석 광산에서 물을 퍼내는 데 사용했던 증기 엔진 기술의 역사를 연구했다. 1700년대 이 지역에서는 제임스 와트[James Watt]가 개발하고 특허권을 낸 증기 엔진이 널리 사용되었다. 와트의 특허권이 소멸된 후, 리처드 트레비식[Richard Trevithick]이라는 엔지니어가 새로운 종류의 고압 엔진을 개발했다. 그는 자신의 발명품의 특허를 따지 않고 모두가 무료로 자신의 도안을 사용할 수 있도록 했다. 이 엔진은 곧 콘웰 지역의 기본 도안이 되었다. 많은 광산 엔지니어들이 트레비식의 도안을 한층 더 발전시키고 월간 저널인 《린스 엔진 리포터[Leans Engine Reporter]》에 그 내용을 공개했다. 이 저널은 광산 경영자들이 경쟁 기업들의 우수 사례를 널리 확산시키려는 뚜렷한 목표에서 만들어진 것이었다.

더 최근의 기록에서도 사용자가 산업 장비의 혁신 내용을 무상으로 공개한 사례를 찾아볼 수 있다. 림의 연구에 따르면, 회로 요소에 전통적으로 사용하던 알루미늄 배선 대신 구리 배선을 사용해 반도체를 제작하는 프로세스를 처음으로 개발한 것은 IBM이었다(Lim 2000). 어느 정도 시간이 지난 뒤에 IBM은 경쟁 기업과 장비 업체들에게 그들이 가지고 있던 프로세스 정보를 점차적으로 공개했다. 테크니콘Technicon 사의 경우도 의료 진단에 사용하기 위해 개발한 자동화된 임상 화학 분석기의 정보를 무상으로 널리 공개했다. 기초 분석기가 출시된 이후 많은 사용자들이 분석기나 이를 사용한 의료 시험에 많은 개선을 이루었다. 대개 의료진들이었던 사용자들은 출판을 하거나 기업 후원의 세미나를 통해 자신들이 개선한 내용을 무상으로 공개했다(von Hippel and Finkelstein 1979).

미쉬나는 석판 인쇄 도구 산업에서 무상이거나 적어도 일부 내용만이라도 무상으로 정보를 공개한 사례를 발견했다(Mishina 1989). 그의 연구에 따르면, 인쇄 도구를 혁신한 사용자들은 그 내용을 기계 제조업체에게 공개했다. 1장에서 다룬 모리슨, 로버츠와의 공동 연구를 통해 나는 도서관 IT 검색 소프트웨어 분야에서 사용자들이 스스로 개발한 소프트웨어 수정 내용의 56%를 무상으로 공개했다는 사실을 알아냈다(Morrison, Roberts and von Hippel 2000). 나머지 44%의 내용을 공개하지 않은 이유는 지적재산권을 보호하기 위해서가 아니었다. 혁신의 내용을 공개하지 않은 사용자들은 자신들이 혁신 내용을 편리하게 공개할 수 있는 사용자 포럼이 없거나, 자신들이 혁신한 내용이 자신의 문제에 너무 특화되어 있기 때문에 다른 사람들이 필요를 느끼지 못할 것 같아서 공개하지 않았다고 말했다.

스포츠 용품 분야에서 혁신하는 사용자들도 자신들이 새롭게 만들거나 고친 제품을 무상으로 공개한다. 1장에서 언급한 4개의 열성적인 스포츠인들의 동호회를 연구한 결과, 혁신적인 사용자들은 혁신의 내용을 동호회 구성원 모두와 무상으로 공유했다고 대답했고, 또 자신의 혁신을 돈을 받고 판매한 적이 없다고 말했다(Franke and Shah 2003). 흥미로운 것은 4개의 동아리 중 두 곳은 구성원들 간의 경쟁이 치열했다는 점이었다. 이 동호회 두 곳에서는 혁신자들의 공유 의지가 여전히 높긴 하지만, 다른 곳에 비하면 확실히 낮았다. 이는 아마도 무상 정보 공개가 각자의 경쟁력을 상실시킬 수 있기 때문일 것이다.

현존하는 수많은 오픈소스 소프트웨어 프로젝트(2004년에 sourceforge.net에 8만 3,000개가 넘게 등록되어 있었다)에 참여한 사람들은 자신들이 새로 만든 코드들을 주기적으로 공개했다. 오픈소스 소프트웨어로 유명한 제품으로는 리눅스 운영 시스템이나 아파치 웹 서버 소프트웨어가 있다. 모든 사람들이 정보 공유지에서 코드를 자유롭게 사용할 수 있도록 보장하기 위해 오픈소스 코드 라이센싱 licensing에는 몇 가지 조건이 붙었다. 이런 몇 가지 보호 장치 때문에 오픈소스 코드는 우리가 앞에서 설명한 무상 공유의 정의와 완전히 부합하지는 않는다. (오픈소스 소프트웨어의 라이센싱에 대한 내용은 6장에서 자세히 다루도록 하겠다.)

헨켈은 때로는 직접적으로 경쟁을 하는 제조업체들에게도 무상 공개가 이루어진다는 사실을 밝혔다(Henkel 2003). 그는 경쟁 관계에 있으며 내장형 리눅스와 같은 소프트웨어의 개정판이나 확장판을 만든 제조업체들을 조사했다. (이런 소프트웨어는 카메라부터 화학 공장의 설비까지 다양한 기구를 운영하는 데 '내장되어' 사용된다.) 그는 이 제조업체들이 모두가 공유하는 공용 소프트웨어 플랫폼에 자신들이 개선한 내용을 무상으로 공개하고, 시차를 두고 특정 기구에 적용되는 코드까지도 대부분 공개한다는 것을 밝혔다.

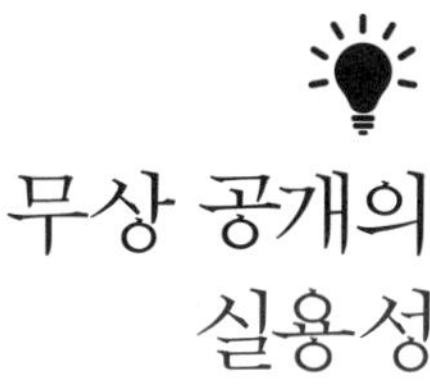

무상 공개의 실용성

'혁신의 개인 투자 모델'에서는 개인들이 혁신을 통해 이익을 얻을 수 있을 때에만 개인적인 투자를 이끌어낼 수 있을 것이라고 가정한다. 이 모델에 따르면, 개인 투자를 통해 창조하고 소유권이 있는 지식이 무상으로 공개되거나 대가를 받지 않고 유출될 경우 혁신자의 이익은 줄어든다. 따라서 혁신자들은 혁신과 관련된 정보가 유출되는 것을 막기 위해 노력한다고 가정한다. 그렇기에 이 모델을 이용하면 무상 공개는 매우 놀라운 일이 된다. 혁신자들이 자신의 돈을 들여 개발한 정보를 의도적으로 남에게 준다는 것은 말도 안 되기 때문이다.

나는 무상 공개가 때로는 사용자-혁신자들이 가질 수 있는 '가장 실용적인' 선택이라는 것을 밝힘으로써 이 문제를 풀어보겠다. 하르호프, 헨켈과 내가 함께 진행한 연구에 의하면, 대부분의 혁신자는 완전히 아니면 비슷하게라도 혁신을 모방하려는 다른 사람들로부터 자신의 혁신을 완벽하게 보호하는 것이 현실적으로 굉장히 어렵다는 사실을 알고 있다(Harhoff, Henkel, and von Hippel 2003). 사용자들이 실제로 선택해야 할 문제는 개인 투자 모델에서 제시한 "혁신자들은 자신의 혁신 내용을 무상으로 공개해야 할까, 아니면 보호해야 할까?" 하는 것이 아니다. 사용자-혁신자들이 실제로 선택해야 할 것은 애초에 자발적으로 무상 공개를 하느냐, 아니면 시간은 좀 걸릴지도 모르지만 결국에는 정보 유출이 일어날 텐데 정보 보호를 위한 무의미한 노력을 할 것인가 하는 문제다. 자발적인 무상 공개가 타당한 또 다른 이유는 비용이 적게 든다는 측면도 있지만 무엇보다도 혁신자들이 개인적인 이득을 얻을 수 있기 때문이다. 혁신의 내용을 비밀로 유지하거나 라이센스를 붙이는 데서 현실적으로 얻을 수 있는 효용보다 무상 공개를 통해 얻는 효용이 더 크다면, 이윤을 추구하는 개인이나 기업은 무상 공개라는 선택을 더 선호할 것이다.

'당신의' 비밀을 타인도 알고 있다

혁신자가 자신의 혁신을 지적재산권으로 보호하기 위해서는 혁신과 관련된 정보에 대해 독점적인 권한을 가져야 한다. 이러한 독점적인 권한은 혁신 정보를 기업 비밀로서 효과적으로 숨기거나 특허나 저작권을 신청해 법적인 보호를 받음으로써 형성된다. (상표도 지적재산권의 범주에 속하지만 여기서는 다루지 않기로 한다.) 하지만 이에 덧붙여 타인들이 독점적으로 보호되는 정보를 우회하는 대체 정보를 알고 있지 않아야 하고, 만약 있다면 공개하지 않는다는 조건도 필요하다. 다수의 개인이나 기업들이 대체 가능한 정보를 가지고 있다고 해도 그들 각각은 서로 처해 있는 경쟁 상황이 다를 것이다. 특정한 기업이 '자신의' 혁신을 소유권이 있는 재산으로 보호할 수 있는지 여부는 결국 그런 정보를 가지고 있는 모든 사람들 중에서 정보 공개를 해도 잃는 것이 제일 적은 사람이 어떻게 결정하느냐에 달려 있다. 만약 한 명 혹은 그 이상의 정보 소유자가 무상 공개를 해서 잃는 게 없거나 심지어는 뭔가를 얻을 수 있다고 판단하는 경우에는 아무리 노력해도 결국에는 정보 유출이 일어날 것이다.

보통 특정한 혁신을 모방하려는 개인이나 기업은 이에 필요한 정보를 굳이 다른 기업으로부터 얻을 필요가 없다. 왜냐하면 대개 혁신자나 모방자들이 필요로 하는 것은 혁신의 세부적인 내용이 아니기 때문이다. 경쟁 기업이 설계한 해결책과 아주 똑같은 내용을 필요로 하는 엔지니어는 거의 없다. 같은 분야의 경쟁 기업이라 할지라도 각 기업이 처한 환경은 모두 다르고, 해결책은 항상 개별 사용자의 상황에 맞게 조정되어야 한다. 엔지니어가 다른 사람들의 작업을 통해 알아내고 싶은 것은 타인의 혁신 결과물 중에서 따라 하기 쉬운 '세부 내용'이 아니다. 그는 혁신의 원리와 대략적인 개요를 파악해서 자신의 필요한 해결책을 찾는 데 힌트를 얻고 싶은 것이다. 그리고 다양한 방법을 통해 이 같은 정보를 찾을 수 있다.

예를 들어, 은행의 시스템 개발자로 일하는 당신에게 온라인으로 고객 신용도를 확인하는 은행 내부 소프트웨어를 개선하는 일이 주어졌다고 가정해보자. 겉으로 보기에는 경쟁 기업들이 같은 업무를 하기 위해 개발해놓은 시스템의 세부 사항을 참고하는 것이 가장 좋아 보일 것이다. 물론 경쟁 기업이 당신의 은행과 매우 유사한 시장 상황에 놓여 있을 가능성이 높긴 하겠지만, 아마도 자신들이 개발한 소중한 혁신을 경쟁자인 당신에게 공개하려고 하지 않을 것이다.

하지만 이 상황이 모방자들에게 암울하지는 않다. 은행업이 아닌 다른 분야의 수많은 기업들이 온라인 신용도 조회 시스템을 사용하고 있기 때문이다. 이들 중 일부는 혁신을 한 경험이 있고 그 내용을 자발적으로 공개하기도 하며, 그 자료들 중에 당신이 필요로 하는 것도 있을 것이다. 당신이 온라인 신용 조회의 특정한 프로그램만을 고집하지 않고 더 폭넓게 검색한다면 당신이 찾는 정보를 다른 개인이나 기업에게서 무상으로 얻을 가능성이 훨씬 커진다. 다른 분야를 조사하면서 당신이 필요로 하는 해결책의 일부 정보를 얻을 수도 있다. 예를 들어, 온라인 신용 조회 외에도 많은 프로그램이 정보 접근자의 권한 확인 기능을 갖춘 소프트웨어를 사용한다. 이 기능을 사용하고 있는 기업이라면 그들이 다른 분야에 있다고 하더라도 누구든지 당신이 필요로 하는 정보를 제공해줄 가능성이 있다.

라카니와 나는 다수의 기업과 개인들이 유사한 정보를 가지고 있을 확률에 대해 조사했다(Lakhani and von Hippel 2003). 우리가 조사한 대상은 아파치 사용 도우미helpline 웹사이트였다. 이 사이트에서는 아파치 소프트웨어를 사용하면서 문제를 겪고 있는 사용자들이 질문을 올리고 답을 아는 사람들이 도와줄 수 있다. 우리는 사이트에서 답변을 달았던 사람들에게 아파치 온라인 포럼에 올라오는 특정한 문제나 일반적인 문제에 대해 그들 말고도 얼마나 많은 수의 참여자들이 해결책을 알고 있을 것 같은지 물어보았다. 이들은 자신 말고도 웹사이트에 참여하는 다른 많은 사람들이 해결책을 알고 있으며, 만약 자신들이 대답하지 않았다면 이들이 대답했을 것이라고 대답했다(〈표 5.1〉).

한 개인이 자신의 혁신 내용을 비밀로 유지할 수 있는 흔치 않은 상황이 존재하더라도, 이 정보 소유자는 자신의 비밀을 오래 유지하는 것이 쉽지 않다는 것을 깨닫게 될 것이다. 맨스필드는 100개의 미국 기업을 연구한 결과 제품 개발 결정에 관련된 정보는 평균적으로 12~18개월 내에 경쟁 기업의 손에 들어가며, 새로운 제품이나 프

〈표 5.1〉 아파치 사용 도우미 웹사이트 설문 결과

	자주 답변을 다는 사람들 (21명)	그 외 답변을 했던 사람들 (67명)
다수	38%	61%
아파치에 대해 잘 알고 있는 소수	38%	18%
특정한 문제에 대한 경험이 있는 소수	24%	21%

위의 표는 도우미 웹사이트에 답변을 올린 사람들에게 "당신이 답변을 올린 문제에 대해 답할 수 있는 다른 사람들이 얼마나 있다고 생각하는가?"라는 질문에 대한 답변의 내용이다. 아주 특화된 내용에 관한 정보도 종종 널리 퍼진다.

출처: Lakhani and von Hippel 2003, table 10

로세스의 상세한 원리와 작동 방법은 1년 이내에 유출된다는 사실을 발견했다.(Mansfield 1985). 앞에서 앨런이 제시했던 19세기 영국 철강 산업에서의 무상 공개 현상도 위의 관찰 결과를 뒷받침한다. 앨런은 개발자들이 용광로를 설계하는 더 나은 방법을 찾더라도 이 혁신을 비밀로 유지하는 것은 불가능했다고 말한다. 용광로와 강철제품의 경우 그것을 설계한 계약자들이 설계 과정에 대해 알고 있기 때문이다. 또 설계를 맡는 컨설팅 엔지니어들이 회사를 옮길 때마다 설계 내용이 유출되었다.

특허를 통해 이익을 얻을 가능성이 낮다

이번에는 어떤 한 사용자-혁신자가 혁신과 관련된 정보를 가지고 있는 유일한 사람이며, 특정한 이유 때문에 이 혁신을 대체할 수 있는 내용이 없다고 가정해보자. 이 사용자야말로 자신의 지적재산권을 어떻게 할지에 대한 선택권을 가지고 있다. 그는 혁신의 내용을 비밀로 부치고 혼자 사용하거나, 라이센싱을 주거나, 혁신의 내용을 무상으로 공개할 수 있다. 우리는 위에서 혁신의 내용을 비밀로 유지할 수 있는 확률은 현실적으로 낮으며, 특히 아주 유사한 비밀을 가지고 있는 제공자가 여럿일 경우에는 더욱 어렵다는 것을 보았다. 하지만 혁신에 대해 특허나 저작권을 신청해서 혁신을 법적으로 보호할 수 있다면 혁신자는 혁신을 관리하기 위해 혁신을 비밀로 할 필요가 없다. 개인이나 기업이 혁신을 무상으로 공개한다면 그는 사용료를 받고 라이센스나 지적재산권을 줌으로써 이익을 볼 수 있는 기회를 포기하는 것과 같다. 현실에서 이윤을 얻는 것을 포기하고 무상 공개에 성공할 가능성은 얼마나 될까?

대부분의 경우 지적재산권을 법적으로 보호하는 형태는 특허, 좀 더 구체적으로 실용특허^{utility patent}이다. (중요한 예외는 소프트웨어 산업인데, 이 산업에서는 저작권에 의해 내용을 보호하는 경우가 많다.) 미국에서 실용특허는 물질의 구성이나 특정한 방법, 사용법과 관련된 발명에 주어진다. 그 자체의 특성을 나타내는 아이디어나 수학 공식, 자연법칙, 도덕이나 공공 정책에 반하는 내용에 대해서는 실용특허가 주어지지 않는다. 향후 특허에 의해 보호받을 가능성이 있는 경우 실용성, 참신성, 진보성과 같은 지적재산권의 추가적인 기준을 충족시켰을 경우에만 법적 보호를 받을 수 있게 된다. (이런 기준에 부합하는지 여부는 특허 심사관의 '판단'에 따라 결정된다. 심사관이 가지고 있는 기준이 낮을 경우 특허를 얻는 것이 쉽고, 기준이 높을 경우 특허를 받는 것이 어렵다(Hall and Haroff 2004).)

특허에 의한 보호가 실제 세상에서 갖는 가치에 대해서 40년 이상 연구가 진행되었다. 혁신자들은 소수의 예외 상황을 제외하고는 특허가 모방자들을 물리치거나 사용료 수익을 버는 데 모두 유용한 방법이 아니라고 생각한다고 답했다. (예외인 분야는 제약 산업과 화학 산업, 화학 처리 공정 산업이었는데, 이 분야에서 특허에 의한 보호는 기술 정보를 사고파는 시장을 만드는 역할을 했다(Arora et al. 2001).) 또한 대부분의 응답자들은 특허의 보호가 없을 때와 비교했을 때 특허를 따는 것이 꼭 연구 개발 투자의 증가로 이어지는 것은 아니라고 답했다. 테일러와 실버스톤(Taylor and Silberston 1973)이 32개의 기업에 진행한 연구에 의하면, 24개의 기업이 연구 개발 지출 중에서 특허 보호의 여부에 따라 연구 개발이 투자되는지 여부가 결정되는 것은 5% 이하라고 대답했다. 레빈 외(Levin et al. 1987)는 130개 국가의 연구 개발 중역 650명에게 조사한 결과 화학과 제약 산업 분야를 제외한 모든 분야의 응답자들이 특허에 대해 '상대적으로 효과가 적다'고 평가했다. 맨스필드(Mansfield 1968; 1985), 코헨 외(Cohen et al. 2000; 2002), 아룬델(Arundel 2001), 새틀러(Sattler 2003)도 유사한 연구 결과를 발표했다.

대기업들에게 진행한 설문 결과를 살펴보면, 특허권 집행을 강화하려는 최근 정부의 노력에도 불구하고 특허가 혁신을 보호하거나 혁신에 대한 투자를 장려하는 효과는 1983년에서 1994년 사이에 아주 약간만 증가했다. 물론 눈에 띄는 예외 상황도 존재한다. IBM과 텍사스 인스트루먼트[T]를 포함한 몇 개의 기업은 특허를 받은 기술을 라이센싱함으로써 상당한 수익을 얻었다고 밝혔다.

일반적으로 특허를 얻는 데는 수천 달러의 비용과 수년의 시간이 필요하다(Harhoff, Henkel and von Hippel 2003). 이에 따라 많은 수의 개인 사용자-혁신자들이나 기업의 크기가 작아서 제한적인 방법만을 가지고 있는 기업들은 특허를 신청하는 것이 실용적이지 못하다고 느낀다. 극명한 예로, 스포츠 용품에서 혁신을 이룬 개인 사용자가 특허를 받기 위해 투자를 하고, 라이센싱을 받을 사람을 찾고 그에게서 돈을 받기 위해 지속적인 노력을 기울이는 것을 도움이 된다고 느끼는 경우는 거의 없다. 샤의 연구에 의하면(Shah 2000), 이를 시도하는 경우가 가끔씩 있더라도 그들이 지출한 시간과 비용을 고려하면 라이센싱을 줌으로써 수익을 얻은 경우는 거의 없다.

저작권은 소프트웨어 코드부터 영화에 이르기까지 독창적인 창작물에 주어지는 법적 보호로서, 저작권을 획득하는 데 필요한 시간과 비용이 적다. 창작가는 저작권 보호를 신청할 필요가 없다. 그의 창작에 따라 저작권어 저절로 발생한다. 저작권이 있는 작품을 라이센싱하는 것은 흔한 일이고, 실제로 많은 소프트웨어 기업들이 이를 활용하고 있다. 만약 누군가가 패키지 소프트웨어 제품 한 개를 구매한다면, 그는 그 소프트웨어를 사용할 수 있는 라이센스를 얻는 것이지 지적재산권 자체를 구매하는 것은 아니다. 하지만 독창적인 창작품 그 자체만 보호되는 것이지, 근본적인 발명이나 아이디어들은 보호되지 않는다는 면에서 볼 때 저작권 보호 또한 제한적일 수밖에 없다. 그 결과, 사람들이 저작권 보호망을 피해 창작물을 사용할 수 있게 된다. 예를 들어, 저작권이 있는 소프트웨어 프로그램의 기능을 모방하고 싶은 사람은 그 기능을 시행할 새로운 소프트웨어 코드를 작성해서 사용할 수 있다.

위와 같은 상황 때문에 실제 현실에서는 사용자-혁신자 기업이나 개인들이 법적으로 자신의 혁신물을 보호할 수 있는 가능성을 포기하고 무상 공개함으로써 포기해야 하는 이익은 거의 없다고 결론을 내릴 수 있다.

무상 공개의 원동력

앞에서 보았듯이, 혁신자가 자신이 소유한 정보를 '무상 공개'한다는 것은 혁신자가 그 정보와 관련해 현재 존재하거나 앞으로 존재할 가능성이 있는 모든 지적재산권을 자발적으로 포기하고, 관심이 있는 모든 이들이 그 정보를 열람하는 것을 허용하는 것이다. 즉, 정보는 공공재가 된다. 아주 적은 비용으로도 이런 조건을 만족시킬 수 있다. 예를 들어, 혁신자가 웹사이트에 특별한 광고를 하지 않고 혁신에 관한 정보를 올리면 향후 관심이 있을 만한 사람들은 이를 분명히 찾게 될 것이다. 새로운 공정 기계를 개발한 기업이 모든 개인이나 기업에게 발명을 홍보하거나 공장 견학을 할 수 있다는 것을 일부러 알리지 않고 신청하는 이들에게만 공장 견학을 시켜주기로 약속할 수도 있다.

하지만 우리는 많은 혁신자들이 기초적이고 비용이 적게 드는 형태 이상의 무상 공개까지도 서슴지 않는다는 사실을 찾아볼 수 있다. 이들은 자신의 혁신이 유리한 관점에서 비춰지고 혁신의 정보가 효과적으로 널리 확산되도록 하기 위해 상당한 시간과 비용을 지출한다. 컴퓨터 코드를 작성하는 사람들은 자신들의 혁신을 무상으로 공개하기 전에 모든 오류를 제거하고 향후 이를 사용할 사람들에게 편리하도록 코드를 문서화하는 노력을 기울인다. 공장주들은 공장을 새롭게 페인트칠하고 산업인 모임에 나가 공장 견학이 있다는 것을 알리고 견학을 오는 방문객들에게 공짜 점심을 대접하기도 한다.

혁신자들이 자신의 혁신에 대한 정보를 확산시키기 위해 적극적으로 노력하는 것은 무상 공개가 그들에게 긍정적이고 사적인 보상을 준다는 것을 암시한다. 많은 연구자들이 그 보상이 무엇인지에 대해 연구했다. 앨런은 기업이나 매니저가 무상 공개를 통해 얻는 명성이 무상 공개 때문에 발생하는 수익의 감소를 상쇄시킬 수 있다고 발표했다(Allen 1983). 레이먼드(Raymond 1999), 러너와 티롤(Lerner and Tirole 2003)은 오픈소스 소프트웨어 개발 프로젝트의 무상 공개 사례를 연구해서 이 아이디어를 한층 더 발전시켰다. 그들은 프로그래머가 만들기 어려운 코드를 무상으로 공개하면 다른 프로그래머 사이에서 그의 명성이 높아질 수 있음에 주목했다. 명성의 증가는 또 다른 효용으로 이어질 수 있는데, 예를 들어 명성이 높아지면 그는 직장을 구할 때 이득을 볼 수 있을 것이다. 앨런은 혁신자의 특정한 자산과 그가 공개한 혁신의 내용이 어느 정도 연관이 있다면, 무상 공개를 통해 기업의 이윤이 실제로 증가하는 효과가 있다고 주장했다(Hirschleifer 1971).

뿐만 아니라 무상 공개는 다른 면에서도 혁신자의 이윤 증대에 도움을 준다. 사용자가 혁신을 자유롭게 공개할 경우 혁신의 내용을 돈을 받고 라이센싱을 주거나 비밀로 유지했을 때보다 혁신이 더 빠른 속도로 확산되는 결과가 빠르게 발생한다. 혁신하는 사용자는 확산이 증대되면서 여러 가지 효과를 볼 수 있다. 그중 하나가 네트워크 효과network effects다. (네트워크에 대한 고전적인 설명으로 전화기 사례가 있다. 이는 더 많은 전화기가 팔릴수록 개별 전화기의 가치가 높아진다는 것인데, 왜냐하면 전화기가 갖는 효과는 네트워크에서 연락할 수 있는 사람의 수가 늘어날수록 증가하기 때문이다.)

더욱 중요한 것은 혁신이 자유롭게 공개되고 다른 사람들에게 채택되면 이 혁신은 (비공식적이기는 하지만) 표준이 되기 때문에 그 혁신의 다른 버전이 개발되거나 상업화되는 것을 막을 수 있게 된다는 점이다. 만약 앨런이 말한 것처럼 확산된 혁신의 내용이 그 혁신자의 특수한 조건에 맞게 특별히 고안된 것이었다면 그 혁신자에게 유리한 상황이 영구적으로 만들어지게 된 것이다.

다른 모든 조건이 같다면 특정한 종류의 혁신을 처음으로 공개한 그 기업 사용자의 혁신이 널리 채택될 가능성이 더 높다. 이에 따라 혁신자들은 혁신을 첫 번째로 공개하기 위해 경쟁을 하게 된다. 특허 경쟁에 뛰어든 기업들은 성공을 통해 얻는 이득이 1등에게만 돌아가는 것이 아니라면 자발적으로 정보를 공개한다. 빨리 두 번째가 되는 것이 상대적으로 뒤늦게 첫 번째가 되는 것보다 유리하다면, 참여자들은 경쟁이 빨리 일어나도록 하기 위해 자발적으로 정보를 공개할 유인이 발생한다(de Fraja 1993).

무상 공개에 참여하는 유인은 오픈소스 소프트웨어 프로젝트 분야에서 특히 많이 연구되었다. 오픈소스 소프트웨어 개발 과정을 연구하는 학자들에 따르면, 혁신하는 사용자들이 그들의 코드를 오픈소스 프로젝트 관리자나 오픈소스 코드 사용자들에게 무상으로 공개할 다양한 동기가 존재한다. 만약 그들이 무상으로 공개하면 다른 사람들은 이를 다운받아 사용자 모두의 효용을 위해 오류를 수정하고 모듈을 개선한다. 또한 이들은 자발적인 오픈소스 사용자 조직이 배포하는 오픈소스 소프트웨어의 공식 출시 버전에 자신들이 개선한 내용을 통합시켜 혁신자의 추가적인 노력 없이도 프로그램이 꾸준히 업데이트되고 관리될 수 있도록 한다. 이런 자발적인 조직은 프로그램의 개선을 맡는다는 점에서 소프트웨어 제조업체와 그 역할이 같다. 사용자가 개선한 내용은 사용자 그룹의 관리자들이 인정하고 채택할 때에만 새로운 '공식적인' 소프트웨어의 공식 출시 버전에 포함될 수 있기 때문이다. 또한 혁신 사용자들은 무료 라이선스나 오픈소스 라이센스 아래서 자신들의 코드를 무상 공개하는 동기부여 요소가 이뿐만이 아니라고 말했다. 예를 들어, 오픈소스 소프트웨어 운동에 지지를 보내기 위해서일 수도 있고, 다른 사람이 무상으로 제공한 코드를 잘 사용한 것에 대해 '은혜를 갚기 위해서'일 수도 있다(Lakhani and Wolk 2005).

사용자는 혁신 제품이나 프로세스에 대한 정보를 무상 공개함으로써 제조자가 그 혁신에 대해 배울 수 있는 기회를 제공한다. 제조자들은 이에 기초해서 개선책을 만들고, 사용자가 직접 제품을 제작할 때보다 낮은 가격으로 그 제품을 만들어 시장에서 판매한다(Harhoff et al. 2003). 개선된 버전이 시중에서 판매되면, 처음의 사용자-혁신자는 (다른 사용자들도) 개선된 버전을 구매해 개선된 내용을 사용함으로써 이득을 얻는다. 예를 들어, 기업은 사용자가 개발한 혁신을 ('집에서 만든 혁신') 시장에서 판매할 때 이를 더 튼튼하고 안전한 제품으로 만든다. 또한 제조자들은 현장 점검이나 수리 정책과 같은 사용자들이 직접 혁신했다면 갖춰야 할 여러 서비스들을 함께 제공한다.

헨켈이 연구했던 경쟁 제조업체 간의 무상 공개 사례에 이 이론을 적용시킬 수 있다(Henkel 2003). 내장형 리눅스 시스템을 사용하는 경쟁 개발업체들은 자신의 고객들 각각의 하드웨어 제품 사양에 맞춘 소프트웨어를 설계했다. 각 제조업체는 경쟁업체의 모방을 걱정하지 않고 자신들이 작성한 코드들을 무상으로 공개할 수 있었다. 코드는 제조업체의 고객 각각의 제품에 가장 적합하게 작동되도록 만들어져서 다른 이들에게는 그 가치가 떨어지기 때문이다. 이와 동시에 제조업체 모두가 기초로 사용하는 내장형 리눅스 코드 토대에 대한 개선책을 무상 공개한다면 모두가 함께 효용을 누릴 수 있다. 결국 그들의 제품이 갖는 경쟁 우위는 비슷한 제품을 만드는 다른 제조업체들이 사용하는 소유권이 있는 소프트웨어 코드와 비교해서 비슷하거나 더 나은 성능을 보일 때 가능한 것이기 때문이다. 리눅스 소프트웨어는 헨켈이 연구했던 기업들이 판매하는 하드웨어의 보완재였다. 리눅스 소프트웨어의 개정판은 보완재인 하드웨어 제품의 판매량도 승가시켰다. (보완재 공급업체가 혁신에 참여할 유인은 하르호프[Harhoff 1996]의 모형에서 찾아볼 수 있다.)

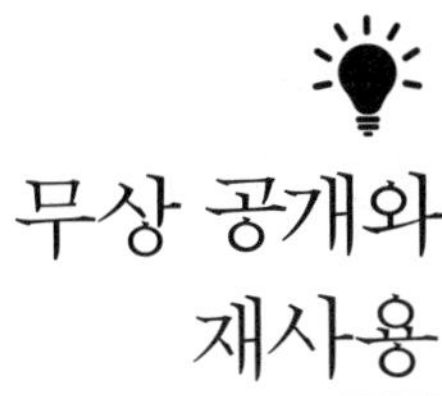

무상 공개와
재사용

물론 무상 공개는 공개된 내용을 다른 사람들이 (재)사용할 때에만 가치가 있다. 사람들이 정보 공유지에서 무엇을 가져가고 재사용하는지를 추적하는 것은 어려운 일이며, 존재하는 실증 정보는 많지 않다. 재사용의 형태는 제품을 개발하는 방법에 대해 대략적인 아이디어를 얻는 것부터 특정한 디자인을 채택하거나 제외시키는 것까지 다양한 형태로 존재한다. 예를 들어, 오픈소스 프로젝트 자료실에서 소프트웨어 코드를 다운받은 사람은 이를 통해 자신이 사용하는 소프트웨어의 문제를 푸는 접근법을 배울 수도 있고, 다운받은 코드의 일부를 자신의 소프트웨어 프로그램에 직접 넣어 사용할 수도 있다. 폰 크로그와 연구자들은 후자의 경우를 연구했는데, 오픈소스 소프트웨어에서 이 현상은 매우 폭넓게 일어나고 있었다(von Krogh et al. 2004). 그들이 연구한 프로젝트에서 다룬 소프트웨어 코드의 대부분은 다른 오픈소스 소프트웨어 프로젝트의 공유지나 소프트웨어 도서관에서 가져와서 재사용되는 것들이었다.

학계에서의 출판을 살펴보면 우리는 무상 공개가 재사용을 확대시킨다는 증거를 찾을 수 있다. 이는 학계에서는 매우 중요한 문제다. 인용을 하는 것은 그 글에 들어 있는 정보가 재사용된다는 지표가 된다. 즉, 인용을 하는 저자가 그 글을 읽었으며 그 글에서 유용한 정보를 얻은 것이다. 최근의 실증 연구들은 독자들이 공개적으로 접근할 수 있는 글(예를 들어, 저자의 웹사이트에서 무료로 다운로드할 수 있는 글)이 도서관에 가서 찾거나 웹사이트에서 돈을 내고 볼 수 있는 글에 비해 훨씬 더 자주 인용된다는 것을 밝혀냈다. 앤텔맨은 철학의 경우 45%부터 수학의 경우 91%까지 인용 횟수가 증가했다고 말했다(Antelman 2004). 그녀는 "다양한 분야에서 놀라울 정도로 높은 비율의 학자들이 공개적으로 접근 가능한 방법을 채택하고 있으며, 이에 대해 보상을 받고 있다. 인용의 경우와 마찬가지로 말이다"라고 말한다.

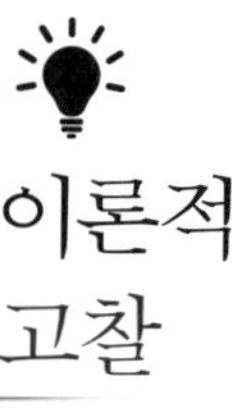

이론적
고찰

우리는 무상 공개가 현실에서 혁신자들이 할 수 있는 최선의 선택일 경우가 많다는 것을 살펴보았다. 이 결과를 앞에서 말한 이론과 어떻게 연결시키고, 그 이론을 체계적으로 정리하는 데 사용할 수 있을까? 혁신의 보상에 대한 설명으로는 현재 두 가지 모형이 있다. '개인 투자 모형'은 이익을 얻을 것이라고 예상하는 개인 투자자들에 의해 혁신이 이루어진다고 가정한다. 사회는 혁신의 개인 투자를 장려하기 위해 혁신자들에게 특허나 저작권, 거래 비밀법 등으로 제한된 권리를 부여한다. 이런 권리는 혁신자들이 혁신과 관련된 투자로부터 사적 수익을 얻는 것을 도와주기 위해 제공된다. 반대로 사회가 혁신자들에게 제공하는 독점권과 혁신자들이 이를 통해 얻는 사적 이익은 혁신에서 나온 지식 모두를 규제 없이 무료로 사용할 때에 비해 사회적 손실을 발생시키기도 한다. 사회는 혁신자들이 새로운 지식을 창조하는 데 투자할 유인을 증가시키기 위해 이러한 사회적 비용을 받아들이기로 결정한 것이다(Arrow 1962; Dam 1995).

혁신의 보상에 대한 두 번째 중요한 모형은 '집단행동 모형'이다. 이 모형은 공공재의 제공에 적용되는데, 여기서 공공재는 비배제성 non-excludability 와 비경합성 non-rivalry 으로 정의된다.* 공공재의 경우 한 사용자가 그 재화를 사용하면서 다른 사용자가 그것을 사용하는 것을 막는 것이 현실적으로 어려우며, 모두가 같은 조건으로 그 재화를 소비한다(Olson 1967). 집단행동 모형은 혁신자들이 창조한 지식이나 기타 자산을 공공재로 만들기 위해 혁신자들에게 이에 대한 권리를 포기할 것을 요구한다고 가정한다. 따라서 개인 투자 모형에서 정보에 제한적으로만 접근할 수 있었기 때문에 발생했던 사회적 비용이 집단행동 프로젝트에서는 발생하지 않는다.

---

* 비배제성이란 대가를 지불하지 않은 특정 개인을 소비에서 제외시키기가 기술적으로 곤란한 경우를 가리키며, 비경합성이란 어떤 사람의 소비가 다른 사람의 소비를 방해하지 않고 여러 사람이 동시에 편익을 받을 수 있는 경우를 의미한다.

하지만 이와 동시에 잠재적 혁신자들을 모집하거나 동기를 부여하는 데는 문제가 생길 수 있다. 집단행동 프로젝트에 기여하는 것은 결국 공공재이기 때문에 그 재화를 사용하는 사람들은 다른 사람이 대신 기여할 때까지 기다려 그들이 이루어낸 것에 무임승차할 수 있다(Olson 1967). 집단행동에 대한 다수의 문헌이 일할 사람을 모집하는 것이 어렵다고 이야기하고 있다. 올리버와 막스웰(Oliver and Marwell 1988), 테일러와 싱글턴(Taylor and Singleton 1993)은 프로젝트의 목표를 설명하고 사람을 모집하는 방법이 아주 중요하다고 예상했다. 다른 연구자들은 집단행동 프로젝트의 성공을 위해서는 기여자들을 위해 선별적인 인센티브를 만들어 사용하는 것이 중요하다고 주장한다. 예를 들어, 생산성이 특별히 높은 프로젝트 멤버에게는 특별 자격증을 수여할 수 있다(Friedman and McAdam 1992; Oliver 1980). 선별적인 인센티브의 중요성을 통해 집단행동 프로젝트를 하는 데는 소규모 그룹이 가장 적합하다는 것을 볼 수 있다. 작은 그룹에서는 그룹 멤버 개개인에게 세심하게 맞춘 선별적인 인센티브를 제공할 수 있고, 개개인의 기여도를 더 효과적으로 관리할 수 있기 때문이다(Olson 1967; Ostrom 1998).

흥미로운 것은 성공적이었던 오픈소스 소프트웨어 프로젝트는 위에서 제시한 가이드라인을 전혀 따르지 않았다는 점이다. 프로젝트의 참가 인원을 모집할 때 오픈소스 소프트웨어 프로젝트가 내세운 목표 선언문은 기술적이고 세세한 것부터 이데올로기적이고 폭넓은 내용까지, 그리고 아주 정확한 것부터 모호하거나 이제 막 떠오르는 아이디어(예를 들어, sourceforge.net의 프로젝트가 제시한 목표 선언문)[1]까지 매우 다양했다. 더욱이 이런 프로젝트는 그들의 목표와 연락처를 일반 구인용 웹사이트에 게시하는 것 말고는 별도의 적극적인 인원 모집 노력을 하지 않았다(freecode.com이 그 예다). 또한 프로젝트에 수천 명의 사람들로 이루어진 큰 그룹의 사람들이 참여해도 성공적일 수 있었다. 마지막으로, 오픈소스 소프트웨어 프로젝트는 무임승차를 막기 위한 노력을 하지 않는 것으로 보였다. 누구든지 무료로 코드를 다운로드하거나 프로젝트 웹사이트에서 도움을 요청할 수 있었고, 이에 대해 보상을 제공해야 한다는 도덕적인 압력도 찾아볼 수 없었다(예를 들어, "이 코드를 사용하신다면 다음과 같은 도움을 부탁드립니다"와 같은 압력들).

우리가 예상했던 것과 다른 이 현상을 어떻게 설명할 수 있을까? 즉, 개인의 돈이 들어간 혁신을 무상으로 공개하거나 공공재를 만드는 프로젝트에 열심히 참여하는 것을 어떻게 설명할 수 있을까? 폰 크로그와 나는 이론적인 관점에서 살펴보자면 기존에 혁신의 개인 투자 모형과 집단행동 모형에 적용되었던 기본 가정과 제한들을 조금씩 완화하거나 수정하는 데 그 답이 있다고 생각한다. 두 모형 모두 '깨끗하고' 단순한 연구 모형을 제공하려는 노력 때문에 개인 투자와 집단행동을 위한 인센티브가 공존할 수 있고, 따라서 '개인-집단' 혁신 유형이 꽃필 수 있는 매우 비옥하고 풍부한 중간 지대를 제외했다. 혁신의 개인-집단 모형은 개인 투자 모형과 집단행동 모형의 중간 영역에 있음을 자세히 살펴보자.

- 개인 투자 모형에서 개인 투자를 통해 개발된 혁신을 무상으로 공개하면 혁신자는 사적 이익을 취할 수 없기 때문에 이들이 자발적으로 그러한 행동을 하지 않는다는 가정을 제외한다. 개인-집단 모형은 일반적인 가정에 따를 경우 소유권이 있는 혁신을 무상으로 공개하는 것은 혁신자의 사적 이익을 줄이기보다는 높일 것이라고 제안한다.

- 집단행동 모형에서 무임승차자가 완성된 공공재를 통해 그것을 만든 사람과 똑같은 효용을 얻어갈 수 있다는 가정을 제외한다. 개인-집단 모형은 공공재를 만드는 데 기여한 사람이 무임승차자보다 본질적으로 더 높은 개인 효용을 얻는다고 제안한다. 이는 프로젝트 담당자가 관리하지 않아도 초기에 집단행동 프로젝트에 참여할 유인을 제공해준다(von Hippel and von Krogh 2003).

개인적인 비용을 통해 개발된 혁신이 무상으로 공개되는 경우가 많고, 일반적인 상황에서 이런 행동은 사회 구성원들에게 경제적으로 로 합리적이다. 개인-집단 혁신 모형의 인센티브는 개인의 비용으로 만들어진 지식이 왜, 그리고 언제, 모두에게 무상으로 공개되는지를 설명할 수 있다. 이 조건들이 충족될 경우 사회는 두 세계의 최선의 결과를 함께 가질 수 있다. 개인들의 투자를 통해 새로운 지식이 창조되고, 그것은 모두에게 무상으로 공개된다.

6장
혁신
공동체
INNOVATION
COMMUNITIES

지금까지 살펴본 바에 의하면 사용자들은 혁신을 하고 그것을 무상으로 공개한다. 그렇다면 혁신을 고안하는 과정에서 사용자들 간의 비공식적인 협력도 자주 발생할까? 조직적인 협력의 경우는 어떨까? 이에 대한 대답은 사용자-혁신자들 사이에서 이 두 가지 모두가 활발히 일어난다는 것이다. 상대방의 혁신을 도와주는 것과 같은 사용자들 간의 비공식적인 협력은 일상적으로 발생한다. 사용자들이 공동체 안에서 조직적으로 교류하는 협력 또한 빈번히 일어난다. 혁신 공동체들은 사용자들이 더 빠르고 효율적으로 혁신을 개발하고 시험하며 확산시킬 수 있도록 돕는 유용한 도구와 기반 시설을 다양하게 갖추고 있다.

6장에서는 먼저 사용자 협력이 널리 퍼져 있는 현상이고, 혁신 공동체를 통해 사용자 협력을 효율적으로 모을 수 있다는 것을 살펴본다. 또 혁신 공동체들이 제공하는 중요한 역할이 무엇인지 알아본다. 소프트웨어 개발 분야에서 혁신 공동체의 매우 성공적인 사례인 무상 오픈소스 소프트웨어 프로젝트의 사례를 통해 이를 살펴보도록 한다. 마지막으로 혁신 공동체가 소프트웨어 개발과 같은 지식 상품의 개발에만 국한되는 것이 결코 아니라는 점을 알아본다. 그 사례로 카이트서핑(서핑과 패러글라이딩을 접목한 레저스포츠―옮긴이)에서 쓰이는 기술과 기구를 개발하는 혁신 공동체의 사례를 살펴본다.

사용자 혁신은
널리 퍼져 있다

사용자들의 필요가 이질적이고 혁신자의 정보에 점착성이 존재할 때, 제품 개발 활동은 소수의 사용자―혁신자들에 의해 집중되기보다는 여러 사용자들 간에 널리 퍼져 있을 확률이 높다. 또한 다양한 사용자가 참여할 경우 다양한 혁신의 결과물이 탄생한다. 4장에서 살펴보았듯이, 개인 사용자와 기업 사용자들은 자신들의 고유한 필요를 충족시키고 자신들이 가진 '저비용 혁신 틈새'에 맞는 혁신을 개발한다.

예를 들어, 어떤 산악자전거인이 높은 곳에서 뛰어내리는 기술을 특화했고 그의 직업이 정형외과 의사라면, 그는 이 두 가지 입장을 가질 수 있는 정보로부터 이끌어낼 수 있는 혁신을 개발할 것이다. 자전거를 타고 높은 곳에서 뛰어내려 착지할 때 척추의 충격을 줄일 수 있는 서스펜스 안장을 개발하는 것처럼 말이다. 마찬가지로 높은 곳에서 뛰어내리는 기술을 특화했지만 항공공학이라는 다른 배경을 가지고 있는 산악자전거인이 있다면, 그는 다른 정보를 사용해서 다른 혁신을 떠올릴 것이다. 기존에 존재하는 지식을 독창적인 방법으로 결합하는 혁신에 대해 연구하던 플레밍은 위와 같은 혁신자들은 그들이 속한 서로 전혀 다른 공동체의 특성을 사용해서 기존에는 전혀 다른 것으로 간주되던 특성을 결합한다고 말했다(Fleming 2001). 볼드윈과 클라크(Baldwin and Clark 2003), 그리고 헨켈(Henkel 2004a)이 이런 종류의 상황을 이론적으로 연구했다.

소프트웨어 오류 제거의 '리누스 법칙'에 대해 에릭 레이먼드[Eric Raymond]가 내세운 기본 논리는 지금까지도 적용되고 있다. 소프트웨어의 미세한 코드 에러나 버그를 발견하고 제거하는 일에는 매우 높은 비용이 소요될 수 있다(Brooks 1979). 하지만 레이먼드는 이 일을 소프트웨어 사용자들의 거대한 공동체에 개방하면 개개인의 사용자가 각자 자신의 정보를 활용해서 버그의 일부를 발견하고 개선해나가기 때문에 버그 치료가 훨씬 빠르고 효율적으로 완료되며, 비용도 훨씬 적게 들 수 있다고 주장했다. 레이먼드는 이런 가정에서 "충분한 베타 시험자와 공동 제작 토대가 주어진다면, 거의 모든 문제는 빠르게 파악되고 또 그 문제를 풀 수 있는 누군가가 항상 존재한다. 더 쉽게 말하자면 '수많은 눈동자가 있다면, 모든 버그는 간단히 풀릴 수 있다'"
고 말한다. 그는 "더 많은 사용자가 있다는 것은 곧 프로그램을 더
다양하게 시험해볼 수 있다는 것을 의미하기 때문에 더 많은 버그를
찾을 수 있게 된다. 각각의 사용자들은 버그를 푸는 문제에 접근할
때 서로 조금씩 다른 개념이나 분석 도구를 사용하고 문제를 바라보
는 관점이 서로 다르다. 버그가 어떤 사람에게는 간단한 문제이기 때
문에, 베타 시험자가 늘어날수록 그 문제를 풀어본 사람도 늘어나며,
특정 버그가 그것을 해결해본 사람에게는 아주 쉬운 문제가 될 확률
도 증가한다"고 설명했다(Raymond 1999, 41-44).

이를 분산된 사용자 혁신에 비유한다면 다음의 설명을 쉽게 도
출할 수 있다. 사용자들은 각자 혁신과 관련해 필요가 다르고 또 그
들이 가진 자원이 서로 다르기 때문에, 그 사용자에게 특정한 종류
의 혁신은 비용이 적게 든다(즉, '쉬운 문제'인 것이다). 사용자들이 여
럿 있다는 것은 혁신 개발에서 발생하는 수많은 문제를 해결하는 데
딱 맞는 것을 찾을 확률이 높은 것과 같다. (하지만 이 주장이 사용자
에 의해 모든 혁신이 저렴하게 이루어질 수 있다고 이야기하는 것은 아니
며, 심지어 사용자에 의해서는 이루어질 수 없는 혁신도 존재한다.) 제조
업체가 제품 개발에서 갖는 규모의 경제보다 개개인의 사용자들이
가진 혁신 자원을 합친 것의 범위가 더 넓을 때, 사용자가 직접 혁신
하는 것이 더 저렴한 것이다.

이 내용을 보완하는 자료를 찾아보자. 1장에서 우리는 사용자들
이 매우 다양한 혁신을 하는 사례를 살펴보았다. 상업적으로 중요한

〈표 6.1〉 중요한 혁신을 개발한 사용자의 숫자

	중요한 혁신을 개발한 사용자의 숫자					
혁신 개수	1	2	3	6	NA	표본(n)
과학 도구[a]	28	0	1	0	1	32
과학 도구[b]	20	1	0	1	0	28
프로세스 기구[c]	19	1	0	0	8	29
스포츠 용품[d]	7	0	0	0	0	7

사용자 혁신은 널리 퍼져 있고, 1개 이상의 중요한 혁신을 개발한 사용자는 소수에 불과하다.

NA: 찾을 수 없는 자료

a. 출처: von Hippel 1988, appendix: GC, TEM, NMR Innovations
b. 출처: Riggs and von Hippel, Esca and AES
c. 출처: von Hippel 1988, appendix: Semicondictor and pultrusion process equipment innovations
d. 출처: Shah 2000, appendix A: skateboarding, snowboarding, and windsurfing innovations

혁신을 개발하는 사용자들이 소수인지 다수인지를 알기 위해 나는 훗날 상업화된 중요한 혁신의 원천을 기록해둔 자료를 찾아보았다. 〈표 6.1〉에서 보듯이 사용자에 의해 개발된 중요한 혁신들의 대부분이 다양한 사용자에 의해 이루어졌다. 즉, 이질적인 필요를 가지고 있고 점착성이 높은 이질적인 정보를 가지고 있는 사용자들로 이루어진 세상에서는 사용자 혁신이 다수에 의해 널리 분포된다.

혁신
공동체

사용자-혁신자들은 대개 자신의 정보를 자발적으로 무상 공개한다. 하지만 앞에서 살펴보았듯이 사용자들은 널리 분포해 있고 각자가 서로에게 제공해줄 수 있는 혁신은 많지 않다. 서로가 가진 정보에 쉽게 접근할 수 있는 방법이 고안된다면 사용자 집단이 제공하는 '무상 공개되는 정보 공유지'의 실질적인 가치가 증대될 것이다. 이것이 '혁신 공동체'의 중요한 역할 중 하나다.

나는 '혁신 공동체'를 직접 대면하거나 온라인 대화 등의 다양한 커뮤니케이션 방법을 통해 서로 연결된 개인이나 기업의 접합점이라고 정의한다. 이런 혁신 공동체는 회원제가 있는 집단의 테두리 안에 존재할 수도 있으며, 대개 일반 공동체의 특성을 가지고 있지만 꼭 그래야 하는 것은 아니다. 여기서 '공동체'란 "사회적 교류, 도움, 정보, 소속감, 사회적 정체성을 제공하는 대인 관계의 끈으로 이루어진 네트워크"로 정의한다(Wellman et al. 2002, 4).[1]

혁신 공동체의 회원이자 참여자로써 개인과 제조업체들이 있다. 혁신에 참여하는 사람이 있고 그가 자발적으로 자신의 혁신을 공개하며, 다른 사람들이 그가 공개한 정보를 필요로 할 때 그 공동체는 성과를 거둘 수 있다. 5장에서 살펴보았듯이, 사용자가 개발한 혁신은 대개의 경우 이런 조건들이 충족된다. 사용자들은 다양한 분야에서 혁신을 하고 무상으로 공개한다. 또한 제조업체들은 공개된 정보를 사용해서 제품을 만들어 출시하는데, 이는 사용자가 제공한 정보가 다수의 사용자들이 필요로 하는 정보였다는 것을 보여주는 증거인 셈이다.

혁신 공동체는 특정한 문제를 특화해 그와 관련된 정보의 집합소이자 저장소의 역할을 하면서 정보를 모으는 범위를 좁혀나간다. 때로는 실제 문서나 인터넷 정보 공유를 출판하는 형태를 통해서 정보의 저장소이자 안내서 역할만을 하기도 한다. 예를 들어, MIT에 유저 이노베이션userinnovation.mit.edu이라는 웹사이트가 한때 있었는데, 이 사이트는 사용자 혁신과 관련해 연구자들이 발견하거나 떠오른 생각을 기록하는 데 특화된 웹사이트였다. 저자나 독자 모두가 자유롭게 웹사이트에 접근해 관련된 정보를 손쉽게 찾아볼 수 있었다.

혁신 공동체는 참여자에게 또 다른 중요한 기능을 제공한다. 작성된 글에 대해 대화창이나 이메일 리스트를 제공함으로써 저자들이 생각을 교환하고 상호 도움을 제공할 수 있도록 하는 것이다. 또한 사용자들이 서로의 작업을 개발하고 평가하고 통합하는 것을 돕는 도구들이 참여자에게 제공되는데, 이런 도구를 공동체 회원들이 스스로 개발할 수도 있다.

우리는 위에서 언급한 것 이상의 혁신 공동체의 역할을 무상 오픈소스 소프트웨어 프로그램 개발 공동체에서 찾아볼 수 있다. 이 특별한 혁신 공동체의 등장은 학계와 대중의 주목을 끄는 데에도 중요한 역할을 했기 때문에 더 자세히 알아보도록 하겠다. 먼저 무상 오픈소스 소프트웨어가 가진 제품으로서의 역사와 본질에 대해 살펴보자. 그런 후 이런 소프트웨어(공동체 기반의 개발 과정)를 창조하고 운영하기 위해 일반적으로 사용하는 무상 오픈소스 소프트웨어 개발 프로젝트의 핵심 특징들에 대해 알아보도록 하자.

오픈소스 소프트웨어

컴퓨터 프로그래밍이 처음 등장했을 때 시중에 패키지 형태의 소프트웨어는 매우 드물었다. 특정한 목적을 위해 특정한 프로그램이 필요한 경우 사용자가 그 코드를 스스로 작성하거나 대신 작성해 줄 사람을 고용했다. 1960년대와 1970년대에 사용된 대부분의 소프트웨어는 과학자와 엔지니어들에 의해 학계와 기업 연구소에서 만들어졌다. 과학자와 엔지니어들은 자신들이 만든 소프트웨어를 무상으로 제공하거나 서로 교환하고, 다른 사람들의 소프트웨어를 수정하거나 개선하고, 그 내용을 무상으로 공유하는 것을 자신들의 연구 문화의 일부로 자연스럽게 인식했다. 이런 공동체적 행동 양식은 '해커 문화'의 주요한 특징이 되었다. (오픈소스 프로그래머들의 공동체에서 '해커'는 재능이 있고 헌신적인 프로그래머들을 지칭하는 긍정적인 용어다.[2])

1969년 미국 국방부 소속의 연구 기관인 다르파DARPA, Defense Advanced Research Projects Agency는 처음으로 대륙을 횡단하는 초고속 컴퓨터 네트워크인 아르파넷ARPAnet을 설립했다. 이 네트워크는 수백 개의 대학과 방위업체, 연구 기관을 연결하는 네트워크로 성장했다. 또한 인터넷이 성공적으로 도입되면서 이 네트워크를 통해 해커들이 소프트웨어와 정보를 쉽고 널리 저렴한 비용으로 교환할 수 있게 되었고, 해커 행동 문화를 전파할 수 있게 되었다.

1960년대와 1970년대에 MIT 인공지능연구소의 프로그래머들 집단에서 이 공동 해커 문화를 매우 분명하게 찾아볼 수 있다(Levy 1984). 1980년대 MIT가 해커 고용인들이 작성한 코드의 일부를 한 기업에 라이센싱으로 제공하자 연구자 집단은 큰 충격을 느꼈다. 이 기업은 일반적인 기업 관행에 따라 즉각적으로 그 소프트웨어의 '소스 코드'[3]에 접근하는 것을 차단했고, 이것을 개발하는 데 중대한 역할을 했던 MIT의 해커들을 포함해 그 기업과 관련이 없는 사람들이 소프트웨어를 연구하거나 개발하는 것을 막았다.

MIT 인공지능연구소의 유능한 프로그래머였던 리처드 스톨먼 Richard Stallman 은 공동으로 개발한 소스 코드를 더 이상 사용하지 못하는 것에 특히 아쉬움을 느꼈다. 그는 또한 소프트웨어 시장에서 소프트웨어 상품을 개발하고 출시할 때 다른 사람들이 연구하거나 수정하는 것을 막는 일반적인 트렌드를 몹시 불쾌하게 여겼다. 그는 이것이 소프트웨어 사용자들의 자발적인 배움과 창조의 권리를 제한하는 도덕적으로 옳지 못한 관행이라고 생각했다. 그래서 그는 1985년 무상 소프트웨어 재단을 설립하고 소프트웨어 해커들이 개발한 모든 소프트웨어의 무상 접근을 보호하는 법적인 제도를 만들고 확산시키는 일에 착수했다. 스톨먼은 이 목표를 위해 현존하는 저작권법의 방법을 사용하는 선구적인 아이디어를 내놓았다. 자신들의 소프트웨어를 '무상'으로 공유하는 것에 관심이 있는 소프트웨어 저작자들은 저작권을 사용해 모든 사용자들에게 여러 가지 권한을 보장하는 조건으로 라이센스를 허용한다. 이 과정은 자신들의 소프트웨어에 표준 라이센스를 부착함으로써 이루어진다. 스톨먼이 이 엄청난 아이디어를 실행하기 위해 만든 기본 라이센스가 바로 일반 공중 라이센스[GPL: General Public License]다('카피라이트'에 빗대어 '카피레프트'로 불리기도 한다). 무상 공개 소프트웨어를 소유한 사용자에게 주어지는 기초적인 권리로는 소프트웨어를 무상으로 사용하고, 소스 코드를 연구 및 수정하고, 대가를 받지 않고 수정하거나 수정하지 않은 버전의 소프트웨어를 타인에게 제공하는 것이 있다.

이와 유사한 권리를 포함한 라이센스가 다른 사람들에 의해서도 개발되었고, 현재도 오픈소스 분야에서 다수의 유사한 라이센스들이 사용되고 있다. 무상 오픈소스 소프트웨어 라이센스들은 사용자에게 무상 공개와 관련된 모든 권한을 허용하지는 않는다. GPL과 같은 라이센스의 적용을 받을 경우에 소프트웨어를 사용하는 사람은 다음과 같은 몇 가지 행동을 제한받는다. 예를 들어, 그들은 상표권이 있는 소프트웨어에 GPL 소프트웨어를 포함시킨 후 그 상품을 판매하는 행동을 할 수는 없다.[4] 오픈소스 소프트웨어 프로젝트의 코드를 만든 참여자들은 자신들이 만든 코드에 모든 사람들이 접근할 수 있도록 하기 위해 이런 제한을 두는 것을 매우 중요하게 생각했다(O'Mahony 2003).

무상 소프트웨어라는 개념이 곧바로 모두에게 받아들여진 것은 아니었으며, 특히 소프트웨어 산업은 이를 못 미더워 했다. 1998년 브루스 페런스^{Bruce Perens}와 에릭 레이먼드는 스톨먼이 '무상' 소프트웨어라고 부르는 이 개념에 중대한 문제가 있다고 입을 모았다. '무상'이라는 단어가 사업가들에게는 불길하게 들릴 법도 하기 때문이다. 따라서 이들은 다른 뛰어난 해커들과 함께 오픈소스 소프트웨어 운동을 시작했다(Perens 1999). 오픈소스 소프트웨어는 무상 소프트웨어 운동에서 시작된 라이센싱 방법을 따랐다. 오픈소스 소프트웨어와 무상 소프트웨어의 결정적인 차이는 오픈소스 소프트웨어가 사용자들에게 자유를 제공하는 도덕적인 중요성과 관련된 이슈보다는 라이센싱 방법이 주는 실질적인 효용을 강조한다는 점에서 무상 소프트웨어 운동과 철학적인 토대가 다르다는 점이다. 이제 학계와 사용자들 모두 무상 또는 오픈소스 소프트웨어를 지칭할 때 일반적으로 '오픈소스'라는 단어를 사용하고 있고, 나 또한 이 책에서 이 용어를 사용하기로 한다.

오픈소스 소프트웨어는 중대한 문화적·경제적 현상으로 등장했다. 오픈소스 소프트웨어 프로젝트의 수는 급속하게 증가했다. 2004년 중반에 오픈소스 소프트웨어 프로젝트들의 기반을 제공하고 저장소 역할 주도적으로 제공하던 소스포지넷^{sourceforge.net}[5]은 8만 3,000개의 프로젝트를 호스팅했고 등록된 사용자의 수가 87만 명이 넘었다. 시중 기업들이 개발한 상당한 양의 소프트웨어들도 오픈소스 라이센스로 제공되고 있다.

오픈소스 소프트웨어 개발 프로젝트

'오픈소스'라는 단어는 소프트웨어가 어떤 종류의 라이센스를 통해 제공되는지만을 고려하기 때문에 누가 어떻게 소프트웨어를 만들었는지는 따지지 않는다. 누구나 무상으로 오픈소스 소프트웨어에 접근할 수 있기 때문에 오픈소스 소프트웨어의 개발 문화는 시중의 소프트웨어 개발 모델과 매우 다르게 형성되었고 앞에서 언급했던 '해커 문화'와 매우 유사했다.

시중의 소프트웨어 판매업체들은 일반적으로 자신들이 만든 코드를 판매하고 싶어 하기 때문에 소프트웨어 제품의 소스 코드에 접근할 수 있는 사람을 직원들과 계약자들로 제한한다. 그 결과, 코드를 수정하거나 개선하는 데 필요한 정보는 내부자만이 가질 수 있다(Meyer and Lopez 1995; Young, Smith, and grimm 1996; Conner and Prahalad 1996). 이와 반대로 만약 제작자가 그 코드를 공개하면 모든 이들이 오픈소스 소프트웨어의 소스 코드에 무상으로 접근할 수 있다. 해커가 처음 등장한 시절에는 코드가 작성된 컴퓨터 테이프나 디스크를 공유하고 교환하는 것을 통해 비공식적으로 코드를 공유하고 함께 제작하면서 소프트웨어를 무상으로 연구하고 사용 및 수정할 수 있었다. 오늘날과 같은 인터넷 시대에는 컴퓨터의 하드웨어와 소프트웨어, 네트워킹 기술이 비약적으로 발전하면서 훨씬 더 큰 규모의 공동 개발 방식을 만들고 유지하는 것이 가능해졌다. 또한 효율적인 프로젝트 설계에 대한 이해도가 높아지고, 인터넷에서 이러한 프로젝트를 돕는 기초 프로그램이 제공되면서 새로운 프로젝트를 벌이는 것이 더욱 쉬워지고 있다.

오늘날 오픈소스 소프트웨어 개발 프로젝트는 개인이나 기업이 스스로의 필요를 해결하려는 시도에서 출발하는 경우가 많다. 레이먼드는 "개발자의 개인적인 가려움을 긁는 데서부터 모든 훌륭한 소프트웨어의 탄생이 시작되며," "소프트웨어 개발자들은 돈을 벌기 위해 그들이 필요로 하지도 않고 사랑하지도 않는 프로그램을 만드는 데 시간을 보낸다. 하지만 오픈소스 세계에서는 그렇지 않다"고 말한다(Raymond 1999, 32). 또한 프로젝트를 처음 시작한 사람이 일반적으로 그 프로젝트의 '주인'이나 '운영자'가 되어 그 프로젝트 개발의 책임을 맡는다.

첫 단계는 개인이나 그룹이 자신들이 상상한 기능을 갖춘 대략적인 초기 버전을 개발하는 것이다. 그리고 프로젝트의 인터넷 웹사이트에서 이 초기 버전의 소스 코드를 무상으로 다운로드할 수 있게 해서 모두가 이 버전에 무상으로 접근할 수 있도록 한다. 또한 프로젝트 초기 개발자는 이 코드를 사용하거나 더 개발하려는 사람들을 위해 그들이 질문을 하거나 정보를 올리고, 새로운 버전을 만들 경우 타인들이 토론하고 시험해볼 수 있도록 기초 시설을 제공한다. 만약 프로젝트가 사람들의 관심을 받는 데 성공한다면, 다른 사람들이 이 코드를 다운받아 사용하고 '가지고 놀게' 된다. 그리고 이들 중 일부는 한 걸음 더 나아가 새롭거나 개선된 코드를 창조한다. 이들 중 대부분은 자기가 한 것을 프로젝트 웹사이트에 올려 관심이 있는 사람이라면 누구든지 사용하고 비평할 수 있도록 한다. 새롭게 수정된 코드가 충분한 품질을 갖추고 있고 프로젝트 운영자들의 관심에도 맞을 경우 그 코드는 정식 버전에 추가된다. 대부분의 경우 새로운 코드를 정식 버전에 추가할 수 있는 권한은 신뢰를 받는 소수의 개발자들에게만 주어진다. 이 소수의 개발자들은 이런 권한을 갖지 않은 참여자들에게 코드의 문지기 역할을 한다(von Krogh and Spaeth 2002).

오픈소스 소프트웨어 프로젝트 참여자들이 사용할 수 있는 중요한 도구이자 기초 시설로는 특정한 목표가 있을 경우 모두에게 공개되는 이메일 리스트가 있다. 이 리스트를 통해 사용자들은 소프트웨어를 실제로 사용하면서 발견한 소프트웨어의 결함('버그')을 신고할 수 있다. 또 프로젝트의 다음 단계는 무엇이어야 할지, 추가해야 할 성능은 무엇이 있는지 등에 대해 아이디어를 공유할 수 있는 이메일 리스트도 있다. 모든 리스트는 모두에게 공개되며 공개적으로 기록되기 때문에 특정한 주제에 관심이 있는 사람은 누구든지 그 주제에 대해 어떤 의견이 있었는지를 찾아볼 수 있다.

그리고 오픈소스 소프트웨어 프로젝트에 참여하는 프로그래머들은 일반적으로 특정 소프트웨어 언어와 같은 기초 기술을 보유하고 있다. 이 기술은 특정한 프로젝트에만 국한되는 것이 아니라 인터넷 전체에서 사용 가능하다. 모든 참여자들이 공통적으로 가지고 있는 이러한 기초 기술은 프로그래머 간의 상호작용을 훨씬 쉽게 만든다. 또한 오픈소스 소프트웨어 프로젝트는 버전을 관리하는 소프트웨어를 통해 참여자가 새로운 코드를 기존의 프로젝트 코드 베이스에 추가했을 때 새로운 코드가 기존의 코드에 오작동을 일으키는지

 | 소셜 이노베이션 |

여부를 시험해볼 수 있다. 만약 새로운 코드가 문제를 일으킬 경우 이 도구를 사용해 원래의 버전으로 쉽게 돌아갈 수 있다. 새로운 코드가 의도치 않게 기존의 코드를 못 쓰게 만들더라도 유실되는 코드가 훨씬 줄어들기 때문에 훨씬 실용적으로 '시험하고 결과를 관찰'할 수 있다. 오픈소스 프로젝트에 사용되는 도구들은 사용을 거듭하면서 진화했고 사용자-혁신자들에 의해 꾸준히 개선되고 있다. 새로운 프로젝트들을 시작할 때 소스포지넷^{sourceforge.net}과 같은 사이트가 제공하는 표준 기초 제품을 사용할 수도 있다.

다음의 두 가지 사례를 통해 오픈소스 소프트웨어 개발에 대해 더 자세히 알아보자.

아파치 웹 서버 소프트웨어

아파치 웹 서버 소프트웨어는 웹페이지를 호스트하고 인터넷 브라우저들이 요구하는 콘텐츠를 제공하는 웹 서버용 소프트웨어다. 이런[6] 컴퓨터들은 인터넷에 기반을 둔 웹 구조의 중요한 구성 요소다.

일리노이 대학 학부생이었던 랍 맥쿨^{Rob McCool}은 이 대학의 연구 기관인 NCSA^{National Center for Supercompnuting Applications}에서 일을 하던 중에 훗날 아파치 웹 서버로 발전한 웹 서버 소프트웨어를 개발했다. 맥쿨은 주기적으로 소스 코드를 개발하고 수정한 것을 웹에 올려 다른 사이트의 사용자들도 이를 다운로드 받아 사용 및 수정하고, 계속해서 개발할 수 있도록 했다. 그가 1994년 NCSA를 떠나자 그의 웹 서버 소프트웨어를 사용해 자신들의 사이트를 운영하던 웹마스터들

몇 명이 지속적인 개발의 책임을 맡기로 했다. 특히 주축 멤버인 8명의 사용자가 모든 자료와 버그 수정을 모아 통합된 패치를 내놓았다. 이 '패치' 웹서버 소프트웨어가 훗날 아파치로 발전했다. 그리고 엄청난 사용자 피드백과 수정안을 통해 1995년 12월 1일 '아파치 1.0'이 출시되었다.

4년 동안 많은 사용자들의 수정과 개선을 통해 아파치는 그 우수성을 인정받아 여러 상을 받고 인터넷의 가장 인기 있는 웹 서버 소프트웨어가 되었다. 마이크로소프트^{Microsoft}나 네스케이프^{Netscape}와 같은 시중의 소프트웨어 개발자들과의 치열한 경쟁에도 불구하고 현재 지구상의 수백만 개의 웹사이트의 60% 이상이 아파치를 사용하고 있다. 사용자들의 개선과 업데이트는 지속되고 있으며 22명의 지원자로 이루어진 멤버들이 이를 통합해서 새로운 버전의 출시를 준비 중이다.

패치 메일: 인터넷 이메일 유틸리티 프로그램

패치 메일^{fetch mail}은 서버에서 로컬 PC로 이메일을 '가져오는' 인터넷 이메일 유틸리티 프로그램이다.* 레이먼드가 이 프로그램을 개발, 운영, 개선하는 오픈소스 프로젝트를 주도했다(Raymond 1999).

레이먼드는 1993년 당시 존재하던 시스템에 개인적으로 불편함

---

* 패치 메일은 링크를 사용해 메일을 수집하거나 전송한다. 여기서 패치(fetch)는 '무엇인가를 가지고 오다'라는 뜻을 가지고 있다.

   | 소셜 이노베이션 |

을 느끼면서 이메일 전송 시스템의 문제에 관심을 갖게 되었다. 그는 다음과 같이 그 당시를 회상했다(Raymond 1999, 31). "내가 원했던 것은 내 메일이 내 집에 있는 PC로 전송되어서 그것이 도착하면 도착 여부를 알 수 있고, 내 PC의 소프트웨어들을 이용해 그 메일들을 이용하는 것이었죠." 그는 더 나은 시스템을 개발해보기로 결심했다. 그는 기반으로 사용할 수 있는, 코드가 잘 갖추어진 기존의 유틸리티를 찾기 위해 오픈소스 시스템에서 자료를 검색했다. 그는 가능하다면 다른 사람들이 이 문제와 관련해 이미 만들어놓은 토대 위에서, 또 이런 시도와 이것이 갖는 가치를 이해하는 오픈소스 소프트웨어 (당시에는 일반적으로 무상 소프트웨어라고 불렸다) 세계에서 작업하는 것이 효율적이라는 것을 알고 있었다. 레이먼드는 몇 가지 오픈소스 프로그램을 사용해본 뒤 '팝클라이언트popclient'라고 불리는 작은 규모의 프로그램을 선택했다. 그는 그 프로그램의 수많은 개선책을 개발해서 그 당시 팝클라이언트의 운영자에게 제시했다. 그런데 그 운영자는 이미 이 프로그램에 대한 흥미를 잃은 뒤였고, 따라서 운영자는 레이먼드에게 자신의 역할을 넘겨주고 그가 원하는 대로 팝클라이언트를 개선할 수 있도록 해주었다.

레이먼드는 팝클라이언트의 운영자 지위를 수락하고 다음 몇 달 동안 다른 사용자들로부터 받은 충고와 제안을 결합해 프로그램을 대폭적으로 개선했다. 그는 인터넷에 게시판을 만들고 그곳에 올라온 메시지를 통해 사용자들과 주기적으로 커뮤니케이션함으로써 팝클라이언트를 적극적으로 사용하는 사람들의 베타 리스트를 구축했다. 많은 사용자들이 자발적으로 자신이 발견하거나 수정한 버그의 정보를 올리고 자신들이 사용할 목적으로 개선한 내용도 제공했다. 사용자들이 제공한 내용의 수준은 대체로 높았는데, 왜냐하면 "참여자들은 무작위의 일반인들이 아니라 소프트웨어를 사용하고 그것의 작동 원리에 대해 공부하고, 사용 중 발생한 문제의 해결책을 찾으려고 시도하며 실제로 합리적으로 그것을 고치는 사람들이기 때문이다. 이 모든 관문을 통과한 사람이라면 중요한 것을 기여할 확률이 높다"(Raymond 1999, 42).

레이먼드와 공동 개발자들로 이루어진 베타 시험자들은 매일 이 시스템을 사용 및 시험하고 개선했기 때문에 이에 대해 누구보다 잘 알게 되었고, 그 결과 혁신적인 제품 설계를 완성하게 되었다. 팝클라이언트(현재는 '패치 메일'로 이름을 바꾸었다)는 수백만 명의 사용자를 가진 표준 소프트웨어가 되었다. 레이먼드는 여전히 지원자들과 함께 새로운 사용자들의 필요와 조건에 맞도록 소프트웨어를 운영하고 개선하는 작업을 하고 있다.

혁신 공동체가 개발한
실제 제품들

사용자 혁신 공동체들의 개발이 소프트웨어와 같은 정보 제품에만 국한되는 것은 결코 아니다. 공동체들은 위에서 제시된 방법을 사용해 실제 제품을 개발하는 데에도 매우 적극적이다. 정보 제품을 만드는 공동체와 마찬가지로 실제 제품을 만드는 공동체들도 단순 정보 공유 사이트부터 도구와 기반 시설을 갖춘 웹사이트까지 폭넓게 존재한다.

프랑케와 샤는 상대적으로 간단한 기반시설을 갖춘 스포츠 분야의 공동체를 연구했다. 이들이 연구한 공동체는 여러 분야의 경계를 넘나드는 사람들로 이루어진 공동체로 유럽, 북미와 일본에서 1년에 최대 10번 정도의 시합을 통해 만나는 프로에 가까운 운동선수들로 구성되어 있다. 프랑케와 샤는 공동체 회원들이 서로에 대해 잘 알고 있으며 상당한 시간을 함께 보낸다고 말했다. 또한 이들은 서로의 스포츠 기구를 개발하고 수정하는 것을 돕는다. 하지만 이 공동체는 공동 혁신 개발을 지원하는 특별한 도구를 갖추고 있지는 않다.

실제 제품을 개발하는 더 발전된 형태의 공동체들은 도구나 기반 시설 면에서 오픈소스 소프트웨어 개발 공동체들과 비슷한 모양을 가지고 있다. 예를 들어, 새로운 카이트서핑 기구에 관련된 정보를 개발하고 전파하기 위해 최근에 만들어진 공동체를 살펴보자. 카이트서핑은 수상 스포츠로서 서핑보드와 비슷하게 생긴 특별히 제작된 판 위에 사용자가 올라가 크고 조종 가능한 카이트를 잡으면 판이 움직인다. 기구와 기술의 발전함에 따라 숙련된 카이트서퍼의 경우 카이트를 순방향이나 역방향 모두에서 조종하는 것이 가능해졌고, 또 이 카이트는 수십 초간 선수와 보드를 공중으로 몇 미터나 들어 올릴 수 있게 되었다.

카이트서핑에 필요한 카이트 제작 프로젝트는 아직 많은 부분이 밝혀지지 않은 저속 공기 역학 지식이 요구되는 수준 높은 작업이다. 초기 카이트들은 열정적인 사용자들에 의해 개발되고 만들어졌는데, 이들은 카이트서핑에 기술과 기구가 갖는 상호작용을 고려해 기술이나 기구를 발명했다. 2001년 즈음 MIT의 박사 과정에 있던 학생이자 카이트서핑과 카이트 개발에 오랫동안 관심이 있던 사울 그리피스^{Saul Griffith}는 온라인 공동체의 상호작용이 카이트서핑에 많은 도움을 줄 수 있겠다고 생각했다. 따라서 그는 전 세계의 카이트서핑 사용자-혁신자들로 이루어진 공동체 사이트를 만들었다(zeroprestige.com). 그리피스는 사이트에 그가 설계했던 카이트의 종류를 올리고 카이트 제작과 사용에 유용한 도움말과 도구들을 제공했다. 그는 다른 사람들을 초대해 이들이 이런 정보를 무상으로 다운로드 받고, 만약 그들이 만든 것이 있다면 공유할 수 있도록 했다. 곧 다른 혁신자들도 자신들이 설계한 카이트, 초보자를 위한 제작 정보, 공기 역학 모델링 소프트웨어나 원형을 빨리 만들어볼 수 있는 소프트웨어와 같은 수준 높은 설계 도구들을 올리기 시작했다. 자신의 혁신을 사이트에 올리는 카이트서퍼 중 일부는 아주 높은 수준의 기술을 가지고 있었다. 이 서퍼들 가운데 한 명은 항공 우주 산업 분야의 기업에 속한 숙련된 공기 역학자였다.

실제 제품들도 설계 단계에서는 정보 제품과 그 과정이 같다는 사실에 주목하자. 예전에는 큰 종이의 설계도에 설계에 대한 자료를 기록해 복사하고 공유했다. 동료 설계자들이 설계도에 담긴 정보를 이해하고 평가했으며, 제작 기술자들도 이를 사용해 정보를 실제 제품으로 만들어냈다. 요즘에는 신제품을 만들 때 일반적으로 설계 내용을 CAD 파일에 담는다. 디자이너들은 이 파일을 2차원이나 3차원 형태로 만들거나 볼 수 있다. 또 설계 내용이 특정한 스트레스에 견딜 수 있는지 등을 알아보고 싶을 때는 다양한 엔지니어링 기술을 통해 설계 내용에 자동화된 분석을 실행해볼 수 있다. 그 후 설계 내용을 제품으로 제작하는 제조 기계의 컴퓨터 장치에 CAD 파일을 옮긴다.

카이트서핑 그룹들이 설계 정보를 공유하는 방법을 통해 우리는 정보 제품과 실제 제품이 아주 밀접한 관계라는 것을 볼 수 있었다. 초기에는 그룹 내의 사용자들이 인터넷을 통해 간단한 스케치를 전송함으로써 설계 아이디어를 교환했다. 그 후 멤버들은 돛을 만드는 제범소製帆所에서 큰 직물을 자를 때 사용하는 컴퓨터화된 재단기가 서핑 카이트의 천을 자르는 데 적합하다는 것을 발견했다. 이들은 또한 제범소가 자신들이 하려는 일에 관심이 있다는 것도 알게 되었다. 그 결과 혁신 그룹의 멤버들은 제범소의 재단기에서도 호환이 가능한 CAD 파일의 형태로 설계 아이디어를 교환하기 시작했다. 만약 어느 사용자가 만족스러운 설계를 완성할 경우 그는 이 CAD 파일을 지역의 제범소에게 맡겨 재단을 부탁했다. 그 후 잘라진 천 조각들을 사용자가 직접 바느질하거나 바느질업체에 보내서 조합했다. 정보 제품을 실제 제품으로 전환하는 데에는 일주일도 걸리지 않았으며, 이런 방식으로 카이트를 완성하는 데 들어간 총비용은 수백 달러에 불과했는데, 이는 시중의 카이트보다 훨씬 싼 가격이었다.

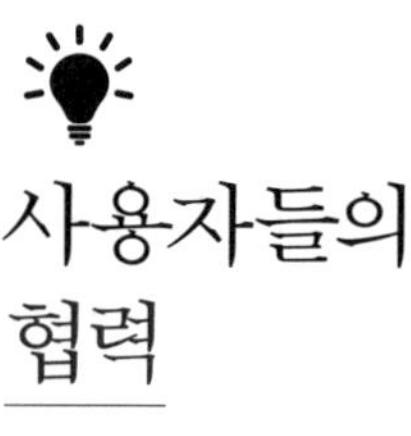

사용자들의
협력

사용자 혁신 공동체들이 개개인의 혁신자들에게 적절한 도구를 제공함으로써 사용자들은 엄청난 도움을 얻는다. 또 혁신 공동체의 사용자들은 보통 서로 협조를 잘하는 경향을 보인다. 즉, 사용자들은 완성된 혁신을 분산시키고 평가하는 것뿐만 아니라 혁신을 개발하고 적용하는 것과 같은 중요한 활동에 자발적으로 참여하여 돕는다.

프랑케와 샤는 4개의 스포츠 동호회에서 사용자들이 서로 협력하는 빈도를 조사한 결과, 이러한 도움이 매우 흔한 현상이라는 것을

도움 받은 사람들의 수	케이스 수	%
0명	0	0
1명	3	6
2명	14	26
3~5명	25	47
6~10명	8	15
10명 이상	3	6
전체	53	100

출처: Franke and Shah 2003, table. 4

〈표 6.3〉 혁신자/비혁신자가 도움을 준 횟수

	혁신자	비혁신자	전체
도움을 준 적이 있다	28	13	41
도움을 준 적이 없다	32	115	147
전체	60	128	

다른 사람들의 혁신을 돕는 사람들은 그들 자신이 혁신자인 경우가 많았다 (p < 0.0001).
출처: Franke and Shah 2003, table. 7

확인할 수 있었다(〈표 6.2〉). 또한 이 연구는 다른 사람을 돕는 사용자들은 그 자신이 혁신자일 가능성이 매우 높다는 것을 보여주고 있었다(〈표 6.3〉). 도움을 받은 사용자들의 만족도는 매우 높았다. "유사한 문제가 발생한다면 같은 사람에게 질문하겠다"는 문항에 대해 응답자의 79%가 "매우 그렇다"고 답했다. 젭슨도 연구를 통해 컴퓨터 게임 분야에서 사용자간의 자발적인 도움이 매우 광범위하게 일어난다는 것을 발견할 수 있었다(Jeppesen 2005).

　도움을 주는 활동을 통해 혁신 공동체는 공동체 구성원들에게 중요한 가치를 제공한다. 왜 사람들이 자발적으로 도움을 제공하는지는 분석이 더 필요한 부분이다. 이 분석을 통해 완벽한 답이 나올 수 없을지라도 연구가 진행되면서 많은 궁금증들이 풀리고 있다. 하나는 혁신을 무상으로 공개하는 사람들이 그랬던 것처럼(Lakhani and von Hippel 2003), 이 경우에도 도움을 주는 사람들이 도움을 주는 활동을 통해 개인적인 효용을 얻을 수 있다는 것이다. 즉, 앞에서 논의되었던 혁신의 인센티브와 관련된 개인-집단 모형으로서 무료로 도움을 제공하는 행동을 설명할 수 있다.

사용자 혁신을 위한 정책 변화

ADAPTING POLICY TO USER INNOVATION

정부 정책 담당자들은 사회복지를 증진시키는 활동을 장려하고 감소시키는 활동은 줄이기 위한 정책을 만들기 위해 노력한다. 따라서 사용자 혁신이 사회복지에 미치는 영향을 알아보는 것은 중요한 문제다. 나는 헨켈과 함께 이에 대해 연구했는데, 이 연구에서 우리는 제조자만 혁신에 참여하는 사회보다 사용자와 제조자 모두가 혁신에 참여하는 사회의 사회복지가 더 좋다는 결론을 내렸다(Henkel and von Hippel 2005).

7장에서는 사용자 혁신이 제조자 혁신을 보완하고, 제조자가 성공적인 신제품을 찾는 데 아이디어를 제공한다는 것을 살펴본다. 또한 사용자 혁신이 제조자 혁신과 관련된 복지를 감소시키는 경우는 드물다는 것을 알아보겠다. 마지막으로 정부 정책이 사용자 혁신에 미치는 영향을 평가하고, 사용자 혁신에 호의적이지 않은 관련 정책을 수정하는 것이 왜 타당한 일인지 알아보도록 하자.

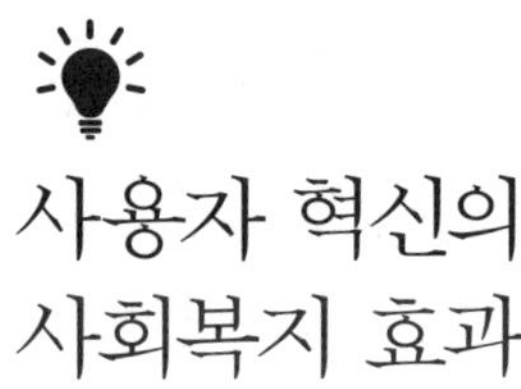

사용자 혁신의
사회복지 효과

　복지 경제학은 '투입량' 등의 변수로 이루어진 사회복지 함수를 통해 한 사회의 물질적 복지를 측정한다. 사회복지 함수는 예상 평균 수명부터 소득분배까지 다양한 사회적 지표를 나타낼 수 있도록 설계된다. 상품 다양성, 혁신, 그리고 사회복지에 관한 문헌들은 경제 현상이나 정부 정책이 사회복지에 미치는 영향을 평가한다. 이는 한 사회가 얻는 효용이 얼마인지를 측정함으로써 평가되는데, 그 소득이 어떻게 분배되는지는 고려 대상이 아니다. 이 책에서도 복지 경제학의 관점을 따르기로 한다.

사용자 혁신은 제조자 혁신의 성공률을 높인다

　놀랍게도 제조업체가 만들어 파는 신제품의 대부분은 실패한다. 맨스필드와 와그너는 산업재가 새로 출시되어 성공할 확률이 평균적으로 27%에 그친다는 연구 결과를 발표했다(Mansfield and Wagner 1975). 엘로드와 켈먼의 연구에 따르면, 소비재의 경우에는 성공할

　　　　　　　　　　　　　　　　| 소셜 이노베이션 |

확률이 26%밖에 되지 않는다(Elrod and Kelman 1987). 이와 마찬가지로 발라칸드라와 프라이어(Balachandra and Friar 1997), 풀턴과 바클레이(Poolton and Barclay 1998), 그리고 레드먼드(Redmond 1995)에 의한 연구도 새롭게 출시되는 상품의 실패 확률이 높다는 것을 보여준다. 실패한 사례일지라도 거기에서 얻어지는 지식은 때로는 다른 프로젝트에 이용되기도 한다. 하지만 대부분의 경우에는 각각의 프로젝트는 성격이 다르기 때문에 각 프로젝트에 대한 투자는 매우 독립적일 수밖에 없다(지식의 전이가 매우 제한적으로 일어난다). 따라서 신제품의 실패율이 높다는 사실은 연구에 투자된 비용이 쓸모 있는 제품으로 연결되기가 매우 어려우며, 그 결과 사회복지가 감소한다는 것을 보여준다.

연구에 따르면 제조자가 개발하고 출시하는 상품이 시장에서 실패하는 주된 이유는 제조자-혁신자가 소비자의 필요를 제대로 이해하지 못하기 때문이다. 제품 혁신과 관련된 아주 저명한 SAPPHO 연구가 쉽고도 분명한 예이다. 이 연구는 31개의 물건 쌍을 가지고 진행되었는데, 각 쌍은 같은 기능과 시장을 떠올릴 수 있는 두 개의 물건으로 이루어졌다(예를 들어, 각기 다른 두 개의 회사가 만든 2개의 '원형 계량기'가 제품 한 쌍이다). 그중 1개는 시장에서 성공한 제품이었고(그 종류의 제품이 팔리는 시장이 존재한다), 다른 하나는 시장에서 실패한 물건이었다. 그 후 두 제품의 개발 과정에 대해 연구를 자세히 진행했다. 결과에 따르면 제품의 성공과 실패를 가르는 주요 변수는 시장과 소비자의 필요에 관한 이해 정도였다(Achilladelis et al.

1971; Rothwell et al. 1974). 맨스필드와 와그너도 같은 결론을 내렸다(Mansfield and Wagner 1975). 2장에서 살펴본 정보 점착성과 그에 따라 발생하는 소비자와 제조자 간의 정보 비대칭성에 관한 최근의 연구도 이 결과를 뒷받침한다. 소비자 필요에 대한 정보를 만드는 주체는 바로 소비자 자신들이다. 이 정보는 대개 점착성을 갖기 때문에 사용자의 필요 정보가 사용자에서 제조자에게 전달되는 과정에서 많은 정보의 정확성과 완결성이 감소된다(von Hippel 1994; Ogawa 1998).

사용자 혁신은 제조자에게 사용자 필요에 대한 많은 정보를 제공함으로써 제조자들이 성공적으로 신제품을 출시할 수 있도록 돕는다. 사용자 혁신은 특히 선도 사용자들이 주도한다는 사실을 떠올려보자. 앞에서도 보았듯이 선도 사용자들은 참신한 기능을 갖춘 제품을 만들거나 스스로 필요했던 내용을 반영해 제품을 수정한다. 이는 대개 시장의 선도적인 영역에서 일어나는데, 이곳에서의 혁신은 판매 예상량이 낮고 그 수요도 불확실하나. 제조업체는 사용자의 필요나 사용 환경에 대해 가지고 있는 정보가 적기 때문에, 더 크고 확실한 수요가 있는 혁신을 선호한다. 따라서 단기적으로 생각했을 때 사용자 혁신은 제조자 혁신을 대체하는 것이 아니라 보완하는 역할을 한다. 장기적으로는 선도 사용자의 필요가 시장 전체로 퍼지면서 제조업체들도 이와 비슷한 혁신을 하는 것이 경제적으로도 매력이 있다고 느끼게 된다. 그 시점이 되면 제조업체들은 선도 사용자들이 아니었다면 찾지 못했을 아주 유용한 정보를 얻게 된다.

선도 사용자들은 자신이 물건을 사용하는 환경에서 직접 해결책을 개발하고 시험해보기 때문에 자신들의 필요에 대해 더 많이 알고 있다. 그리고 그들은 자신의 혁신에 대한 정보를 무상으로 공개한다. 또 다른 사용자들은 이 혁신을 받아들이고 평가하며, 수정하거나 개선한 후, 무상으로 공개한다. 선도 사용자에 의해 무상으로 공개된 모든 활동들을 통해 제조업체는 시장에 대해 많은 양의 유용한 정보와 문제 해결책을 얻을 수 있다. 사용자가 개발한 제품이나 문제 해결책의 원형을 볼 수 있다면 제조업체들은 사용자의 필요를 아주 정확하고 자세하게 알기 위해 노력을 기울이지 않아도 된다. 대신 그들은 그들의 필요를 잘 반영했다고 생각하는 사용자 혁신의 원형을 찾아 그 기능을 복제하면 된다.

예를 들어, 새로운 종류의 수술 도구를 만들어 판매하고 싶은 제조업체가 우연히 의사들이 개발한 수술 도구의 원형을 보게 되었다고 하자. 이 제조업체는 왜 의사들이 이 제품을 필요로 하며 이것의 정확한 작동 방식이 무엇인지 이해하기 위해 노력할 필요가 없다. 제조업체는 많은 의사들이 이것을 구매할 의사가 있다는 것만 이해하고 사용자가 개발한 원형의 중요한 성능을 복제해서 물건을 만들어 시중에 판매하면 된다.

또한 선도 사용자가 혁신을 하고 다른 사용자들이 이를 따라 하는 것을 보면서 제조업체는 앞으로의 시장 규모를 더 잘 예측할 수 있다. 미래 소비자들이 어떤 물건을 사용해보기 전에 그들이 물건에 대해 가지고 있는 기대를 알아보는 것보다는 실제 사용자들의 행동을 연구함으로써 미래의 판매량을 더 정확하게 예측할 수 있다. 또 사용자가 만든 원형과 그것이 다른 사용자들에게 선택되는 것을 관찰함으로써 더 정확한 정보를 얻을 수 있고, 그 결과 상품 출시의 성공률을 높일 수 있다. 결국 사용자 혁신은 사용자와 제조자 간의 정보 비대칭을 해소함으로써 혁신이 더 효율적으로 이루어질 수 있도록 한다.

사용자 혁신과 공급 편견

혁신이 사회복지에 미치는 영향을 연구하는 경제학자들은 잉여 생산물의 관점에서 한 사회의 제품 개발이 지나치게 많게(공급 과잉) 혹은 지나치게 적게(공급 부족) 만드는 원인을 찾기 위해 노력한다 (Chamberlin 1950). 구매할 수 있는 제품의 종류가 더 많아지면 사용자는 자신이 원했던 것과 정확하게 유사한 것을 고르거나 더 다양한 제품 종류를 가질 수 있다는 점에서 긍정적인 것이라고 생각할 수 있다. 하지만 제품의 종류가 많아지는 것에는 희생이 따른다. 각 제품당 평균 생산량이 줄어들기 때문이다. 그 결과 제품의 개발이나 생산과 관련된 규모의 경제적 효과가 줄어든다. 제품 다양성과 비용 사이의 이런 관계가 공급 과잉과 공급 부족의 이유가 될 수 있다. 혁신을 통해 생산이 유동적으로 운영될 수 있다면, 제품의 종류가 늘어나더라도 고정비용을 줄일 수 있기 때문에 이상적인 제품 다양성 정도를 위로 끌어올릴 수 있다. 그렇다고 할지라도 문제가 완전히 해결되는 것은 아니다.

　　　　　　　　　　　　| 소셜 이노베이션 |

나는 헨켈과의 공동 연구에서 기존의 제품 다양성, 혁신, 사회복지와 관련된 연구에 사용자를 혁신의 주체로서 추가하는 것이 사회복지에 어떤 영향을 미치는지 알아보았다. 기존의 모형들은 오직 제조업체만이 새로운 제품과 서비스를 공급한다고 가정했다. 우리의 연구 결과에 따르면, 기존의 연구에 사용자들을 혁신의 주체로 포함할 경우 복지를 감소시키는 효과를 크게 줄일 수 있었다.

예를 들어, '사업 강탈 효과business stealing'의 경우를 떠올려보자(Spence 1976). 이 용어는 한 기업이 경쟁 기업의 사업 영역을 침해함으로써 이득을 보는 현상을 나타낸다. 이 경우에 기업은 사회에 끼칠 부정적 외부 효과를 고려하지 않기 때문에, 신제품을 출시함으로써 얻는 개인적인 이익은 그 사회의 전체 이익을 초과하고, 그 결과 제품의 종류가 필요 이상으로 많아지게 된다. 반대로 사용자가 무상으로 혁신을 공개하면 기존의 사업이 축소될 수도 있지만 혁신자의 이익은 줄어들지 않는다. 따라서 사회적으로 혁신에 대한 인센티브는 초과 공급되지 않는다.

사용자가 무상으로 혁신을 공개하는 경우 또한 제품의 가격을 한계비용보다 높게 받는 데서 발생하는 자중 손실deadweight loss을 줄일 수 있다. (자중 손실은 제품의 가격을 한계생산비용보다 높게 받음으로써 발생하는 사회복지의 감소를 의미한다.) 사용자들이 혁신을 무상으로 공개하는 데 들어가는 한계 비용이 0이라면, 혁신을 따라 하는 모방자가 지불해야 하는 비용은 '채택 비용adoption cost'뿐이다. 이는 사회 전체로 보았을 때 그것 자체로 효율을 늘리는 셈이다. 또 사용자 혁신이 무상으로 이용 가능할 경우, 경쟁 위치에 있는 시중의 판매자들은 제품의 가격을 낮추게 되는데, 이는 간접적으로 자중 손실을 줄이는 역할을 하게 된다. 판매 가격을 한계비용에 가깝게 낮추는 것은 제품의 종류가 과대 공급되는 것을 막는 역할을 하기도 한다. 이를 보면 사회복지적 경제학의 측면에서 사용자 혁신이 매우 중요한 의의를 가진다는 것을 알 수 있다.

나는 헨켈과 함께 사용자 혁신의 무상 공개가 사회복지를 감소시키는 경우가 있는지도 찾아보았다. 한 가지 사례는 가격을 책정하는 데서 주도권을 잃어버린 제조업체들이 '플랫폼' 제품들을 판매하기 시작한 것이었다. 제조업체들은 면도기나 잉크젯프린터, 비디오게임기와 같은 플랫폼을 생산비와 거의 비슷한 가격이나 혹은 손해를 보더라도 생산비보다 더 낮은 가격으로 판매한 뒤, 플랫폼에 필요한 부품들(면도날, 잉크 카트리지, 비디오게임 팩)을 생산비보다 훨씬 높은 가격에 판매했다. 사용자가 추가 부품을 개발해 무상으로 공개함으로써 제조업체가 플랫폼을 개발하는 것에서 수익을 볼 수 없게 되면, 이에 따라 사회복지는 감소한다.

하지만 이 경우 제조업체가 수익을 얻지 못하는 데는 면도기와 면도날에 부과된 비정상적인 가격 책정에도 원인이 있다. 제조업체가 플랫폼 제품을 통해 이익을 볼 수 있다면 사용자가 개발한 부품이 존재하는 것은 긍정적인 효과를 미칠 것이다. 사용자들이 그 플랫폼을 더욱 필요하다고 느낄 것이기 때문에 제조업체들은 플랫폼의 가격을 더 높일 수 있고, 더 많은 양을 판매할 수도 있기 때문이다. 젭슨은 사용자들이 시중에서 판매되는 게임 소프트웨어 플랫폼 제품('엔진'이라고 부른다)에서 실행 가능한 게임팩('모드^{mod}'라고 부른다)들을 만들어 무상으로 공개할 때의 예를 들었다(Jeppesen 2004). 게임 제조업체들도 모드를 생산하기 때문에 때로는 사용자가 만든 모드와 경쟁을 할 수도 있지만, 사용자가 무상으로 모드를 공개할 경우 최종 결과를 보면 게임 제조업체의 판매량과 수익 모두 증가하기 때문에 이들은 사용자가 모드를 개발하고 확산시킬 수 있도록 적극적으로 돕는다.

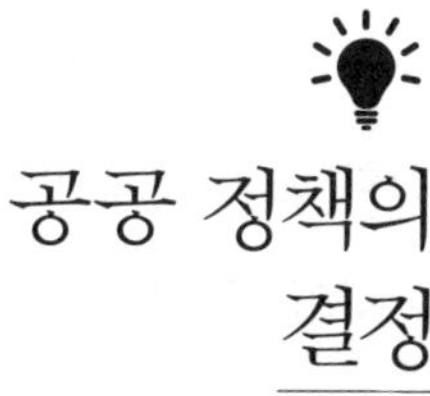

공공 정책의 결정

사용자 혁신이 질적으로나 양적으로 사회복지를 엄청나게 증진시킨다면, 공공 정책이 사용자 혁신에 주는 영향을 살펴보는 것은 중요한 일이다. 첫 번째 단계는 적절한 데이터를 수집하는 것이다. 사용자 혁신을 모두 합한다면 전체 혁신 투자의 큰 비중을 차지할 것이다. 하지만 현재 많은 양의 사용자 혁신은 그 수가 집계되고 있지 않거나 과소 집계되고 있다. 따라서 오픈소스 소프트웨어에 많은 사람들이 자원했던 사례에서 본 것처럼 사용자들이 자발적으로 혁신에 참가하는 노력은 정부 통계청에 기록되고 있지 않다. 제품과 서비스 개발 과정에서 진행되는 사용자 혁신의 경우도 마찬가지로 통계청에 기록되고 있지 않다. 예를 들어, 제조업체들은 물건을 생산하는 과정에서 자신들의 생산 공정을 개선할 방법을 동시에 깨닫기 때문에 제조업체들의 공정 혁신은 대개 공장 현장에서 직접 일어난다. 마찬가지로 외과의사들이 이루어낸 중요한 혁신들은 그들이 환자들을 치료하면서 직접 배운 것들이 많다.

다음 단계는 혁신에 관련된 공공 정책에 대한 분석을 통해 혁신의 출처와 관련되어 잘못된 편견들을 찾아 수정하는 것이다. 사용자들이 혁신을 지속적으로 할 수 있는 환경만 갖추어진다면, 사용자들은 더욱 중요한 혁신의 주체로 성장하게 될 것이고 제조업체들의 혁신 활동을 대체하거나 보완하는 역할을 하게 될 것이다. 이런 현재 진행형의 사용자 진화를 도울 수 있는 정책을 만드는 것은 매우 중요한 변화지만, 그 과정에는 희생 또한 뒤따른다. 이를 보다 자세히 알아보기 위해 지적재산권 보호, 제품 수정을 제한하는 정부 정책, 편향된 연구 개발 투자, 혁신이 확산되는 통로에 대한 통제와 같은 이슈들을 살펴보자.

지적재산권

우리는 앞에서 사용자들이 무상으로 자신들의 혁신을 공개하는 이유를 살펴보면서, 지적재산권 법규가 오늘날 혁신의 결과물들을 보호하기 위해 실제적으로 작용하는 과정에서 (혹은 제대로 작용하지 않는 과정에서) 사용자들이 갖는 최선의 선택이 '무상 공개'라는 결론을 내렸다. 예를 들어, 5장에서 대부분의 혁신자들은 특허가 별로 효과적이지 못하며, 대부분의 분야에서 특허의 보호가 혁신에 대한 투자 증가로 이어지지 않는다고 말했다. 또 특허를 따는 데는 많은 비용이 들어가기 때문에 혁신의 대부분을 차지하는 일반적인 소규모 혁신의 경우 개발자들이 얻는 가치가 거의 없다는 것도 살펴보았다. 게다가 현실적으로 혁신자들이 비밀 유지를 통해 그들의 혁신을 보호하는 것이 어렵다는 것도 살펴보았다. 다른 많은 사람들이 당신의 혁신과 유사한 것들을 알고 있고 또 그것들을 무상으로 공개함으로써 잃는 것이 적거나 없을 때에는 당신의 혁신을 비밀로 유지하는 것은 어렵다.

이런 내용들을 살펴볼 때 혁신자들이 현재 지적재산권 시스템을 통해 실제로 이론가나 정책 입안자들의 기대치와는 매우 다르다는 것을 알 수 있다. 사회가 혁신자들에게 지적재산권 권한을 제공하는 근본적인 이유는 혁신에 사적인 투자를 증대시키기 위해서다. 이와 동시에 경제학자들은 이런 지적재산권 권한을 제공하면 사회복지가 감소할 것이라는 것을 오래 전부터 예측해왔다. 지적재산권 권한의 소유자들은 사적 이익을 늘리기 위해 일반적으로 다른 사람들이 (혹은 회사들이) 자신들의 혁신을 사용하는 것을 제한하기 때문이다. 즉, 지적재산권 권한은 혁신자들에게는 이로움을 제공하는 장점이 있지만 경쟁을 제한한다는 점에서는 해롭다. 이에 대해 사회 구성원들이 내린 결론은 장점이 단점보다 크다는 것이었지만, 이런 사회적

동의는 더 이상 통용되지 않는다(Foray 2004). 모두는 아니더라도 많은 사람들은 지적재산권 보호가 지나치게 많은 경우에서 혁신에 해롭다고 생각하기 시작했다.

명백한 역효과 사례들이 등장하기 시작하면서 사회적으로 적절한 수준의 혁신을 이루기 위해 지적재산권을 제공해야 한다는 주장은 그 근거를 잃고 있다. 앞에서 보았듯이 오픈소스 소프트웨어 공동체들은 참여하는 혁신자들에게 지적재산권을 사용해 그들의 코드를 통제할 수 있는 권한을 주지 않는다. 대신 제작자의 저작권에 참여자와 비참여자가 모두 동등하게 접근할 수 있는 권한을 주는 공동의 장을 구성한다.

이런 체계에서 오히려 혁신이 더욱 활발히 일어나는 이유는 무엇일까? 우리가 앞에서 왜 혁신자들이 무상으로 자신들의 혁신을 공개하는지 그 이유를 찾아보면서 살펴본 것과 마찬가지로, 연구 사례들은 지적재산권 부여와 독립적으로 혁신에서 얻을 수 있는 사적 보상이 크다는 것을 발견했다. 개발자들이 보호만을 찾고 혁신하지 않는다면 지적재산권이 제공되어서는 안 된다.

논란은 계속되고 있다. 갈리니와 스코치머는 "특허는 현대 지식경제 사회의 근본"이라고 주장하며, "지적재산권 있었기에 소프트웨어와 생명과학, 컴퓨터 산업이 발전할 수 있었고, 그 외에 우리가 소비하는 많은 제품들이 널리 퍼질 수 있었던 것"이라고 말한다(Gallini and Scotchmer 2002). 이들은 또한 지적재산권이 혁신에 긍정적인 영향을 주느냐 부정적인 영향을 주느냐는 "혁신자들이 이런 특허의 수정과 행사에 얼마나 쉽게 참여할 수 있는가"에 달려 있다고 주장한다. 현재 지적재산권 체계는 다시 고려되어야 한다고 주장하는 사람들이 보는 문제점이 바로 이것이다. 지적재산권을 수정하고 집행하는 과정은 지나치게 복잡하다는 것이 명확하게 드러나고 있다. 또한 혁신적인 진보의 과정을 희생시키면서까지 특허를 전략적으로 이용하여 사적 이익을 취하는 사례들이 늘어나고 있다(Foray 2004).

머지스와 넬슨(Merges and Nelson 1990)에 의해 고안되고, 나중에 헬러(Heller 1998), 헬러가 아이젠버그와 함께 한 연구(Heller and Eisenberg 1998)에 의해 '반공유지의 비극^{tragedy of the anticommons}'이라고 불리게 된 사회현상을 살펴볼 필요가 있다. 혁신과 관련된 정보와 같은 자원들은 덜 공유되고 덜 사용되는 경향이 있다는 것이 이 개념의 요체이다. 이런 혁신 관련 정보들이 여러 소유자에 의해 (분할되어) 소유되고, 서로 다른 소유자들이 사용되는 것을 막을 때, 아무도 효과적으로 이런 정보를 사용할 수 없게 되는 것이다. 서로 공유를 위해 만든 공간이 반공유지가 되고, 이런 반공유지에서는 아무도 정보를 이용할 수 없게 되는 비극이 탄생하는 것이다. 특허 시스템이 갖는 맹점은 바로 대표적인 반공유지의 비극을 불러올 수 있다는 것이다. 현재의 지적재산권 시스템은 자신이 발명한 것을 자신이 이득을 볼 수 있게 사용하는 권리를 부여하는 것이 아니라, 다른 사람이 그 발명을 이용해 이득을 보는 것을 막는 시스템이다.

예를 들어 설명해보자. 만약 당신이 새로운 의자를 발명해서 특허를 취득했다고 가정해보자. 그리고 나서 내가 당신이 만든 의자에

흔들의자 기능을 더해서 새로운 형태의 흔들의자를 발명해 그에 따른 권리를 취득했다고 하자. 이렇게 되면 나는 당신에게 라이센스를 획득하지 않는 한 내가 발명한 의자를 제조할 수 없고, 마찬가지로 당신도 나에게 라이센스를 얻지 못하는 한 내가 만든 흔들의자를 생산할 수 없게 된다. 우리 두 사람이 서로 동의하지 않는다면 내가 고안해낸 흔들의자는 그것이 아무리 좋은 의자라고 할지라도 세상에 나오지 못하게 되는 것이다. 만약 당신이 원래 고안해낸 의자보다도 그 의자를 바탕으로 만든 흔들의자가 훨씬 좋은 제품이고 세상에 도움이 되는 의자라고 할지라도 아무도 그 의자를 사용하지 못하게 되는 것이다.

거래 비용이 전혀 없는 세상이라면, 이론적으로는 혁신자들이 서로 지적재산권을 라이센스 주거나 서로 교환하면서 이런 문제를 해결할 것이다. 하지만 실제로는 이와 전혀 다른 결과가 나오게 된다. 헬러와 아이젠버그는 생명공학의 예를 들면서 반공유지의 비극 효과가 나타날 만한 조건들이 이 분야에 이미 갖춰져 있다고 주장한다. 이 분야에서 보다 큰 연구 분야의 작지만 중요한 요소에 지적재산권이 부여되는 경우가 빈번히 발생하는데, 이런 특허의 부여는 결과적으로 선행된 주요 연구 분야들이 사적 소유로 바뀌는 것을 의미한다. 헬러와 아이젠버그는 이와 같은 선행된 주요 연구 분야의 개인화를 이렇게 비유한다. "이는 마치 권리를 소유한 이들이 제품 개발에 이르는 길에 요금 정산소를 차려놓고 돈을 내라고 하는 것과 같다. 이렇게 되면 이런 선행 연구 결과를 이용해 혁신을 하는 많은 회사들의 혁신

속도를 떨어뜨리고 혁신 비용도 증가한다."

특허와 관련된 또 다른 전략적인 행동은 대규모의 투자를 통해 아주 많은 양의 특허 포트폴리오를 소유하는 것으로써 우리가 '특허 덤불patent thicket'이라고 부르는 현상이다. 특허 덤불은 아주 광범위한 분야에 걸친 고밀도의 특허망을 부를 때 쓰는 단어다(Merges and Nelson 1990; Hall and Ham iedonis 2001; Shapiro 2001; Bessen 2003). 특허 덤불로 인해 아주 광범위한 분야에서 특허 침해 소송을 제기할 수 있는 근거를 갖게 되는 것이다. 보통 특허 덤불의 소유주들은 특허 침해 소송을 무기 삼아 기술적으로 진보한 회사들을 협박함으로써 이런 회사들이 제품과 관련된 곳에 연구하기 위해 투자하는 것을 꺼리게 만든다.

특허를 이런 식으로 사용하는 것은 본래 정책 입안자들의 의도와는 전혀 다른 것임을 재차 강조한다. 원래 정책 입안자들은 특허권의 행사를 통해 자신의 혁신 결과물을 보호하고 이를 통해 사회 전체의 혁신을 증가시키는 것을 목표로 삼았다. 베센과 헌트의 소프트웨어 분야에서의 연구를 보면, 평균적으로 회사들이 특허 보호를 위해 투자를 하면 할수록 연구 개발에 들어가는 투자 비용이 줄어드는 것을 알 수 있다(Bessen and Hunt 2004). 만약 이 상관관계가 사실이라면, 특허 덤불을 가진 회사들은 다른 회사들이 단순히 특허 보호를 위한 노력과 투자만을 늘리도록 하는 부정적인 효과뿐 아니라, 그들이 연구 개발에 투자하는 부분을 줄이게 만드는 부정적인 결과에 이르게 한다.

이와 유사한 혁신을 저해하는 전략이 영화 산업, 출판업계, 그리고 소프트웨어 업계의 대규모 저작권 소유업체들로부터도 관찰되고 있다. 저작권을 보유한 업체들은 새로운 작품에서 미키마우스와 같이 소비자들에게 익숙한 캐릭터를 사용하지 못하게 할 수 있다. 이런 전략의 결과로 규모가 큰 저작권의 포트폴리오를 가진 업체들이 이를 갖지 못하거나 소규모의 포트폴리오를 가진 업체에 비해 파생 상품을 만들어내는 데 훨씬 더 유리한 위치를 차지하게 된다. 벤클러는 지적재산권의 보호를 증가시키는 방향으로 제도를 변경하게 되는 경우 정보 생산의 독점화가 심화된다고 주장한다(Benkler 2002). 레식의 연구(Lessig 2001)와 볼드린과 레빈의 연구(Boldrin and Levine 2002)를 봐도 과도한 지적재산권의 부정적인 측면을 강조하고 있다는 것을 알 수 있다.

이뿐만이 아니다. 이런 혁신을 저해하는 전략들은 특히 사용자 혁신에 부정적인 영향을 많이 끼친다. 우리가 이제까지 논의해왔던 분산 혁신^{distributed innovation} 시스템은 딘지 몇 개의 혁신 결과물과 아주 적은 수의 지적재산권을 보유한 사용자들로 구성되어 있다. 이런 사용자들은 다수의 지적재산권을 보유한 기업과 소유주들에게 유리하게 돌아가는 현재의 시스템에서 더욱 불리한 입장에 놓이게 된다.

그렇다면 해결책은 무엇인가? 정책 입안자들이 취할 수 있는 해결 방안 중 하나는 경기장을 평평하게 만들어 선수들이 공평하게 경기할 수 있도록 하는 것과 마찬가지로 지적재산권과 관련된 법률을 개정해 모든 혁신자들이 공평하게 혁신에 임할 수 있도록 하는 방안

이 될 것이다. 하지만 현재의 시스템에서 대량 지적재산권 소유자들은 정치적으로 영향력이 있기 때문에 이런 방식은 쉽게 실행되어지기 어려울 것이다.

다행히도 혁신자들 자신들에게 좋은 대안이 존재한다. 우선 많은 혁신자들이 자신이 발명한 혁신 결과물들을 자신이 속한 특정 분야의 공유지에 공헌하고자 한다고 가정해보자. 만약 이 공유지가 성공적으로 시작되어 계속 성장해나간다면, 지적재산권 시스템을 대체할 만한 좋은 대체재가 될 수 있다. 이렇게 되면 대량의 지적재산권 소유자들이 계속해서 이런 지적재산권을 소유할 만한 가치가 없어지고, 아예 이런 소유자들이 없어지게 될 수도 있다. 또한 이와 동시에 지적인 발전을 저해하던 사적으로 소유한 지적재산권의 벽이 허물어질지도 모를 일이다. 레식은 이런 가능성을 실현시키기 위해 매우 실질적인 노력을 한 사람이다. 그는 표준 '창의적 공유지creative commons' 라이센스를 만들었다(creativecommons.org). 자신의 창의적인 결과물을 아주 최소한의 제약 조건만을 두고 공유하고자 하는 혁신자들은 이 웹사이트에서 적절한 라이센스를 찾아 적용하면 된다.

지적 공유지intellectual commons를 형성하기 위해 모두가 합의하는 조건을 찾아내기란 무척 어려운 일이다. 마우러는 이런 사실을 인간의 변이에 관한 자료를 수집하기 위해 공유지를 만들기 위해 사람들이 힘들게 노력했지만 결국에는 실패했던 사례를 통해 보여주었다(Maurer 2005). 하지만 지적 공유지를 형성하는 것이 어렵기는 하지만 불가능한 것은 절대 아니다. 예를 들어, 아주 광범위한 소프트웨어 코드의 지적 공유지를 다수의 공개 소프트웨어 프로젝트에서 찾아볼 수 있다.

여기에서 아주 재미있는 사례를 하나 살펴보자. 이 사례를 보면 지적 공유지가 지적재산권의 가치에 미치는 영향을 살펴볼 수가 있다. 웨버는 그의 글에서 다음과 같은 이야기하고 있다. 1988년에 리눅스 개발자들은 오픈소스 소프트웨어를 위한 새로운 그래픽 인터페이스를 만들고 있었다. 이중에 가장 가능성이 높았던 KDE^{Kool Desktop Environment}*는 일반 공중 라이센스^{GPL}를 통해 공개되어 있었다. 문제는 KDE 인터페이스의 개발자였던 마티아스 에트리히^{Matthias Ettrich}가 독점적인 소유권이 있던 Qt라는 그래픽 라이브러리를 사용하여 KDE를 만들었다는 사실이었다. 그가 개발했던 당시에 그는 이것이 별 문제가 없을 것이라고 생각했다. Qt의 소유주였던 트롤테크^{Troll Tech}라는 회사가 대부분의 경우에 무상으로 Qt를 라이센싱 해주었기 때문이다. 하지만 트롤테크 사는 모든 경우에 무상으로 제공한 것은 아니어서 일부의 경우에는 개발자들로부터 사용료를 지불받고 있었던다.

리눅스 개발자들은 그들이 사용하고 있는 코드의 일부가 GPL로 공개되지 않은 소스코드를 사용하고 있다는 사실을 매우 걱정하고 있었다. 그들은 트롤테크를 설득해서 무상 소프트웨어의 경우에

---

* KDE는 우리가 컴퓨터를 사용할 때 가장 먼저 접하게 되는 바탕화면, 작업 표시줄, 제어판 등의 데스크톱 환경 전반을 관장하는 시스템의 한 종류를 말한다. 보통은 운영체제에 통합되어 있지만, 리눅스와 같은 OSS에서는 별도로 개발되고 있다. 여기서 언급된 Qt라는 그래픽 라이브러리는 프로그램의 그래픽 인터페이스를 만들 때 사용되는 특정 코드의 집합체이다.

는 Qt가 GPL을 가질 수 있도록 라이센스의 조항을 바꾸도록 노력했다. 하지만 트롤테크는 자신들의 합당한 권리를 사용해 이를 거부했다. 리눅스 개발자들은 이에 반응하여 마찬가지로 합법적인 방식을 통해 GPL을 가질 수 있는 Qt의 대체 라이브러리를 만들게 된다. 이 프로젝트가 성공적으로 지속되자 트롤테크는 자신들이 개발했던 Qt가 리눅스 시장에서 무용지물이 될 수도 있다는 사실을 깨닫게 된다. 결국 트롤테크는 2000년에 Qt를 GPL로 라이센스 하게 된다.

공유지에 있는 정보에 대한 접근이 막히거나 없어지는 것을 막기 위한 유사한 집단행동들이 도처에서 발견되고 있다. MIT의 선임 연구원이었던 크리스 핸슨^{Chris Hanson}은 ip 필터^{ip filter}라는 공개 소프트웨어의 예를 들어 설명한다. ip 필터의 개발자는 이 소프트웨어의 수정판을 분배하는 것을 막고자 자신의 소프트웨어의 라이센스 조항을 바꾸어 프로그램을 걸어잠그려는 시도를 했다. 그가 이렇게 한 것은 네트워크의 보안과 관련된 필터였던 ip 필터가 가능한 버그가 없이 유지되려면 자신만이 이 프로그램의 소스 코드를 만질 수 있어야 한다고 생각했기 때문이었다. 그는 다른 프로그래머들로부터 그가 매우 이기적이고 그의 행동이 너무 심했다는 평을 들었다. 그 당시 BSD 운영 시스템의 핵심적인 부분이었던 ip 필터는 1년이 채 지나지 않아 새로운 코드로 교체되었다. 그 이후에 ip 필터의 개발자는 자신의 코드를 아무런 제약이 없는 표준 BSD 라이센스로 바꾸게 된다.

우리는 점차적으로 정보 공유지를 사람들이 어떻게 생성하고 유지해나가는지에 대해 알게 될 것이고, 이런 방식을 어떻게 여러 다양한 분야로 퍼져나가게 할 것인지에 대해서도 알게 될 것이다. 물론 혁신자들에게나 사회 전체적으로 혁신의 결과물을 사적인 지적재산권으로 보호하는 것이 바람직한 경우가 존재할 것이다. 하지만 뭔가 합리적인 이유에서가 아니라 자신들이 보유한 지적재산권을 무조건적으로 지키려는 무지한 태도나 사회 전체적인 이득은 고려하지도 않고 단기적인 행정적 비용만을 생각하는 비합리적인 사고방식으로 계속 접근한다면, 사용자 혁신은 서로 공유되지 못하고 계속 개인적인 소유물로 끝나게 될 것이다. 무상 공개 그 자체와, 개인적으로 보유하는 것과 무상으로 공개했을 때 어느 것이 최선의 방법인지를 생각하는 정책의 개발이야말로 기업들과 사회 전체를 이롭게 하는 길이다.

제품 수정에 대한 제한

사용자들은 종종 현존하는 제품을 사서 쓰거나 그 제품을 수정함으로써 새로운 제품의 원형을 개발한다. 제조자들은 자신들이 만든 제품을 사용자들이 쉽게 수정하지 못하도록 갖가지 기술을 이용해 제약을 가한다. 이는 다시 사용자들의 혁신 개발 비용을 늘리게 되고 결과적으로 사용자 혁신을 줄이게 된다.

예를 들어, 잉크젯프린터를 만드는 제조업체는 종종 '면도기-면도날 전략'을 사용하는데, 이는 프린터의 마진을 최소화하고 잉크 카트리지의 마진을 늘리는 것이다. 이런 전략을 사용하기 위해서는 사용자들이 재생 잉크를 카트리지에 채워 사용하는 것을 막아야만 한다. 따라서 보통의 프린터 제조업체들은 기술적으로 사용자들이 잉크를 재사용할 경우 카트리지가 원래대로 작동하지 않게 만들어야만 한다. 이렇게 함으로써 경제적인 사용자들의 재사용도 막고, 사용자-혁신자들의 혁신도 막으려는 것이다(Varian 2002). 사용자들은 이 분야에서도 많은 혁신의 원천이 된다. 예를 들어, 사용자들은 당시에 프린터 제조업자들이 만들어내지 않던 잉크를 카트리지에 채워 고화질의 사진을 프린트하는 데 성공한다. 다른 사용자들은 식용 잉크를 카트리지에 채워 넣어 케이크에 이미지를 프린트하는 데 쓰기도 했다. 만약 프린터 제조업체들이 조금만 더 영리했다면 이런 훌륭한 해결책들이 나오는 것을 모두 막을 수 있었을지도 모른다.

디지털 밀레니엄 저작권법^{DMCA} 또한 어떤 측면에서는 제품을 수정해서 더 나은 방향으로 발전시키는 사용자들의 능력을 제한하게 될지도 모를 일이다. 좀 더 자세히 논하면, DMCA는 일반적인 상업적인 목적의 소프트웨어에 내장된 불법 복제 방지 장치를 우회하는 것을 모두 범죄로 규정하고 있다. 또한 소프트웨어를 불법 복제하기 위한 어떤 종류의 장치도 제조 및 판매를 금지한다. 안타깝게도 이런 코드 해제 과정^{code breaking}은 상업적인 소프트웨어 분야에서 사용자 혁신을 가능하게 하는 필수적인 과정이다. 정책 입안자들은 본래의 목적과는 달리 자신들이 정하는 법률이 사용자 혁신에 미치는 이러한 부수적인 피해를 잘 알고 있어야만 한다.

유통 채널의 통제

혁신하기를 원하고 동시에 혁신과 관련된 정보를 무상으로 대중에게 공개하여 확산시키고자 하는 사용자들은 점점 유통 채널로서의 기능이 강화되고 있는 인터넷 기술 덕분에 아주 저렴한 비용으로 무상 공개를 할 수 있게 되었다. 인터넷과 같은 인프라에 부과되는 여러 가지 종류의 통제는 이 책에 소개된 사용자 혁신 시스템과 같은 분산 혁신 시스템을 위협하고 때로는 완전히 기능을 상실하게 만들어버린다.

예를 살펴보자. 사용자들에 의해 만들어진 정보를 바탕으로 한 제품들은 보통 사용자 간 공유 네트워크를 통해 공유되곤 한다. 이에 반해 유통채널과 컨텐츠를 모두 보유한 케이블 텔레비전 같은 회사들은 사용자들에 의해 만들어진 컨텐츠를 완전히 차단하거나 자신들이 만든 내용물에 비해 차별을 두는 것에 많은 인센티브를 가지고 있다. 매우 혼란스럽지만 컨텐츠가 풍부했던 과도기의 미국 초창기 라디오를 살펴보면 이런 사실을 쉽게 알 수 있다. 이때는 정말 다양한 목소리들을 들을 수 있었는데 반해, 최근에는 몇 개의 메이저 회사들만이 스펙트럼을 독차지하고 있다. 이런 변화는 소수의 회사들과 정부의 정책의 영향을 받아 이루어졌는데, 이 과정을 살펴보면 정보 공유의 채널이 소수에 의해 지배되었을 때 일어날 수 있는 현상들을 잘 살펴볼 수 있다(Lessig 2001). 이런 인센티브 문제들을 인식하고 적절히 대응하는 것이야 말로 정책 입안자들에게 주어진 매우 중요한 과제다. 이 문제와 관련해서는 컨텐츠에 대한 권리와 유통 채널에 대한 권리를 분리하는 것이 해답이 될 수 있다.

연구 개발 지원과 세제 혜택

대부분의 나라에서 제조업체들 중에 혁신적인 활동을 많이 한 기업들은 연구 개발R&D 지원이나 세제 혜택과 같은 방식으로 그런 노력에 상응하는 대가를 받게 된다. 이런 방식의 지원책들은 혁신에 대한 사회적인 평균 이익이 개인적인 회사 이익보다도 훨씬 더 클 때에는 경제적으로 합리적인 선택이라고 할 수 있다(Mansfield et al. 1977). 그러나 사용자들이 하고 있는 중요한 혁신 활동들은 기업의 연구 개발처럼 공식적으로 문서화하기 어려운 경우가 많기 때문에 앞에서 언급한 바와 같은 방식으로 비슷한 정도로 보상되기가 쉽지 않다. 우리가 앞에서 살펴본 바와 같이 사용자들이 하는 혁신은 그들의 사용 환경에서 자신들이 하는 일을 수행하는 과정에서 나타나는 경우가 대부분이다.

브레스나한과 그린스타인도 비슷한 맥락의 주장을 하고 있다(Bresnahan and Greenstein 1996a). 그들은 메인 프레임 컴퓨터에서 클라이언트-서버 구조로 변화하는 과정에서 사용자들의 공동 개발 노력에 대해 조사했다.[1] 이들이 말하는 공동 개발이란 새로운 기술 변화를 수용하기 위해 사용자들이 자신들의 조직을 변화시키고 혁신을 이루어낸 것을 의미한다. 혁신을 통한 사회적 이익을 도출해내기 위해 공동 개발에 대한 사용자들의 노력이 얼마나 중요한지는 이 연구에 잘 나와 있다. 두 연구자들은 국가 정보 인프라 구축을 위한 정부 보조나 지원이 충분하지 않았으며 적절하게 사용되지 않았음을 지적하고 있다. 이렇게 정부의 지원이 적절하게 사용되지 못한 것이 사용자의 공동 개발 노력이 사회적인 이익을 창출하기 위해서 걸림돌이라고 생각했기 때문이었다고 지적하고 있다.

사용자 혁신의 확산을 위해 좀 더 공평한 혁신 환경을 만들고자 한다면 사용자들의 혁신 활동에 대한 지원을 늘리는 방법도 있겠지만, 이를 위해 일반 기업에 대한 연구 개발 지원이나 세제 혜택을 줄이는 방법도 생각해볼 수 있다. 만약 사용자 혁신을 늘리는 방향으로 지원책의 방향이 결정된다면, 사용자들이 자신들이 사용할 목적으로만 뭔가를 개발하는 것이 아니라 자신들이 만든 혁신 결과물들을 무상으로 공개할 수 있도록 유도하는 것이 사회복지를 극대화하는 매우 효과적인 방법이 될 것이다. 같은 혁신에 관심이 있는 사용자들의 노력이 중복됨으로써 이런 정책으로 인한 잠재적 복지의 증가가 줄어들게 된다.

정리해보면, 무상 공개된 사용자 혁신의 복지 증진 효과를 극대화시키기 위해서는 정책과 법안을 만들 때 사용자 혁신을 늘리기 위한 조건들을 잘 생각해볼 필요가 있다. 사용자들과 제조업체들이 동일한 조건에서 혁신 활동을 할 수 있게 하는 것은 의심의 여지없이 제조업체들에 더 빠른 변화를 가져오게 될 것이다. 하지만 다음 8장에서 살펴보게 될 내용에서 보듯이 사용자 혁신이 중심이 된 세상에서 제조업체들 또한 잘 적응해나갈 수 있는 방법들이 있다. 다음 장에서 이에 대해 더 구체적으로 살펴보도록 하자.

8장

혁신의 민주화

DEMOCRATIZING INNOVATION

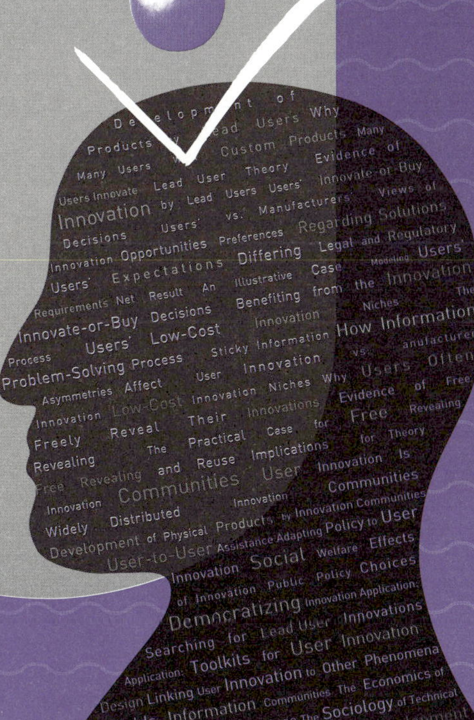

선도 사용자들이 그들 자신을 위해 제품을 만들어내고 수정한다는 사실과 결과물들을 무상으로 공개한다는 것은 앞에서 충분히 살펴보았다. 또한 다수의 사용자들이 선도 사용자들의 해결책들을 받아들이고 이용하는 데 관심이 있다는 사실도 배웠다. 이런 연구 결과들을 함께 고려해보면, 혁신의 공급과 수요가 존재하고 이를 충족시키는 요소들이 존재하기 때문에 사용자 중심의 혁신 시스템user-centered innovation system이 충분히 성립할 수 있다고 결론 내리게 된다. 특정 조건이 부합된다면 사용자 중심의 혁신 시스템은 제조자 중심의 혁신 시스템manufacturer-centered innovation system을 완전히 대체할 수 있다. 대부분의 경우에는 사용자 중심의 혁신 시스템은 제조자 중심의 혁신 시스템을 보완하는 역할을 한다. 사용자가 중심이 된 혁신은 컴퓨팅 기술과 통신 기술이 발달함에 따라 점점 더 중요한 혁신의 원동력이 되어가고 있다.

8장은 현재 계속해서 진행되고 있는 혁신의 민주화에 대해 논의
하면서 시작해보려 한다. 그러고 나서 현재 새롭게 떠오르고 있는 사
용자 중심 혁신의 패턴을 살펴보고자 한다. 마지막으로 제조자 입장
들이 이러한 새로운 사용자 중심의 혁신 프로세스에 참여하고, 수익
을 올릴 수 있는 방법에 대해 논의해보기로 한다.

민주화의
트렌드

신제품 개발과 새로운 서비스 개발을 위한 사용자들의 능력은
놀라울 정도로 빠르고 급진적으로 발전하고 있다. 컴퓨터 하드웨어와
소프트웨어가 점진적으로 발전함에 따라 점점 더 효과적이고 저렴할
뿐만 아니라 비전문가가 특별한 훈련 없이 사용할 수 있는 혁신을 위
한 툴^{tool} 이 많이 생겨날 수 있었다. 이에 더해서 통신을 위한 많은 툴
들이 개발됨에 따라 사용자–혁신자들이 혁신의 구성 요소나 혁신의
결과물들에 훨씬 더 쉽게 접근할 수 있게 되었다. 이런 변화에 따른
결과는 혁신이 빠르게 증가할 것이라는 점이다. 필요의 이질성이나
자신의 요구에 딱 맞는 제품에 대한 지불 의사가 계속 늘어나고 있다

는 점을 감안한다면 현실적인 혁신의 증가 속도는 훨씬 더 빠를 수밖에 없다. 실제로 사람들의 요구는 갈수록 다양해지고 있고 자신의 요구에 맞는 제품을 위해서는 훨씬 더 많은 비용을 지불할 준비가 되어 있기 때문에, 기술 진보와 더불어 혁신의 증가 속도는 점점 더 빨라질 수밖에 없다.

사실 개인적으로 혁신을 해본 경험이 별로 없는 독자라면, 제품 설계 역량이 어떤 변화를 맞이하고 있고, 개인 사용자에게까지 널리 전파되고 있는 현재의 급진적인 변화의 본질이 무엇인지를 이해하기 힘들 수도 있을 것이다. 내가 개인적으로 경험한 일화를 소개하는 것이 도움이 될 수도 있겠다. 내가 젊었을 때 내가 원하던 새로운 제품을 설계했는데, 문제는 발명하고 사용해보면서 테스트하는 매우 신나는 과정에 들어간 노력에 비해, 실제로 제품 원형을 만드는 데 별로 즐겁지 않은 노력이 훨씬 더 많이 들어갔다는 사실이었다. (이 과정을 좀 더 이해하고자 한다면 4장에 있는 〈그림 4.1〉의 '설계-제작-실험-분석'의 사이클을 보면 되는데, 여기에서 말하고자 하는 바는 '제작'에 너무나 많은 시간과 노력이 들어갔고, 오히려 원래의 목적이었던 사이클의 반복이나 시행착오를 통한 학습이 매우 느리게 진행되었다는 것이다.)

나의 경우에는 기계 부품을 이용해 정밀한 모형을 만드는 것이 너무나도 힘들고 나를 좌절하게 만드는 것들 중 하나였다. 원재료를 이용해서 처음부터 시작해 좋은 기계 부품을 만들 수 있는 작업장도 없었을 뿐 아니라, 필요한 부품을 찾거나 구매하는 것도 보통 어려운 일이 아니었다. 그 결과로 내가 쉽게 살 수 있거나 내 근처에서 쉽게 찾을 수 있는 진공청소기 부품이나 기타 금속, 플라스틱이나 고무 부품들을 모아서, 원래 아이디어와 똑같지는 않지만 대충 비슷한 모형을 만들 수밖에 없었다. 어떤 경우에는 이런 모형조차도 만들기도 쉽지 않아서 프로젝트 자체를 포기하는 경우도 있었다. 예를 들어, 자전거에 펄스제트 엔진을 만들어 붙이려고 시도한 적이 있었는데, 도저히 연소실을 만들어낼 방법이 없었다. (지금 생각해보면 정말 다행이라는 생각이 든다!) 어떤 경우에는 모형을 만들어낼 수 있었는데, 그렇다 하더라도 모양이 볼품없는 경우가 태반이었다. 그래서 발명할 때 원래 생각하고 있었던 멋진 제품 설계와 실제로 만들어낸 제품 모형의 격차가 너무나도 커서 늘 실망하기 마련이었다.

오늘날에는 내가 경험했던 것과는 너무나도 다른 일들이 벌어지고 있다. 사용자 기업뿐 아니라 발명을 취미로 하는 개인들까지도 굉장히 정교한 제품 설계 툴을 이용할 수가 있다. 이런 툴들은 다양한 분야에 걸쳐 존재하는데, 소프트웨어나 전자제품 설계뿐만이 아니라 음악 제작에도 다양한 디자인 툴들이 이용되고 있다. 정보에 기반을 둔 이런 툴들은 PC에서 사용할 수 있고 가격도 계속해서 내려가고 있는 추세다. 사용자들은 비교적 적은 훈련과 연습을 통해 새로운 음악이나 예술 작품을 만들 수 있을 뿐 아니라 제품과 서비스도 상당히 만족할 만한 수준으로 정교하게 제품 설계를 할 수 있게 되었다.

이런 정보재의 경우에는 제품 자체를 설계하는 것이나 마찬가지다. 다시 말해, 소프트웨어나 음악과 같은 경우에는 그것이 어떤 정보로 이루어진 정보재이기 때문에 설계하는 순간 그 자체가 어떤 하나의 제품이 되는 것이다. 만약 설계하는 것이 어떤 실체가 있는 물리적인 제품이라면, 제품을 설계한 후에 시뮬레이션을 이용해 성능 테스트까지도 해볼 수 있다. 물론 그 이후에 실제 제품 원형을 제작하는 것은 여전히 쉽지 않은 과정이다.

하지만 요즘에는 사용자들은 기본적인 전자나 기계 부속품들로 이루어진 키트를 쉽게 구할 수 있고, 컴퓨터와 연결되어 작동하는 3D 부속 프린터들이 점점 성능은 좋아지고 가격은 싸지고 있기 때문에 실제 물리적인 제품 원형을 제작하는 것이 점점 쉬워지고 있는 추세이다. 정말 신나는 일은 지금 현재에도 집에서 만드는 제품 모형들이 손만 대면 와르르 무너질 정도의 형편없는 모형이 아니라 꽤 그럴싸한 형태로까지 제작이 가능하다는 점이다. 사용자들에게 주어지는 해결책 구성 요소들이 설계 전문가에게 주어지는 것들과 별반 다르지 않다는 점이 무척 고무적이라고 할 수 있다.

위에서 방금 언급한 것과 비슷한 기능의 혁신 자원들은 오랫동안 운이 좋은 소수의 전문가 집단만이 이용할 수 있었다. 제조업체의 선임 설계자들은 그들 밑에 여러 명의 엔지니어나 디자이너들을 두고 도움을 받을 수 있었을 뿐만 아니라, 제품 모형을 빨리 설계해서 테스트해볼 수 있는 다른 여러 가지 자원들도 사용할 수 있었다. 내가 대학을 막 졸업하고 나서 신생 기업의 연구 개발 책임자가 된 후에 전문가 수준의 혁신 자원을 이용할 수 있을 때 혁신의 속도가 얼마나 빨라지고 혁신하는 즐거움이 얼마나 커질 수 있는가를 보고 놀랄 수밖에 없었다. 이런 조건에서 제품을 개발한다는 것은 아이디어를 만들어내고 테스트하는 데 들어가는 노력의 정도가 모형을 제작하는 데 들어가는 노력보다 훨씬 커진다는 것을 의미한다. 따라서 진보의 속도가 빨라질 수밖에 없다.

기계 설계나 의류 디자인에서도 똑같은 일들이 일어나고 있다. 의류업체들이 그들의 수석 디자이너들에게 제공하는 모델들과 옷을 즉석에서 만들어내는 스태프들을 통해 소수의 디자이너들은 새로운 옷에 대한 아이디어나 디자인을 얼마든지 시도해볼 수 있고, 이를 통해 디자인을 수정해나갈 수 있다. 이와는 대조적으로 재능은 그 어떤 기업의 디자이너들과 비교해 뒤떨어지지 않지만, 새로운 디자인을 만들 때마다 일일이 손으로 원형 디자인을 만들어내야만 하는 디자이너들을 생각해보면 위에서 말하고 있는 부분이 얼마나 중요한 부분인지를 알 수 있다.

우리가 6장에서 살펴본 바와 같이, 주요 혁신을 이루기 위한 역량과 정보는 한곳에 집중되어 있지 않고 널리 퍼져 있다. 이런 사실들을 종합해보면, 혁신을 지원하는 자원을 미리 선택된 몇몇의 혁신가들에게 집중시키는 전통적인 방식은 아주 비효율적이라는 결론에 도달하게 된다. 혁신을 위한 자원들은 대부분 상당한 비용이 들어가고, 이런 자원을 꼭 필요한 사람에게 할당한다는 것 자체가 불가능하다. 누군가 혁신을 하려고 한다면 그 혁신을 위해 정확히 어떤 자원이 얼마만큼 들어갈지에 대해 미리 알 수가 없고, 그 혁신을 다 이루었을 때에야 명확해지기 때문이다. 지금까지 이 장에서 언급한, 제품 설계와 제품 원형을 만드는 데 들어가는 고급 자원들의 비용이 낮아지는 현상을 고려해보면, 이런 자원들을 할당하는 문제가 훨씬 더 쉬운 문제가 된다. 자원의 가격이 큰 폭으로 낮아지면 누구나 이런 자원을 쉽게 접근할 수 있기 때문에 할당의 필요성이 줄어들기 때문이다. 결과적으로 창의와 혁신을 위한 기회가 민주화된다고 할 수 있다.

새로운 것을 만들어내는 창의와 혁신의 기회가 민주화되고 있다는 것은 단순히 자신이 원하는 제품을 자신이 원하는 그대로 만들어내는 것만을 의미하는 것은 아니다. 이전 장에서 살펴본 것처럼, 혁신 그 자체에서의 즐거움, 뭔가를 배워나가는 즐거움뿐만 아니라 창의적인 사람들과 같은 공동체의 일원이 되어 서로 교류하는 재미도 혁신의 민주화의 중요한 결과물이 될 수 있다. 더군다나 혁신의 민주화를 통해 이런 여러 즐거움들이 널리 퍼져 나간다는 것은 정말 의미 있는 일이다. 전에도 언급된 바 있는 MIT의 선임 연구원이자 데비앙 리눅스 커뮤니티의 관리자이기도 한 크리스 핸슨[Chris Hanson]은 오픈소스 소프트웨어의 공동체에 참여하면서 그가 느낀 즐거움과 가치에 대해 다음과 같이 이야기했다.

> 창조라는 것은 정말 믿을 수 없을 정도로 중독성이 있죠.
> 프로그래밍이라는 게 사실 전문 프로그래머한테는 굉장히
> 창의적인 일이거든요. 정말 잘하는 프로그래머들을 보면 무슨
> 완전히 프로그래밍에 중독된 사람들처럼 일하거든요. (우리
> 집사람한테 물어보면 아마 확실히 알 수 있을 겁니다.) 프로그래밍을
> 창조적으로 하려면 상당한 시간이 들어가고 신경도 많이 쓰이죠.

프로그래밍이란 진정으로 프로그래머가 의도하는 바가 무엇인지를
표현하는 일이라고 할 수 있습니다. 그만큼 창조적인 일이라는
거죠. 사이즈가 큰 프로그램을 만들다보면 프로그래머의 의도가
분명히 드러나지 않는 불확실한 부분들이 생기게 되요. 한마디로
프로그래머 자신이 그 문제를 어떻게 해결할지 분명하지 않을 때
이런 일들이 생기죠. 보다 명확하고 깨끗한 프로그램을 만들려면
통찰력이 필요하구요, 그런 통찰력을 얻는 게 프로그래밍에 가장
창조적인 부분이라고 할 수 있습니다. 그런데 그런 통찰력은 쉽게
얻어지지 않아요.

계속해서 동료들과 이야기하면서 노력하지 않으면
절대 그런 통찰력이 생기지 않죠.

공개 소프트웨어를 만드는 프로그래머들은 상대적으로 시간의
제약을 덜 받습니다. 공동체의 일원이 되는 순간 자신이 하고
있는 일에 대해 깊이 이해하도록 다들 서로 용기를 북돋아줍니다.
프로그래머들은 자신이 프로그래밍하는 대상을 잘 이해하는
것이야말로 그 프로그래밍이 잘 작동하는 데 가장 중요한 일이라는
걸 알기 때문에 그러는 겁니다. 거의 모든 공개 소프트웨어
자신들이 만드는 프로그램들이 아무 탈 없이 완벽하게 돌아가기를
바라죠. 아마도 자신들이 쓰려고 만드는 것이기 때문에 당연한
일일지도 몰라요. 공개 소프트웨어 공동체에서 만나는 많은
프로그래머들은 다른 사람이 제품 설계를 해놓은 것을 코드로
바꾸기만 한다든지, 자기 회사의 마케팅 부서에서 시킨 일을 해내기

위해 뭔가를 만든다든지 하는 그런 재미없는 일에서 벗어나서,
공개 소프트웨어를 만드는 일이 자신의 비전을 표현할 수 있는
유일한 길이라고 생각하죠. 따지고 보면 여기 참여하는 많은
프로그래머들이 자신의 여가 시간을 쪼개서 이 일에 참여하는 게
그리 놀랄 일은 아닌 것 같아요. 이곳은 정말 창의성이 넘쳐나는
공간이거든요.

창의성이 우리 공동체에서 정말 중요한 부분을 차지합니다. 건물을
설계하는 일처럼 프로그래밍도 기능적인 부분뿐 아니라 표현이
중요시되는 예술적인 부분을 포함하고 있거든요. 하긴 따지고
보면 프로그래머가 아니면 그런 표현이 주가 되는 부분은 보이지
않을 겁니다. 이해가 안 되겠죠? 왜 우리가 잘 모르는 언어로 쓰인
명작소설의 멋지고 예술적인 표현을 이해하기 힘든 것과 마찬가지가
아닐까요? 그래서 아마 프로그래머들은 같은 언어를 쓰고, 자신의
예술성을 이해해주는 동료 프로그래머들과 같이 어울리기를
원하는지도 모르겠어요. 같이 어울리면서 자기 능력을 다른
사람들에게 보여주면서 존경도 받고 싶어 할 거구요. 무엇보다도
자기가 만들어낸 아름다운 작품을 다른 사람과 공유하고 싶은
순수한 마음이겠지요. 이런 공유의 정신이야말로 공동체와 우리의
우정을 돈독하게 하는 가장 중요한 부분이라고 할 수 있습니다.

성공의 필수 조건:
사용자 중심의 혁신에 적응하기

사용자 중심의 혁신 시스템은 무상 공개와 더불어서 제조자의 제품 개발을 대체하기도 한다. 이런 결과는 현장에서 검증된 사용자의 제품 설계를 아무런 비용 없이 제조자가 얻을 수 있을 때 일어나는 것이다. 실례로 6장에서 살펴본 카이트서핑의 예를 살펴보자. 이 분야의 최근 발전 방향을 살펴보면 혁신 사용자 공동체에서 사용자들이 제품 설계한 최신 디자인이 무상으로 공개될 때, 제조자 중심의 제품 디자인이 살아남지 못하는 현상을 발견하게 된다. 이런 경우에 제조자들은 설계가 아닌 본연의 업무인 제조로 돌아가서 사용자들이 개발한 디자인을 제조하기 좋은 형태로 수정해 대량 생산해내는 수밖에 없다.

앞에서 설명한 바와 같이, 카이트서핑을 위한 장비들은 초기에는 장비와 그것을 타는 기술을 서로 상호의존적으로 발전시킨 몇몇 카이트서핑 마니아들에 의해 개발되었다. 1999년경에 이르러서야 처음으로 카이트서핑 기구를 상업적으로 만들어 파는 전문 제작업체들이 등장하기 시작했다. 그 이후로 카이트서핑 장비 시장은 급속도로 성장하기 시작했다. 2001년에는 전 세계적으로 5천 개의 장비 세트가 판매되었고, 2002년에는 3만 개, 2003년에는 7만 개로 그 수요가 늘어났다. 가장 기본적인 장비 세트가 1,500달러에 거래되었고, 2003년에는 전체 판매액이 1억 달러에 달했다. (물론 여기에는 사용자가 직접 만든 다수의 장비는 포함되지 않았다. 카이트서핑 시장의 사용자 중심의 구조로 보았을 때 실제 시장 규모는 이보다 훨씬 컸을 것으로 짐작된다.) 2003년 현재 시장의 40% 정도를 로비 내시^{Robby Naish}라는 미국 회사가 점유하고 있다(naishkites.com).

2001년에는 MIT 대학원생인 사울 그리피스가 카이트서핑 사용자와 사용자-혁신자들을 위해 제로프레스티지^{zeroprestige.com}라는 웹사이트를 만들었다. 2003년경이 되자 사용자와 제조자 모두가 이 웹사이트에 무상으로 올라오는 카이트 디자인이 가장 잘한다는 제조자의 디자인과 비슷하거나 그 이상의 수준이라는 것에 의견을 같이했다. 또 한 가지 모든 이들이 의견을 모은 부분은 엔지니어링 디자인을 하기 위한 툴이나 카이트 사용자들이 하고 있는 실험의 속도가 시장에서 활동하고 있는 그 어떤 제조자보다도 앞서 있다는 사실이다. 사용자들의 이런 집합적인 노력은 아마도 산업 전체의 제조자들을 모아놓은 것보다도 양적인 측면에서나 질적인 측면에서 훨씬 앞서 있었을 것이다.

2003년도 후반에 우리가 충분히 예상할 만한 일이 벌어졌다. 한 제조업체가 제로프리스티지 웹사이트에서 사용자가 만든 디자인을 다운로드 받아서 제작한 후에 팔기 시작한 것이다. 이 회사는 자체적인 카이트서핑 디자인 부서가 없었고 사용자-혁신자들에게 로열티를 지급하지도 않았다. 물론 사용자들도 대가를 바란 것은 아니다.

또 하나 재미있는 사실은 이 회사가 디자인과 제조를 모두 하는 기업에 비해 훨씬 싼 가격에 장비를 팔았다는 점이다.

공동으로 설계해서 무상으로 공개된 제품 설계를 바탕으로 사용자 혁신 공동체가 제품 원형을 제작하고, 전문 제조업체가 대량 생산을 담당하는 새로운 시스템은 매우 효과적이다. 그런데 이런 새로운 흐름을 기존의 전통적인 제조업체 중심의 모델을 가진 업체들이 잘 견뎌낼 수 있을지는 아직 불확실하다. 사용자 공동체로부터 나오는 정보와 자원의 다양성은 규모의 경제 효과를 창출하는데, 결과적으로 제조업체 중심의 혁신 모형이 가진 규모의 경제 효과보다 사용자 디자인의 무상 공개를 통한 규모의 경제 효과가 더 크다고 할 수 있다.

사용자 중심의 혁신에서
제조업체의 역할

사용자 혁신 시스템에서 사용자들은 제조업체의 도움 없이 제품을 개발하고 확산시키는 활동을 해낼 수 있다. 공개 소프트웨어의 예에서 볼 수 있듯이, 사용자들로만 이루어진 수평적인 혁신 공동체의 조직 구조로도 소프트웨어의 개발, 확산, 유지 보수, 소비에 이르기까지 필요한 전 과정을 수행할 수 있으며, 이런 과정은 제조업체의 참여 없이 이루어지고 있다. 제조업체의 참여 없이 이 모든 과정이 가능한 이유는 정보재가 웹을 통해 생산되고 분배될 수 있기 때문이다 (Kollock 1999). 이와는 반대로, 일반적인 물리적 제품들은 생산과 확산에 상당한 규모의 경제를 필요로 한다. 이런 이유 때문에 물리적 제품의 경우에 제품 개발과 초기 확산은 사용자와 사용자 혁신 공동체에서 수행할 수 있지만, 생산과 확산은 보통 제조업체들이 수행하게 된다.

(1) 정보재: 공동체에 의한 분배
   선도 사용자에 의한 혁신 ⇨ 모든 사용자
(2) 물리재: 제조업체에 의한 분배
   선도 사용자에 의한 혁신 ⇨ 제조업체 ⇨ 모든 사용자

이런 사실을 종합해볼 때, 우리는 몇 가지 질문들을 던져볼 수 있다. 사용자 중심의 혁신 시스템에서 제품, 서비스, 프로세스를 만들어내는 업체들은 어떻게 이익을 창출할 수 있을까? 과연 제조업체들은 그런 역할에 꼭 필요한 존재들인가? 만약 그렇다면 제조업체들은 이런 역할을 수행하려 할까? 벨렌도르프(Behlendorf 1999), 헤커 (Hecker 1999)와 레이먼드(Raymond 1999)는 공개 소프트웨어의 상황에서 이 질문들에 대한 해답을 구했다. 이 연구 결과에 따르면, 제조업체들에게는 세 가지 가능성이 존재한다.

(1) 제조업체들은 사용자들이 개발한 혁신을 일반적인 상업적 용도로 만들어 팔 수 있고, 특정 사용자에게 주문 생산 서비스를 제공할 수 있다.

(2) 제조업체들은 제품 설계 툴을 팔거나 혁신과 관련된 일들을 사용자들이 더 편리하게 수행할 수 있도록 제품 플랫폼을 팔 수 있다.

(3) 제조업체들은 사용자들이 만들어낸 혁신에 보완적인 역할을 하는 제품이나 서비스를 팔 수 있다.

사용자가 개발한 제품의 생산

기업들은 사용자들이 개발한 혁신을 발견해 제품화하거나 사용자들이 가진 아이디어들을 바탕으로 제품을 만들어 이익을 창출할 수 있다. 다른 제조업체들보다 이런 일을 잘 수행할 수 있도록 학습한다면 경쟁 우위를 점할 수 있다. 예를 들어, 상업적으로 성공 가능성이 높은 사용자 혁신을 다른 기업들보다 더 잘 찾아낸다면 경쟁 우위가 생기는 것이다. 9장에서 설명할 선도 사용자 탐색 방법을 사용하는 기업들은 이런 일들을 우연히 더 잘하는 것이 아니라 시스템적으로 더 잘할 수 있는 방법을 알고 수행하고 있는 것이다. 사용자가 개발한 혁신을 대량 생산으로 옮기는 과정이 생각만큼 쉬운 일은 아니다. 어떤 경우에는 제조업체가 선도 사용자들이 만들어낸 혁신의 일부를 여러 개 결합해서 매력적인 제품을 만들어내기도 한다.

어느 경우에 선도 사용자 혁신을 상업화하는 것이 좋을지에 관한 의사 결정은 일반적으로 아주 어려운데, 이에 관한 정보를 수집하고 이런 결정을 내리는 데 필요한 정보를 분석하는 일이야말로 기업들이 학습함으로써 더 잘할 수 있는 부분인 것이다. 제조업체들은 종종 새롭게 출현하는 사용자들의 필요를 잘 이해하지 못하고 선도 사용자들이 이해하는 만큼 시장을 이해하지 못한다. 따라서 선도 사용자들은 자신들의 아이디어를 팔거나, 성공 가능성이 큰 경우에는 직접 자금을 모아 제조업체를 동원하는 경우가 생기게 되는 것이다. 최신 외과용 수술 장비의 상업화 과정을 조사한 연구에서 혁신을 수행하는 사용자들이 이런 활동을 하게 되는 것이 관찰되었다(Lettl, Herstatt, and Gemünden 2004). 물론 사용자가 직접 회사를 창업해서 자신들이 개발한 제품을 생산 판매까지 수행하는 일도 얼마든지 가능하다. 스포츠 장비 산업의 경우에는 이런 일들이 꽤나 자주 일어난다(Shah 2000; Shah & Tripsas 2004; Hienerth 2004).

제조업체들은 또한 맞춤형 생산 서비스나 제품 설계를 받아 생산만을 담당하는 서비스들을 사용자들에게 제공하면서, 다른 경쟁업체들보다 더 빨리, 더 싸게, 그리고 더 좋은 품질로 생산함으로써 차별화를 꾀할 수 있다. 이 사업 모델은 이미 여러 분야에 걸쳐 발전되고 있다. 주문에 맞게 기계 부품을 만들어 파는 맞춤형 기계업체들, 맞춤형 전자제품을 만들어내는 전자 조립업체들, 다른 곳에서 설계된 화학 제품의 생산만 담당하는 업체들이 이에 해당된다. 주문형 집적회로를 생산하는 업체들은 특별히 더 자세히 들여다볼 필요가 있다. 2002년에만 15억 달러 정도 규모의 주문형 반도체가 생산되었고, 이 시장의 누적 평균 성장률은 29%에 달했다. 사용자들은 자신들이 설계한 그대로 더 빨리 물건을 받아볼 수 있어서 더 이익이고, 제조업체 역시 이런 생산 활동을 통해 이윤을 창출할 수 있는 것이다

(Thomke and von Hippel 2002).

사용자에게 툴킷이나 플랫폼 제품을 제공하기

자신의 제품을 스스로 설계하기를 원하는 사용자들은 이런 활동을 보다 효율적으로 하기를 원한다. 제조업체들에게 또 하나의 기회는 이런 사용자들을 위해 제품 개발을 더 쉽게 할 수 있는 제품 설계 툴킷을 제공하거나, 사용자들이 개발한 제품 수정 사항을 작동시키거나, 사용자들이 개발할 때 기본적인 바탕이 될 수 있는 플랫폼을 제공하는 일이다. 독점적인 제품 설계 툴을 제공하는 대표적인 예가 바로 케이던스Cadence라는 기업이다. 케이던스는 기업체 혹은 개인을 대상으로 주문형 반도체의 설계 툴을 제공한다. 오토바이의 할리 데이브슨Harley-Davidson이나 엑셀 스프레드시트를 만드는 마이크로소프트는 사용자들이 이후에 수정 사항을 만들어내는 데 바탕이 되는 플랫폼을 판매하는 대표적인 회사다.

이렇게 제품 설계 툴(디자인 툴)을 판매하거나 플랫폼 제품을 판매하는 회사들은 사용자들이 만들어내는 가치 있는 혁신 결과물을 다시 자신들의 제품에 반영하는 것을 체계적으로 수행하는 방법을 터득한 셈이다. 사실 여기에서 언급하는 플랫폼 관련 전략은 위에서 말한 제조와 관련된 전략과 연계시킬 수 있다. 텍사스 칼리지 스테이션에 위치한 스테이타콥StataCorp이라는 회사의 예를 살펴보자. 스테이타콥은 통계를 위해 쓰이는 스테이타라는 소프트웨어를 만드는 회사다. 이 소프트웨어에는 여러 가지 통계적인 테스트를 위한 툴들도 들어가지만, 사용자들이 스테이타 플랫폼에서 사용되는 새로운 통계적인 테스트를 제작할 수 있는 제품 설계 툴도 포함되어 있다. 통계학자들과 사회과학자들로 구성된 이들 전문 사용자 집단은 그 자체로 자신들의 업무에도 유용하게 쓰일 수 있는 테스트를 중요하게 여길 뿐만 아니라 자신들이 직접 새로운 테스트를 제작하기도 한다. 이렇게 새롭게 개발된 테스트들은 사용자들이 직접 만든 인터넷 사이트를 통해 다른 사용자들에게 무상으로 공개된다. 이렇게 공개된 테스트들은 다른 사용자들이 검증하고, 도움이 되는 글들을 남기고, 주어진 테스트들을 더 발전시키는 과정을 거치는데, 이는 공개 소프트웨어 공동체의 사용자 행동과 비슷한 양성을 띤다.

한편, 스테이타콥은 사용자 사이트의 활동들을 모니터링하고, 많은 사용자들이 관심을 보이는 테스트들을 눈여겨본다. 이렇게 해서 발견한 가장 인기 있는 테스트들은 스테이타 모듈의 일부로 제품의 일부가 된다. 이 과정에서 사용자-혁신자가 원래 발견해낸 원칙에 근거해서 사용자 소프트웨어 코드를 자사 제품에 맞게 재가공한다. 이런 후에 이 새로운 모듈을 다시 검증하는 단계를 거친다. 이 검증 단계는 통계학자들에게는 매우 중요한 과정이라고 할 수 있다. 이렇게 해서 새로운 공생 관계가 탄생하는 것이다. 사용자-혁신자는 스테이타를 통해 자신들의 아이디어에 대한 공개적인 인정을 받고, 자신들이 만들어낸 테스트를 전문가 집단에 의해 검증받을 수 있는 것이다. 한편, 스테이타콥은 새로운 상업용 테스트 모듈을 얻게 되고, 이를 자신들의 저작권 아래서 제작하고 판매할 수 있게 된다. 사용자들이 개발해서 무상으로 공개한 모듈들이 제조업체가 만들어낸 모듈들보다 스테이타콥의 이윤 창출에 더 기여했다는 연구 결과는 매우 흥미롭다고 하지 않을 수 없다(Jokisch 2001). 시뮬레이션 소프트웨어 분야에서도 비슷한 전략들이 이용되고 있다(Henkel and Thies 003).

하지만 여기서 잊지 말아야 할 사실은 스테이타콥이 자신들의 독보적인 지위를 유지하기 위해서 소프트웨어의 핵심이 되는 부분은 사용자들에게 공개하지도 않고 수정도 하지 못하게 막고 있다는 점이다. 어떤 사용자들은 자신들이 가진 문제를 해결하기 위해 소프트웨어의 핵심 부분을 수정해야만 할 때도 있다. 이런 사용자에게는 스테이타콥이 사용하는 전략이 문제가 될 수도 있다. 이런 사용자들에게 대안이 될 수 있는 것은 웹에서 찾을 수 있는 무상 공개되는 통계 패키지 소프트웨어를 사용하는 것이다. 이러한 예로 알프로젝트를 들 수 있다(www.r-project.org). 이 대안들은 사용자 공동체가 직접 개발하고 지원하는 것으로써 공개 소프트웨어의 형식으로 제공된다. 이런 무상 공개 시스템이 스테이타콥이나 그 경쟁사들과 같은 상업적인 공급자들에게 어떤 영향을 끼칠지에 대해서는 시간을 두고 관찰할 필요가 있다.

아주 유사한 패턴이 온라인 게임 산업에 존재한다. 초기의 온라인 게임 제공업체들은 아주 전문적인 사용자들이 자신들이 개발하고 보호하는 소스 코드를 해킹해서 자신들이 좋아하는 형태로 바꾸는 것을 보고 놀라지 않을 수 없었다. '모드^{mod}'라고 불리는 이런 사용자 수정 사항들은 다른 사용자들로부터 많은 지지를 받았고, 몇몇

업체들은 여기에 감동해서 이런 활동들을 도와주기에 이르렀다. 게임업체들은 궁극적으로 사용자들이 개발한 이런 모드가 자신들에게 이익이 되는 것을 깨달았다. 결국 모드가 많아질수록 모드를 이용해 게임을 할 수 있는 기본 소프트웨어가 더 많이 팔려나갔던 것이다. 따라서 다수의 게임업체들이 자신들의 게임 엔진 플랫폼에서 돌아가는 모드를 더 쉽게 만들어낼 수 있는 제품 설계 툴들을 공급해 사용자-개발자들을 적극적으로 지원하기 시작했다(Jeppesen and Molin 2003).

온라인 게임에 관련된 사용자들과 공급업체들은 여러 가지 다른 방법으로 위에서 설명한 공생 관계의 가능성을 실험하고 있는 중이다. 예를 들어, 어떤 공급업체들은 업체가 지원하는 유통 채널을 통해 사용자들이 자신들이 개발한 모드를 판매할 수 있도록 하고 있다(Jeppesen 2004). 이와 정반대로 어떤 사용자 공동체는 게임 엔진 자체를 공개 소프트웨어로 만들기 위한 노력을 하고 있다. 만약 후자의 경우가 성공한다면 최초로 사용자 수정을 위한 툴 뿐 아니라 플랫폼 자체를 무상으로 제공하는 선례를 남기게 된다. 통계 소프트웨어의 경우와 마찬가지로 이런 실험들의 결과가 어떻게 될지는 조금 더 두고 봐야 할 것 같다.

기업에 도움이 되는 사용자 혁신을 지원하기 위한 플랫폼을 제공하는 전략의 마지막 예는 제너럴 일렉트릭GE 사의 의학용 자기공명이미지MRI: Magnetic-Resonance Imaging 장치 분야에서의 혁신 패턴이다. 마이클 하쉬Michael Harsh(GE의 MRI 분야 R&D 책임자)와 그의 동료들은 이 분

야에서의 거의 모든 주요 혁신들이 자신들이나 같은 분야 경쟁업체
에서 나온 것이 아니라 가장 앞서 있는 사용자들로부터 나온 사실을
발견했다. 이들은 또한 사용자들이 직접 개발한 제품의 개선 사항들
을 상업화하는 데는 무엇보다도 GE의 MRI를 플랫폼으로 해서 사
용자들이 혁신할 경우에 가장 쉽고 빠르다는 것을 발견했다. 이에 기
초해 GE는 아주 비싼 MRI를 적소에 공급하는 것이 가장 중요하다
고 생각하고, 자신들이 생각하기에 가장 중요한 제품 개선을 이루어
낼 과학자들에게 MRI를 아주 싸게 공급하는 정책을 실시하게 된다.
이렇게 공급된 MRI들은 내부를 수정할 수 있게 제한을 모두 없앴으
며, 사용자들이 원하는 대로 제품을 변경할 수 있도록 했다. 이와 같
은 지원의 대가로 과학자들은 자신들이 개발한 혁신 결과를 GE가
우선적으로 사용할 수 있도록 했다. 시간이 지남에 따라 이런 지원을
받은 과학자들은 지속적으로 중요한 혁신을 이루어냈으며, 이는 GE
에 의해 최초로 상업화되었다. 많은 관리자들이 이 정책이야말로 GE
가 MRI 분야에서 상업적인 성공을 거둘 수 있었던 가장 중요한 이
유였다고 평가한다.

보완재가 되는 제품이나 서비스를 제공하기

많은 사용자 혁신이 보완이 되는 제품이나 서비스를 필요로 하
고 또 이런 보완재로부터 도움을 받는다. 제조업체들은 보완재를 판
매함으로써 이윤을 창출할 수 있다. 예를 들어보자. IBM의 경우 공
개 소프트웨어의 사용자 혁신으로부터 이윤을 창출하는데, 이는 보

통의 경우 소프트웨어의 보완재인 컴퓨터 하드웨어를 판매함으로써 이루어진다. 좀 더 자세히 살펴보면, IBM은 공개 소프트웨어가 깔려 있는 컴퓨터 서버를 판매하는데, 이런 공개 소프트웨어의 인기가 높아질수록 서버 판매와 수익이 늘어나게 된다. 레드햇Red Hat이라는 회사는 공개 소프트웨어 운영 시스템 중 하나인 리눅스를 유통하는 회사지만, 이 소프트웨어의 보완재인 기술 지원 서비스를 사용자들에게 제공하기도 한다. 처음에는 이익이 날 만한 보완재를 찾기가 쉽지 않지만, 어떤 경우에는 보완재이기 때문에 이익이 창출되는지 모르는 상태에서 사업이 이루어지기도 한다. 병원의 응급실은 사실 육체적으로 매우 힘든 스포츠의 사용자와 사용자-개발자들에게 보완 서비스를 제공하는 것으로 볼 수도 있지만, 이런 사실을 모르는 상태에서 이루어지고 있다고 볼 수도 있다.

토론

위에서 살펴본 예들을 통해 우리는 어떻게 제조업체들이 사용자 중심의 혁신 시스템에 자신들을 통합할 수 있는지에 대해 논의해 보았다. 하지만 모든 제조업체들이 자신들의 제품과 관련이 있을지도 모르는 사용자 혁신에 대해 관심을 가지는 것은 아니다. 예를 들어,

어떤 경우에는 제조업체들이 '허가하지 않은 사용자들의 행동'에 따르는 비용과 법적인 책임을 부담스러워 하기도 한다. 자동차 업체가 그 예인데, 자동차 제조업체들은 사용자들(주로 레이싱 관련 사용자나 차의 성능을 높이기 위해 자동차를 수리하는 사용자들)이 직접 프로그래밍한 엔진 제어 칩에 대해 상당히 합법적인 우려를 표명한다. 물론 이런 노력의 결과로 기존의 자동차 업체의 기술자들이 생각하지 못하는 새로운 성능 개선안이 나올 수도 있기는 하지만, 사용자들이 제조업체의 엔진 관련 프로그래밍을 무시하고 성능 개선에만 몰두한다면, 자동차 업체로서는 심각한 무상 보증 비용이 발생할 수도 있다(Mollick 2004).

우리는 위에서 여러 가지 방법을 통해 제조업체가 사용자 혁신과 관련해 이윤을 창출할 수 있는 방법들을 살펴보았다. 그러나 사용자-혁신자나 사용자 혁신 공동체가 이런 기능을 직접 제공할 수도 있음을 살펴보았다. 스테이타콥의 경우 사용자 혁신의 도움을 받으면서도 자신들의 독보적인 통계 패키지를 팔고 있지만, 순수하게 사용자들의 노력으로 만들어진 대안이 웹에서 무상으로 제공되고 있다. 어떤 소유 모델이 어떤 상황에 더 적합한지는 아직 더 관찰해볼 필요가 있다. 궁극적으로는 최종 소비자들인 사용자들이 선택해야 할 것이다.

9장

선도 사용자 혁신의 탐색

APPLICATION: SEARCHING FOR LEAD USER INNOVATIONS

사용자와 제조업체들은 이 책에서 개발된 여러 가지 아이디어들을 자신들의 혁신 프로세스의 개선을 위해 다양하게 적용할 수 있다. 9장에서는 기업들이 선도 사용자들에 의해 개발된 혁신 결과물들을 어떻게 시스템적으로 접근해 찾아내고 활용할 수 있는지 알아보기로 한다. 우선은 일반적인 선도 사용자 탐색 과정을 설명하고, 3M에서 행해진 연구 결과를 살펴보면서 선도 사용자의 아이디어 창출 기술들이 얼마나 효과적이었는지를 평가해보기로 한다. 마지막으로 선도 사용자를 구조적으로 탐색한 결과를 보고한 연구 결과들을 살펴보기로 한다.

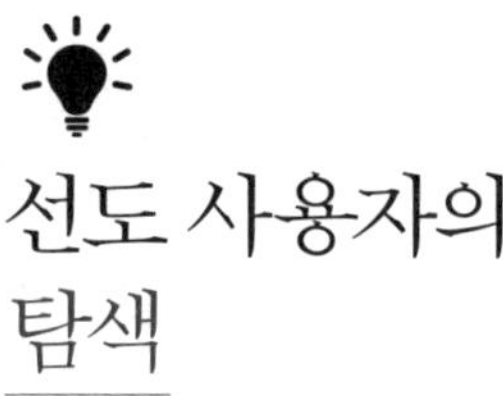

선도 사용자의
탐색

제조업체들이 전통적으로 사용해온 제품 개발 공정은 시장 연구원들이 타겟 시장의 고객들에게 어떤 충족되지 않는 필요가 있는지를 파악함으로써 시작된다. 이런 필요 정보는 회사 내의 제품 개발자들에게 전달되어 제품 개발에 착수하게 된다. 정리해보면 이 방식은 사용자들의 필요를 찾아내서 회사 내의 제품 개발 조직을 통해 필요를 충족시키는 과정이라고 할 수 있다.

이런 전통적인 방식은 선도 사용자의 구조적인 탐색 과정과 잘 맞지 않는다. 타겟 시장의 고객들에게 집중한다는 것은 다시 말해 선도 사용자들이 별 고려 대상이 아닌 아웃라이어로 취급된다는 것을 의미한다. 또한 전통적인 방식의 시장 조사 방법들은 필요 정보를 모아서 분석하는 데 그치는 것이지, 사용자들이 개발했을 해결책에는 관심을 두지 않는다. 예를 들어, 한 사용자가 "X라는 업무를 더 편리하게 수행하기 위해 이런 새로운 제품을 만들었습니다"라고 말한다고 하더라도, 시장 조사원은 더 편리한 수단이 필요하다고는 기록할지 몰라도 그 사용자가 고안해낸 해결책은 기록하지 않을 것이다. 결국 전통적인 방식에서 제품 개발은 회사 내부 개발자들의 몫이다!

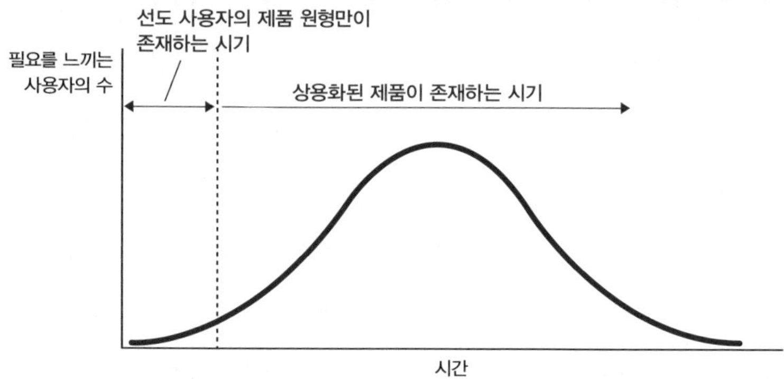

선도 사용자의 혁신이 유사한 상업용 제품보다 앞선다.

따라서 우리는 중요한 질문에 직면하게 된다. 어떻게 하면 제조업체들이 선도 사용자의 혁신을 구조적으로 탐색해 평가할 수 있는 제품 개발 공정을 만들 수 있을까? (《그림 9.1》을 보라.) 이에 대한 해답은 선도 사용자가 보다 더 발전된 유사 영역에 있는지, 아니면 타겟 시장을 선도하고 있는지에 따라 달라진다. 전자의 경우가 훨씬 더 어려운 탐색 과정이 될 테지만, 경험에 비춰볼 때 가장 혁신적이고 수익을 많이 창출해내는 기존의 사고방식을 벗어난 혁신은 보다 발전된 유사 영역advanced analog fields에서 나오는 것을 알 수 있다. 이에 대해 보다 자세히 설명해보기로 하자.

보다 발전된 유사 영역에서 선도 사용자의 탐색

보다 발전된 유사 영역의 선도 사용자들은 타겟 시장에서의 선도 사용자들을 포함한 어떤 사용자들도 경험하지 못한 극한의 경험을 하게 된다. 또한 유사 영역의 선도 사용자들은 타겟 시장의 선도 사용자들과는 아주 다른 제약 조건들을 경험하게 된다. 이런 차이점 때문에 타겟 시장의 관점과는 전혀 다른 새로운 관점에서 해결책을 찾을 수 있게 된다.

예를 들어, 자동차 시장에서 사용자들이 갖고 있는 브레이크에 대한 요구 사항들(여기서는 자동차 사용자들이 타겟 시장이다)과 공항의 활주로에 착륙하는 대형 비행기가 갖는 요구 사항들(이 경우에는 대형 비행기를 필요로 하는 사용자가 보다 발전된 형태의 유사 영역이 된다)의 관계를 비교해보자. 당연히 대형 비행기의 브레이크에 대해 극한의 요구 사항들이 존재한다. 비행기는 자동차보다 훨씬 더 무거울 뿐만 아니라 훨씬 더 빠른 속도로 착륙하기 때문에 비행기의 브레이크는 자동차보다 몇 백 배나 되는 에너지를 한꺼번에 분산시켜야만 하기 때문이다. 그리고 비행기가 처한 상황의 제약 조건이 훨씬 더 많다. 예를 들어, 자동차 운전자는 겨울에 얼어 있는 길을 운전할 때 종종 소금이나 모래가 뿌려진 길을 운전하기 때문에 브레이크를 거는 데 부담이 적어진다. 비행기의 경우에는 이런 도움을 받을 수가 없다. 소금은 비행기의 동체를 부식시키며, 모래가 제트엔진에 들어가게 되면 심각한 피해를 줄 수 있기 때문이다.

비행기 브레이크에 관한 이런 극한의 수요와 여러 가지 제약 조건들은 새로운 혁신으로 이어졌는데, 바로 그 결과물이 ABS^{antilock braking system}*이다. 자동차 브레이크와 관련된 유사 영역에서의 사용자 혁신을 찾던 자동차 회사들은 자신의 영역 밖에서 새로운 혁신을 찾아내게 되고, 이를 자신들의 영역인 자동차에 접목시키게 된다. ABS는 이제 아주 일반적인 브레이크 시스템이 되었다. 자동차를 위한 ABS를 개발하기 이전에도 자동차 회사들은 브레이크를 걸면서 미끄러짐을 방지하는 기술을 자동차 경주 분야의 기술에서 배웠을 수도 있다. 이 자동차 경주 분야에서는 같은 문제를 수동으로 브레이크를 넣었다 빼었다 하면서 해결하고 있었다. 하지만 자동차 회사의 엔지니어들은 항공우주 분야, 다시 말해 보다 발전된 유사 영역을 연구함으로써 해결책을 찾게 된 것이다.[1]

보다 발전된 유사 영역에서 선도 사용자를 찾기란 결코 쉽지 않은 일이다. 어떤 특정한 유사점을 찾는 일 자체가 아주 창의적인 일이기 때문이다. 이를 위한 한 가지 방법은 타겟 시장의 보다 찾기 쉬운 선도 사용자들에게 물어봐서 유사 영역의 선도 사용자를 추천해달라고 하는 방식인데, 이 방식은 이미 매우 효과적임이 증명되었다. 이런 타겟 시장의 선도 사용자들은 아주 유용한 유사 영역을 잘 알고 있었는데, 이는 그들 자신이 자신의 분야에서 가장 풀기 힘든 문제들과 오랫동안 씨름해왔고, 이를 해결하기 위해 타겟 시장 이외의 장소에서 자신들의 해결책에 필요한 정보를 지속적으로 찾아왔기 때문이다.

•   ABS는 바퀴의 미끄러짐을 방지하는 브레이크로, 원래는 항공용으로 제작되었으나 최근에는 차량에도 광범위하게 사용되고 있다.

한 무리의 혁신자들로부터 더 발전된 혁신자들로 네트워크를 만들어나가는 과정을 피라미딩pyramiding*이라고 부른다(von Hippel, Thomke, and Sonnack 1999). 피라미딩은 사회학자들이 그룹의 멤버를 찾아내거나 희귀 응답자의 표본을 구해내는 데 쓰는 기법 중 하나인 스노우볼링snowballing 기술의 수정 버전이라고 할 수 있다(Bijker 1995). 스노우볼링 기술은 희귀한 관심사나 아주 특별한 속성을 가진 사람들은 자신들과 비슷한 사람들을 잘 알고 있다는 사실에 기반을 두고 있다. 피라미딩은 이런 생각을 조금 수정해서, 어떤 분야에 아주 많은 관심을 가진 사람들은 자신들보다 더 전문가인 사람들을 반드시 알고 있다고 가정한다. 여러 가지 실험을 통해 밝혀진 사실은 대부분의 경우에 피라미딩이 전체를 모두 탐색하는 경우보다 훨씬 더 효율적으로 고급 정보원들을 찾아낼 수 있다는 것이다(von Hippel, Franke, and Prugl 2005). 피라미딩은 실제 산업의 공정으로 발전하게 되는데, 여기에는 3M의 특정 분야 과학자인 마리 손낙Mary Sonnack과 기업의 훈련 과정을 만드는 일을 담당했던 조안 처칠Joan Churchill이 많은 공헌을 했다.

타겟 시장에서의 선도 사용자 찾아내기

일반적으로 유사 영역에서 사용자들을 찾아내는 것보다 타겟 시

---

* 피라미드 모양의 아래쪽에 있는 다수의 일반 사용자들로부터 위쪽의 소수의 혁신자들을 찾아가는 과정에서 유래한 단어다.

| 소셜 이노베이션 |

장에서 찾는 것이 더 쉽다. 선도 사용자들의 특징을 갖는 사용자들을 찾아내면 된다. 가끔은 우리가 찾기를 원하는 선도 사용자들의 수가 너무 적어서 이런 방법을 쓰는 것이 불가능할 때가 있다. 이런 경우에는 피라미딩 방법을 쓰면 된다. 타겟 시장의 선도 사용자들은 어떤 특정한 이벤트나 장소에 모이는 경향이 있기 때문에 이 사실을 잘 활용하면 보다 쉽게 선도 사용자들을 찾아낼 수가 있다. 이런 모임에서 선도 사용자들은 자신이 해왔던 일과 자신이 앞으로 어떻게 발전해나갈 것인지 의견을 교환하기도 한다. 선도 사용자들을 찾고자 하는 제조업체들은 이런 이벤트들을 찾아가서 그냥 듣기만 해도 큰 도움이 될 것이다. 예를 들어, 스포츠 장비 업체들은 스포츠 대회 같은 곳에 찾아가서 그들이 경쟁하는 모습을 보고 사용자 혁신이 사용되는 모습을 관찰하며 서로의 노트를 비교해볼 수도 있다.

똑같은 일들이 웹에서도 이루어질 수 있다. 8장에 설명했던 통계 패키지 전문회사인 스테이타콥을 생각해보자. 스테이타라는 통계 소프트웨어에는 표준 통계 검증 방법들이 들어 있지만, 아울러서 사용자들이 자신들의 진화하는 필요를 충족시킬 수 있는 컴퓨터 언어와 도구들이 함께 들어 있다. 몇몇의 스테이타 사용자들은 몇 개의 아주 전문적인 웹사이트를 만들었고, 스테이타콥과는 별도로 운영을 하며 다른 사람들이 자신들이 만든 혁신 결과물들을 다운로드하고 사용하며 의견을 주고받으면서 지속적으로 발전시켜나가도록 했다. 스테이타콥의 관계자는 이런 웹사이트를 방문해서 사용자 혁신에 대해 배우고 어떤 통계 방법이나 검증 툴이 사용자들에게 인기가 있는지도 파악할 수 있다. 이렇게 해서 다음 버전의 스테이타에 사용자들이 원하는 모듈들을 탑재할 수 있게 되는 것이다.

만약 위에서 설명한 것처럼 선도 사용자들이 모이는 웹사이트나 장소가 없다면 제조업체가 만들어낼 수도 있다. 테크니컨 코퍼레이션Technicon Corporation이라는 회사는 자신들의 의학용 기구들을 사용해 혁신을 하는 사용자들을 위해 여러 번의 세미나를 개최해서 그들이 이룬 혁신에 대해 서로 토의하고 의견을 나누는 장소를 제공했다. 이 회사의 기술자들은 그냥 이 세미나에 참석해서 사용자들의 의견을 듣고 이를 제품에 반영했다. 이후에 이런 사용자 혁신은 테크니컨의 제품 대부분에 반영되어 오늘날 이 회사의 신제품 개선에 가장 중요한 원천이 되고 있다.

3M의
실험

유사 영역에서의 선도 사용자들이 정말로 혁신에 유용한 정보를 제공하는가를 조사하기 위해 나를 비롯한 몇 명의 연구자들이 3M에서 자연 실험을 해보았다(Lilien, Morrison, Searls, Sonnack, and von Hippel 2002). 똑같은 부서에서 같은 시기에 두 개의 프로젝트를 동시에 실시했는데, 하나는 선도 사용자 프로젝트였고 다른 하나는 전통적인 마케팅 조사 기법을 이용해서 아이디어를 내는 프로젝트였다. 프로젝트의 숫자 또한 많아서 통계적으로 유의한 비교를 할 수 있었다.

방법론

3M은 1996년에 한 부서에서 선도 사용자 방법을 사용했다. 2000년 5월까지는 3M의 5개 부서에서 7개의 선도 사용자 프로젝트를 진행했고, 이 가운데 5개가 신제품 개발 과정으로 이어졌다. 위의 프로젝트를 진행한 5개 부서에서 동시에 42개의 기존 마케팅 조사 방법(필요를 찾아서 그것을 만족시키는 방법)을 사용한 프로젝트들을 진행했다. 이 두 표본을 통해 우리는 선도 사용자 방법과 기존의 마케팅 조사 방법의 효과를 비교 분석할 수 있게 된 것이다. 3M이 물론 이 연구에 동참하고 회사 기록과 신제품 개발팀에 접근하는 것을 허용했지만, 통제된 실험을 할 만한 기회를 제공하지는 않았다. 하지만 우리 연구원들은 자연 상태에서 이 두 개의 서로 다른 프로젝트가 만들어내는 차이점을 살펴볼 수 있었다.

우리의 연구 조사 방법론은 이전-이후/테스트-통제 상황이 필요했기 때문에, 준準무작위 배정을 통해 이런 상황을 임의로 만들어냈다(Cook and Campbell 1979). 다시 말해, 우리의 목표는 프로젝트 간에 선도 사용자 방법을 사용한 것을 이외의 다른 것들의 차이를 최대한 줄임으로써, 연구 결과가 선도 사용자 방법을 사용했는지 아닌

지의 차이로 인한 결과라는 것을 확신할 수 있도록 임의로 조정한 것이다. 이런 자연 상태의 실험에 영향을 줄 수 있는 요소들을 찾아내고 이해하고 통제하는 과정은 매우 신중하게 이루어졌다. 이렇게 해서 선도 사용자 프로젝트와 이외의 프로젝트 간에 프로젝트의 멤버 구성이나 성과 향상을 위한 인센티브 등이 어떤 영향을 끼쳤는지를 살펴보았다. 동기 부여가 더 많이 된 멤버들로 구성이 되어 있다면 우리가 생각했던 선도 사용자 방법의 영향보다는 멤버 구성 자체가 결과에 영향을 끼치게 될 것이기 때문이었다. 그 결과 선도 사용자 프로젝트와 전통적인 방법을 사용한 프로젝트에 투입된 인원들의 개개인 능력이나 동기 부여 정도 등에는 별 차이가 없음이 판명되었다. 물론 이후에 이 회사의 자료를 받아서 개개인의 성과 목표나 기타 자료를 이용해 이를 다시 한번 검증했고, 우리의 생각대로 두 프로젝트 간에 통제 변수의 차이가 없다고 결론 내리게 되었다.

또한 우리는 두 팀 간에 혁신의 기회의 정도가 다르지 않다는 것을 알게 되었다. 마찬가지로 호손 효과Hawthorne effect와 위약 효과placebo effect가 두 프로젝트의 비교에 영향을 끼칠지도 모른다고 생각해서 조사해보았으나 영향이 없는 것으로 판명되었다. (호손 효과는 쉽게 말해 나에 대해 혹은 나의 성과에 대해 더 많은 관심을 보이기 때문에 내 성과가 올라가는 효과라고 할 수 있고, 위약 효과는 내가 어떤 결과가 나오리라는 것을 들었을 때 내가 그렇게 믿고 또 그렇게 되기 위해 열심히 일하게 되는 효과라고 할 수 있다.) 물론 3M의 표본이 우리가 흔히 접하는 실험실에서의 무작위 표본과 같은 조건을 모두 충족시키는 것은 아니지만, 자연 상태 혹은 준실험 상태의 조건을 대부분 만족시킨다고 결론 내리게 되었다. 자료들은 인터뷰와 설문 조사 방법을 통해 수집되었다.

이 연구의 주요 목적이었던 선도 사용자 방법의 사용에 따른 두 프로젝트의 차이에 관한 조사를 위해 선도 사용자 방법을 모든 프로젝트에 동일하게 적용하는 것이 매우 중요했다. 이를 위해 같은 교육 자료를 써서 방법론을 가르쳤고, 같은 사람들이 교육을 담당했다. 각각의 선도 사용자 팀들은 프로젝트를 수행하는 3~4명의 3M 부서의 마케팅과 기술 부문 담당자들로 구성되었다. 각 팀들은 중요한 시장 트렌드를 분석하면서 프로젝트를 시작하게 된다. 그러고 나서 각각의 동향에 따라 피라미딩 방식을 통해 타겟 시장과 보다 발전된 유사 영역의 선도 사용자를 찾기 시작했다. 이렇게 해서 얻어진 선도 사용자들의 의견과 혁신에 관한 정보는 우리가 LU 아이디어^{lead user idea}라고 부르는 신제품 콘셉트와 사업 계획에 포함된다(von Hippel, Thomke, and Sonnack 1999).

전통적인 마케팅 방식을 사용한 프로젝트들은 원래 3M에서 사용하던 마케팅 기법을 통해 프로젝트를 수행했다. 앞으로 전통적인 방식을 사용한 프로젝트를 non-LU 팀이라고 부르도록 하자. non-LU 팀들도 팀의 구성이나 크기는 LU 팀들과 동일하게 이루어졌다. 이들은 각 프로젝트마다 조금씩 다른 자료를 이용해 아이디어들을 찾아냈는데, 어떤 팀은 외부 조직에서 얻은 시장 정보를 이용했고, 연구실의 연구원들 혹은 주요 고객들로 구성된 패널이나 표적 집단^{focus}

group에서 자료를 얻기도 했다. 하지만 궁극적으로는 타겟 시장의 사용자를 대상으로 정보를 찾은 것이지 선도 사용자들로부터 정보를 구한 것은 아니었다.

연구 결과

우리는 위에서 설명한 연구를 통해 1999년 2월부터 2000년 5월까지 3M의 5개 부서에서 행해진 모든 프로젝트(선도 사용자 방법과 전통적인 방법을 사용한 모든 프로젝트)에 대한 조사를 수행했다. 이 기간 동안 선도 사용자 방법으로 찾아낸 5개의 아이디어와 전통적인 방법으로 도출해낸 42개의 아이디어들이 각각 새로운 프로젝트로 발전되었다. 이 두 종류의 프로젝트를 비교한 결과가 〈표 9.1〉에 정리되어 있다. 선도 사용자들로부터 얻어진 제품 콘셉트가 다른 방법을 통한 콘셉트들보다 훨씬 참신하고 독창적인 것을 알 수 있다. 선도 사용자들로부터 얻어진 콘셉트들은 고객들의 보다 독창적이고 새로운 필요를 반영했으며, 시장 점유율 예상치 또한 매우 높았다. 아울러 전략적인 중요성이나 앞으로 더 큰 제품군으로 발전될 가능성 또한 훨씬 더 컸다. 5년 후의 판매 예상치는 무려 8배(1억 4,600만 달러대 1,800만 달러)나 더 많다는 것을 알 수 있었다. 결론적으로 말해 3M에서는 선도 사용자 방법을 사용한 제품 콘셉트들이 다른 전통적인 방법들을 사용한 제품 콘셉트들보다 훨씬 더 상업적인 가능성이 높다고 결론이 났다(p〈0.005).

여기에서 나온 판매 자료는 모두 예상치이기 때문에 우리가 이

〈표 9.1〉 선도 사용자 제품 콘셉트의 상업적 가능성			
	선도 사용자 제품 콘셉트 (n = 5)	전통적인 방법을 통한 제품 콘셉트 (n = 42)	유의성
제품 콘셉트의 가치와 관련된 요소들			
경쟁자와 비교한 콘셉트의 참신함[a]	9.6	6.8	0.01
제품 콘셉트와 관련된 고객 필요의 독창성	8.3	5.3	0.09
5년 후의 시장 점유율	68%	33%	0.01
5년 후의 판매 예상액 (예상 오류를 감안한 수치)	1억 4,600만 달러	1,800만 달러	0.00
보다 광범위한 제품군을 창출해낼 가능성[a]	10.0	7.5	0.03
운영 이익	22%	24%	0.70
성공 확률	80%	66%	0.24
전략적 중요성[a]	9.6	7.3	0.08
지적재산권을 통한 보호[a]	7.1	6.7	0.80
신제품 콘셉트의 조직적인 적합성에 관련된 요소들			
기존의 유통망과의 조화[a]	8.8	8.0	0.61
기존에 갖고 있는 제조 능력과의 조화[a]	7.8	6.7	0.92
기존의 전략적 계획과의 조화[a]	9.8	8.4	0.24

선도 사용자 방법으로 개발된 신제품 콘셉트가 전통적인 방법을 통해 얻어진 콘셉트보다 상업적 가능성이 훨씬 높다는 것을 알 수 있다.
a. 1~10의 스케일 사용

출처: Lilien et al. 2002, table1

자료를 얼마나 신뢰할 수 있을지 의문이 생길 수도 있다. 이를 위해 우리는 3M의 5개 분야의 재무부서에서 판매 예상치와 실제 판매 자료를 수집했다(재무부서는 신제품 개발에 얼마를 투자할 것인지에 대해 결정권을 갖는다). 우리는 또한 1995년에 판매 예상치와 실제 판매액을 비교한 자료를 얻을 수 있었다. 우리는 이런 자료들을 바탕으로 회사 전체와 각 분야별로 예상치의 오류가 얼마나 날 것인지에 대한 분포도를 작성할 수 있었다. 예상치를 상회할 경우 +30%까지, 예상치를 밑돌 경우 −13%까지 예상치의 오류가 생길 수 있다는 결론이 났다. 우리는 더 보수적인 전망치를 내놓기 위해 3M의 직원들 도움을 받아 모든 판매 예상치를 25% 정도 삭감했다. 이는 3M 관리자들의 과거 경험에 비추어 결정된 것이다.[2] 이 결과가 〈표 9.1〉과 〈표 9.2〉에 잘 나타나 있다.

굉장히 놀라운 사실은 결과적으로 선도 사용자 프로젝트에서 나온 5개 제품 콘셉트 모두가 3M의 새로운 제품군으로 발전되었다는 사실이다(〈표 9.2〉). 이에 반해 42개의 전통적인 프로젝트 중 41개는 단지 기존의 제품을 개선하거나 기존 제품군을 늘리는 데 그쳤다(카이 스퀘어 테스트, $p < 0.005$).

3M의 재무팀의 도움을 받아서 주요 제품군에 대한 보다 정확한 정보를 바탕으로 주요 제품군을 정의했다. 1999년에 주요 제품군

<table>
<tr><td colspan="3">〈표 9.2〉 선도/비선도 사용자 프로젝트 팀의 결과</td></tr>
<tr><td></td><td>점진적인 제품 개선책</td><td>새로운 주요 제품군</td></tr>
<tr><td>선도 사용자 방법</td><td>0</td><td>5</td></tr>
<tr><td>전통적인 방법</td><td>41</td><td>1</td></tr>
</table>

선도 사용자 프로젝트 팀들은 새로운 제품군으로 발전된 제품 콘셉트를 만들어냈다. 비선도 사용자 프로젝트는 단지 점진적인 제품 개선책을 내놓았을 뿐이다.

출처: Lilien et al. 2002, table 2

의 비율은 각 분야마다 7%에서 73% 정도를 차지했다. 선도 사용자 프로젝트에서 나온 아이디어를 바탕으로 한 제품의 5년 후 판매 예상치는 아무리 보수적으로 계산하더라도 각 분야 판매의 25%에서 300%에 이른다는 것을 알게 되었다.

선도 사용자 프로젝트의 결과로 나온 주요 제품군의 다섯 가지 혁신 가운데 네 가지를 나열해보겠다(1개는 회사 보안의 이유로 공개되지 않았다).

- 외과 수술을 할 때 감염을 차단하는 새로운 접근 방법: 예전에는 한 가지의 방식으로 모든 경우의 감염을 차단하려 했지만, 새로운 접근 방법은 각 환자의 생물학적 감염 가능성에 따라 각 환자의 상황에 맞게 다양한 방법으로 감염을 차단한다. 이 혁신이 시장에서 성공할 수 있게 만들기 위해 담당 팀의 새로운 전략적인 혁신이 수반되었고, 새로운 제품군을 생성하게 되는 계기가 되었다.

- 전화 방문 수리공들을 위한 전자 통신/테스트 장비: 이 장치는 음성뿐 아니라 영상과 데이터도 접근 가능한 신개념의 장치로서 물리적으로 고립된 수리공들이 본부에 있는 동료들과 가상의 팀을 구성해 문제를 해결할 수 있게 하는 혁신적인 장치였다.

- 작업 시간을 획기적으로 줄이는 그래픽 필름 적용 방식: 상업용 그래픽 필름 적용 방식은 48시간 정도가 걸렸던 기존의 작업 시간을 1시간으로 줄여냈다. 이 새로운 방식에는 새로운 장비가 고안되어 사용되었다. 상업용 그래픽 필름은 버스나 트럭 전체에 그림을 입혀 광고나 장식을 목적으로 사용할 수 있게 하는 인쇄 방식을 일컫는다. 선도 사용자 팀은 기술적인 혁신뿐 아니라 이런 적용 기술이 빠르게 확산되도록 하는 유통망과 사업 모델 변화에 대한 해결책도 내놓았다.

- 운송에서 파손을 막기 위한 새로운 포장 방식: 기존의 발포 플라스틱을 대체하는 방식으로서 기존의 방식보다 더 환경 친화적이고 더 빨리 적용

할 수 있을 뿐 아니라 시장에 나와 있는 어떤 방법보다도 운송업자나 고객에게 더 편리한 방식이었다.

나는 몇몇 연구자들과 함께 선도 사용자 방법에 의해 개발된 주요 제품군이 기존에 3M의 전통적인 방법을 사용해 개발된 제품군(예를 들어, 스카치테이프와 같은 제품군)에 비해 어떤 다른 성격을 띠는지를 조사해보기로 했다. 이를 위해 우리는 선도 사용자 방법을 사용한 5개 부서에서 1950년부터 2000년까지 개발된 모든 제품군을 살펴보았다. (1950년까지 조사한 이유는 데이터가 이 시기까지만 존재했고, 이를 뒷받침해줄 직원이 아직 있었기 때문이었다.) 1950년부터 2000년까지의 주요 제품군의 예는 다음과 같다.

- 스카치테이프: 투명한 수리용 테이프로, 최초로 이 제품이 고안된 것이고 가정에서 뿐만 아니라 상업용으로도 크게 성공한 제품이다.
- 수술실용 일회용 환자복: 지금은 여러 제품으로 발전되었지만 초기에는 아주 획기적인 일회용 제품이었나.
- 박스 접합용 테이프: 박스를 안전하게 포장할 수 있을 만큼 강력한 테이프가 기존의 방식을 송두리째 바꾸어놓았다.
- 상업용 그래픽 필름: 외부 환경에 견딜 수 있는 플라스틱 필름으로, 트럭 옆면과 같은 넓은 면적에 프린트되어 붙일 수 있다. 이 필름이 나오면서 외부에서 광고를 하는 방식이 완전히 바뀌게 되었다.

〈표 9.3〉은 5개의 선도 사용자 프로젝트의 자세한 내용과 우리가 자료를 구할 수 있었던 16개의 비선도 사용자 프로젝트 정보를 나

타내고 있다. 이 표를 보면 선도 사용자 프로젝트에서 나온 혁신이
3M이 기존에 개발한 혁신들과 많은 유사점이 있음을 알 수 있다.

<표 9.3> 3M 신규 제품군 비교

	선도 사용자 주요 신규 제품군 (n = 5)	기존의 주요 신규 제품군 (n = 16)	유의성
경쟁자와 비교한 개념의 참신함[b]	9.6	8.0	0.21
제품개념과 관련된 고객 필요의 독창성[a]	8.3	7.9	0.78
5년 후의 시장 점유율	68%	61%	0.76
5년 후의 판매 예상액 (예상 오류를 감안한 수치)	1억 4,600만 달러[b]	6,200만 달러[b]	0.04
보다 광범위한 제품군을 창출해낼 가능성[a]	10.0	9.4	0.38
운영 이익	22%	27%	0.41
성공 확률	80%	87%	0.35
전략적 중요성[a]	9.6	8.5	0.39
지적재산권을 통한 보호[a]	7.1	7.4	0.81
기존의 유통망과의 조화[a]	8.8	8.4	0.77
기존에 갖고 있는 제조 능력과의 조화[a]	7.8	6.7	0.53
기존의 전략적 계획과의 조화[a]	9.8	8.7	0.32

a. 1~10의 스케일 사용
b. 1994년 이후에 상업화된 주요 제품군에 대해서는 그 이전까지의 3M의 자료를 이용해서 25% 정도 조정된 값을 이용했다. 1994년 이전에는 실제 자료가 있었으므로 그대로 사용했다. 모든 자료는 대통령에게 보고되는 경제 현황 자료를 바탕으로 1999년 달러화 가치로 환산되어 표시된 값들이다(Council of Economic Advisors 2000).

출처: Lilien et al. 2002, table 4

토론

우리는 이제까지 필요를 찾아서 충족시키는 기존의 방식과 선도 사용자들의 의견을 구하는 방식의 성과를 3M의 실제 제품 개발 프로젝트를 통해 비교 분석해보았다. 분석 결과, 의도된 타겟 시장의 필요와 비슷하지만 훨씬 더 극한치에 가까운 필요를 느끼는 보다 발달된 유사 영역의 선도 사용자들에게 의견을 구하고 반영하는 것이 훨씬 더 효과적인 방법이었다. 이 연구 결과는 다른 세 연구(타겟 시장 중심의 연구)를 통해서도 뒷받침되고 있다. 이 세 연구에 대해 우선 간략하게 설명하면서 논의를 시작해볼까 한다. 다음 세 개의 연구에서 나오는 혁신의 결과는 회사의 차세대 제품을 만들어내는 데 그쳤으며, 급진적인 새 제품군을 만들어내지는 못했음을 알 수 있다.

- 어반과 나의 연구에서는 인쇄 전자 회로판의 설계를 위해 만들어진 컴퓨터 디자인 툴PC-CAD 분야에서 개발된 제품 콘셉트의 상업적 매력도를 조사했다(Urban and von Hippel 1988). 여기에는 자신들의 회사 내부 문제를 해결하기 위해 개발한 선도 사용자의 PC-CAD와 관련된 사용자 혁신이 포함되어 있었다. 이런 선도 사용자 제품 콘셉트의 매력도를 다른 세 가지 제품 콘셉트와 상대적으로 비교해보았다. 이 경우 표본은 173명의 타겟 시장 사용자들이었다. 참고로 비교 대상이 된 다른 세 가지의 제품 콘셉트 중 하나는 시장에서 가장 상업적으로 성공한 제품콘셉트였다는 점을 밝혀둔다. 연구 결과를 살펴보면 80% 이상의 타겟 시장 사용자들이 선도 사용자들에 의해 개발된 제품 콘셉트를 더 선호하는 것으로

집계되었다. 구매 가능성을 조사한 자료에 따르면 선도 사용자의 콘셉트가 들어간 제품의 구매 가능성이 51%로 다른 제품에 비해 2배 가량이 높게 조사되었다. 마찬가지로 지출 의향도 선도 사용자의 콘셉트가 들어간 제품이 2배 높은 것으로 조사되었다.

- 헤르스타트와 나는 새로운 파이프 걸이 제품 라인을 만들기 위한 선도 사용자 프로젝트에 관해 연구했다(Herstatt and von Hippel 1992). 여기서 말하는 파이프 걸이라는 장치는 파이프를 건물의 천장에 부착할 때 쓰이는 기구를 말한다. 건설과 관련된 장비와 제품을 제조하는 이 분야 주요 기업인 힐티[Hilti]라는 회사는 새로운 파이프 걸이 제품군을 선도 사용자 프로젝트를 통해 나온 제품 콘셉트를 사용해 제조했는데, 이후의 연구 결과가 보여주듯이 이 제품군이 상업적으로 이 회사의 가장 성공적인 케이스가 되었다.

- 올슨과 바케는 씨넷[Cinet]이 수행했던 2개의 선도 사용자 프로젝트를 조사했다(Olson and Bakke 2001). 씨넷은 노르웨이의 대표적인 IT 시스템 통합업체로서 데스크탑 PC와 심포니 애플리케이션 그룹웨어, 두 주요 제품군에서 각각 프로젝트를 수행했다. 이 두 프로젝트 모두 매우 성공적이었고, 여기에서 나온 대부분의 아이디어들이 차세대 제품에 반영되었다.

여기에서 중요한 사실은 선도 사용자 프로젝트를 통해 혁신을 해본 경험이 있는 선도 사용자들을 찾는 과정이 선도 사용자들의 혁신 결과물을 다른 경쟁자들보다 더 빨리 상업화할 수 있는 기회를 제공한다는 점이다. 혹자는 그렇다면 선도 사용자들이 혁신을 하기 전에 미리 이들을 찾아내는 것이 상업화 속도를 빨리 하는 데 유리하지 않을까 하고 생각할지도 모르겠다. 만약 사용자 혁신을 잘할 만한 선도 사용자 기업이나 조직이 있다면, 사전 협약을 통해서 잠재력 있는 사용자 혁신 결과물을 선점하는 방법이 있을 수 있기 때문이다. 개인적인 견해로는 그와 같은 수직 통합의 방법은 별 실효성이 없을 것이라 예상한다. 9장에서 논의한 바와 같이 선도 사용자들이 개발하는 혁신의 성격이나 매력도가 대부분 개별적인 선도 사용자가 처한 아주 특수한 상황이나 그들이 취할 수 있는 특수한 정보와 연결되기 때문이다. 따라서 사용자 혁신 자체가 정보 취합이 어려운 아주 분산되어 일어나는 현상이며, 어떤 사용자가 가치 있는 혁신을 창출해낼 것인가 하는 것을 미리 예상하기란 정말 어려운 일이다.

크리스텐센(Christensen 1997), 슬레이터와 나르버(Slater and Narver 1998)등의 연구자들은 기업이 현재의 고객들에게 너무 신경을 많이 쓰게 되면 앞으로 일어날 급진적이거나 와해적 혁신들[disruptive innovation]을 놓칠 수도 있다는 연구 결과들을 내놓고 있다. 이 연구 결과를 앞에서 논의된 선도 사용자에 관한 연구 결과를 어떻게 이해할 수 있을까 하는 의문이 제기될 수도 있다. 크리스텐센은 그의 저술에서 이렇게 이야기하고 있다. "폰 히펠 교수의 연구는 주로 고객들에게 귀를 기울이는 것이 정말 가치 있는 일이라는 것을 증명하고 있으며 (…) 우리가 개발한 가치망에 관한 분석 틀[value network framework]으로 살펴본다면, 폰 히펠 교수의 연구에 나와 있는 제조업체들을 이끌어간 사용자 혁신은 현상 유지의 성격이 강한 존속적 혁신[sustaining innovation]이라 할 수 있다. 우리의 견해로는 와해적인 혁신은 다른 원천으로부터 나올 것이라 예상한다."

안타깝게도 위에 인용한 논문은 나의 연구 결과를 기본적으로 잘못 이해하고 있다고 할 수 있다. 나를 비롯한 이 분야의 다른 연구자들이 연구한 결과는 선도 사용자가 행한 혁신을 말하고 있지, 단순한 고객을 대상으로 하고 있지 않다. 선도 사용자라는 개념은 어떤 한 특정 기업의 고객보다도 훨씬 더 광범위한 분류다. 제조업체에게 유용한 혁신을 하는 선도 사용자들은 타겟 시장과 보다 발전된 유사 시장에서 모두 가장 선두에 위치하고 있다. 몇몇 선도 사용자들이 개발한 혁신을 어떤 제조업체들의 입장에서는 굉장히 와해적 혁신으로 볼 수도 있겠지만, 선도 사용자들은 이런 사실에 신경조차 쓰지 않을 것이다. 궁극적으로 이들은 자신들이 사용하기 위한 제품을 만들고 있기 때문이다.

팀 버너스 리Tim Berners-Lee는 유럽공동원자핵연구소CERN에서 일하는 선도 사용자의 입장에서 월드와이드웹을 만들어냈다. 물론 버너스 리는 이 소프트웨어의 사용자였다. 물론 이 웹이 다른 많은 기업들에게는 와해적 혁신이 되었겠지만, 버너스 리가 이것을 만들었을 때는 이런 사실을 전혀 고려하지 않았을 것이다. 선도 사용자들은 보통 시장을 이끌 이유도 이끌지 않을 이유도 없고, 자신들의 혁신 결과물이 와해적 혁신으로 인식될 제조업체에 연락할 필요도 없는 것이다. 사실 이런 관계가 형성되지 않은 것이 더더욱 제조업체가 선도 사용자 프로젝트와 같은 방법을 써서 기존에 없던 사용자 관계를 찾아야만 하는 이유이기도 하다. 앞에서 본 3M의 경우가 이를 잘 설명해주고 있다. 하지만 '고객의 목소리를 듣는 것'은 선도 사용자를 찾아 그들로부터 배우는 과정과 결코 동일한 것이 아니라는 기본적인 사실을 독자들이 알았으면 한다(Danneels 2004).

　이런 가장 기본적인 오해를 접어둔다면 크리스텐센과 그의 동료들이 연구한 제조업체가 고객들로부터 존속적 혁신에 관한 요청을 받을 것이라는 점에 대해서는 의견을 같이 한다. 3장에서 논의된 바와 마찬가지로 제조업체들은 자신들이 기존에 가지고 있던 능력을 최대한 활용하는 혁신에 강한 인센티브를 가지고 있다. 이런 혁신은 그들에게 기존의 방식을 유지하는 아주 존속적 혁신이 되는 것이다. 고객들도 이런 사실을 아주 잘 알고 있다. 따라서 어떤 새로운 기술을 사용하려는 고객들은 와해적 혁신으로 받아들이는 제조업체에게 이런 요청을 하는 것을 꺼리게 될 것이다. 기존의 방식을 고수하는 존속적 혁신을 바라는 제조업체들이 새로운 요청을 받아들이지 않을 가능성이 높기 때문이다. 따라서 기존의 고객들로부터 제기되는 요청 사항들은 존속적 혁신을 지향하는 쪽으로 치우치기가 쉽다. 잘 생각해보면 비슷한 연구 결과인 것 같지만, 전혀 다른 메커니즘으로 설명할 수 있다는 사실을 알 수 있다.

　이 장을 마감하면서 독자들이 기존의 혁신 원천에 관한 연구에서 밝혀진 한 가지 중요한 사실을 기억했으면 한다. 혁신의 원천에 관한 연구들은 사용자들이 어떤 특정한 종류의 혁신들을 만들어내는 것이지, 그들이 혁신의 유일한 원천은 아니라는 사실이다. 이런 사실을 귀담아 듣는다면, 제조업체들은 자신들의 제품 개발 전략이나 제품 포트폴리오 구성에서 자신들이 할 부분과 사용자들로부터 제기될 수 있는 부분을 잘 나누어야 한다는 것을 배우게 될 것이다. 예를 들어, 기능적으로 아주 참신하고 새로운 제품을 찾기를 원한다면 선도 사용자들의 혁신을 찾는 것이 자신들이 직접 제품 콘셉트 개발에 뛰어드는 것보다 훨씬 더 나은 방법이 될 수 있다. 만약 제조업체들이 상당히 세밀하게 필요 정보를 얻을 필요가 없고, 사용 환경에 대한 정보도 아주 자세하게 필요로 하지 않는다면, 자신들이 직접 개발하는 방법을 택하는 것이 나을 수 있다. 이런 예로는 제품의 특정한 측면에 대해 더 나은 개선을 이루는 제품들을 들 수 있다. 사용자들은 개선의 여지가 있는 어떤 특정한 요소에 대해 자신들의 필요를 표출하기도 한다. 제품의 특정한 어느 한 측면에 대한 개선만을 바라는 특정 측면 개선은 기능적으로 새로운 제품을 찾는 것과는 아주 다른 양상을 보여준다.

예를 들어 설명해보자. 만약에 사용자가 '최대한 빠르고 가격이 싼' 컴퓨터를 원한다고 해보자. 이와 유사하게 의학 영상 기구의 사용자들은 '기술적으로 가장 선명하고 해상도가 높은 영상'을 원할 수도 있다. 만약 제조업체들이 현재 이런 사용자들이 원하는 수준의 속도나 가격이나 해상도에 이르지 못하고 있으면, 보다 빨리 고객들이 원하는 수준으로 특정 측면 개선을 이루기 위해 점진적으로 새로운 제품들을 시장에 내놓게 될 것이다. 그들의 기술 발전 속도는 이들이 이런 해결책을 얼마나 빨리 개발해내는가에 달려 있다. 다시 말해, 특정 측면의 개선의 경우에는 필요 정보의 점착성보다는 해결책의 점착성이 더 중요한 역할을 한다는 것을 알 수 있다. 제조업체의 경우 이런 해결책의 점성 때문에 특정 측면에 관한 개선을 위한 정보를 내부에 가지고 있는 경우가 대부분이다.

10장

사용자 혁신과 맞춤형 설계를 위한 툴킷

APPLICATION: TOOLKITS FOR USER INNOVATION AND CUSTOM DESIGN

사용자와 제조업체가 혁신을 해나가는 데 서로 어떤 부분에 강점이 있는지를 더 잘 이해할 수 있다면, 사용자와 제조업체가 서로 협력하는 공동 혁신 프로세스를 더 효과적으로 설계할 수 있다. 맞춤형 설계와 사용자 혁신 툴킷을 살펴보면 이런 가능성을 타진해볼 수 있다. 이렇게 전혀 새로운 혁신 프로세스의 설계에서 중요한 점은 제조업체들이 사용자들의 필요를 보다 정확하고 구체적으로 이해하려는 노력을 포기하고, 그 대신에 필요와 관련된 혁신 프로세스를 사용자들에게 이관해야 한다는 점이다.

매우 흥미로운 점은 여기서 설명하고자 하는 프로세스가 이전 장에서 설명했던 선도 사용자 탐색 프로세스와는 다르다는 점이다. 선도 사용자 탐색은 기존의 혁신을 찾아내기는 하지만, 신제품이나 새로운 서비스가 개발되고 있는 시점에는 혁신을 진행하고 있는 사용자-혁신자에게 전혀 영향을 주지 못한다. 이와는 반대로 사용자 툴킷은 잠재적인 사용자-혁신자들의 혁신 프로세스에 영향을 끼친다. 사용자 툴킷을 사용하게 되면 혁신 프로세스에 드는 비용이 줄어들고 혁신이 더 빨리 일어날 수 있기 때문에 사용자 혁신의 양이 늘어나게 되고, 툴킷이 지원하는 방향으로 혁신에 대한 노력을 유도할 수 있게 된다.

이 장에서는 먼저 왜 툴킷이 혁신에 유용한지를 살펴보고, 툴킷의 환경을 어떻게 만들 것인지와 툴킷이 작용하는 방식에 대해 살펴본다. 또한 툴킷이 언제 가장 유용한가에 대해서도 함께 살펴보기로 한다.

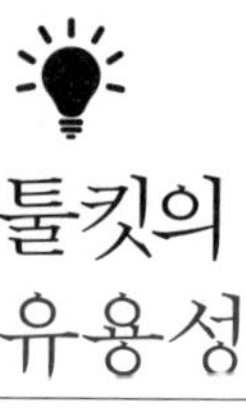

툴킷의
유용성

사용자 혁신 툴킷이란 사용자들이 스스로 제품 설계, 원형 제작, 그리고 디자인을 검증할 수 있는 도구들을 모두 포함하는 통합 도구 모음이다. 툴킷의 목적은 비전문적인 사용자들이 그들의 필요에 꼭 맞으면서 매우 양질의 제작 가능한 맞춤형 제품을 설계할 수 있게 하는 것이다. 툴킷은 보통 사용자에게 친근한 요소들을 가지고 있는 경

| 소셜 이노베이션 |

우가 많다. 또한 툴킷은 제품과 서비스의 종류나 생산 시스템의 종류에 따라 제각각 독특한 성격을 띤다. 예를 들어, 맞춤형 반도체 칩을 설계하고 싶은 사용자들에게 제공되는 툴킷은 그 목적에 맞게 특별히 제작되며, 다른 종류의 제품을 설계하는 데에는 쓰일 수가 없다. 사용자들은 자신들이 잘 이해하고 있는 자기 자신의 필요 정보를 툴킷과 함께 이용해서 우선 설계를 해본 다음, 이를 이용해 제품 원형을 만들어 시뮬레이션을 해보기도 하고, 실제 사용 환경에서 테스트해보기도 하면서 자신들이 만족할 때까지 이 과정을 반복하게 된다.

다양한 분야에서의 제조업체들이 위에서 언급한 맞춤형 제품 설계 과정을 적절한 혁신 툴킷을 사용해서 고객들에게 이관하는 것이 수익 창출에 훨씬 더 도움이 된다는 사실을 깨달았다. 주문형 반도체 분야의 결과만 놓고 본다면, 툴킷 사용으로 인해 제품 개발 시간은 3분의 2 이상 줄어들었고, 개발 비용도 현저하게 줄어들었다. 2000년에는 툴킷으로 설계된 맞춤형 집적회로가 150억 달러 이상이나 판매되었다. 이들 중 상당수가 사용자들에 의해 설계되었으며, LSI와 같은 주문형 반도체 제조업체의 반도체 공장에서 제작되었다 (Thomke and von Hippel 2002). 전 세계의 식품업계에 전문 향미료를 공급하는 업체인 IFF International Flavors and Fragrances는 사용자들이 맛과 향을 자신이 원하는 대로 조절할 수 있는 툴킷을 만들어 그 디자인 결과물을 자신들이 생산해낸다. 산업재 분야에서 GE는 플라스틱 제품을 만드는 웹상의 도구들을 제공한다. 소프트웨어 분야에서는 상당수의 소프트웨어 업체들이 자신들이 제작한 소프트웨어에 사용자들이 맞춤형 설계를 한 모듈들이 작동할 수 있도록 소프트웨어를 설계하고, 이를 위한 툴킷을 제공한다. 예를 들어, 웨스트우드 스튜디오 Westwood Studio는 자신들의 비디오 게임에 중요한 요소들을 사용자들이 설계할 수 있도록 툴킷을 제공한다(Jeppesen 2005).

사용자의 설계를 툴킷의 가장 주요한 기능은 제품 개발이나 서비스 개발 작업을 그것들을 수행하는 데 필요한 점착성 정보sticky information과 같은 장소에 위치시키는 일이다. 특정 제품이나 서비스를 개발하는 데서 필요 정보에 관련된 작업은 사용자에게 맡기고 작업을 수행할 수 있는 툴킷을 제공한다. 마찬가지로 해결 정보와 관련된 작업은 제조업체가 맡게 된다.

4장에서 언급한 바와 마찬가지로, 일반적인 문제 해결 과정이나 이보다는 보다 특수한 제품 및 서비스 개발 과정은 시행착오의 사이클이 지속적으로 반복되는 과정이라고 볼 수 있다. 각각의 시행착오 과정이 한 개 이상의 장소에 있는 점성 정보를 필요로 할 때, 문제 해결 활동과 점성 정보를 같은 장소에 위치시켜야 한다. 이를 해결하기 위해서는 계속해서 문제해결 활동을 점성 정보가 위치한 곳으로 이동시켜 나가야만 한다.

예를 들어, 필요 정보는 잠재적인 제품 사용자가 있는 장소에 점착성이 있고, 해결 정보는 제조업체가 있는 장소에 점착성이 있다고 가정해보자. 사용자는 자기가 가지고 있는 필요 정보를 바탕으로 자신이 원하는 제품이나 서비스를 설계함으로써 프로젝트를 시작하게 될 것이다(《그림 10.1》). 사실 자신의 필요를 아주 정확하게 기술해

| 소셜 이노베이션 |

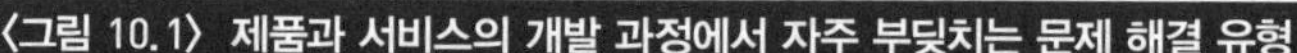

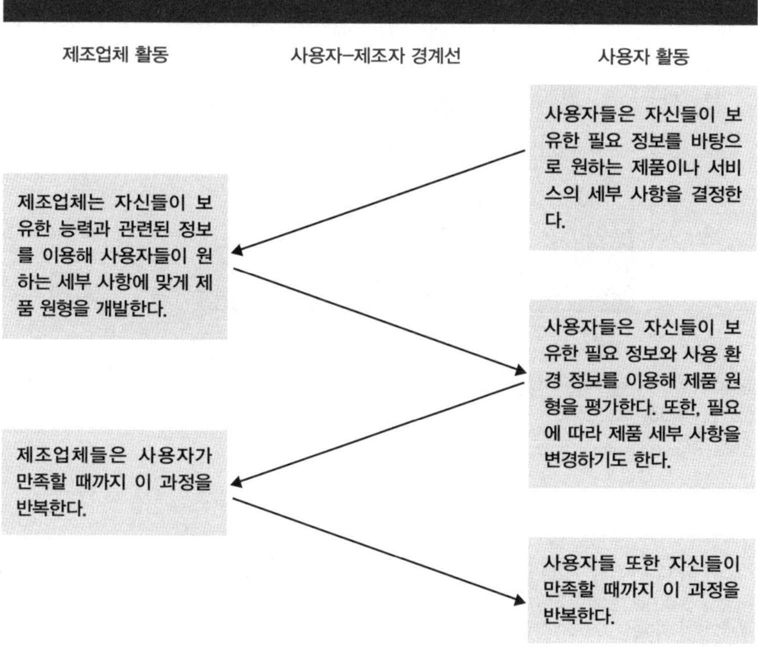

내는 것이 어렵기 때문에 필요 정보는 부분적으로나마 점착성을 가지게 될 것이다. 여기서 점착성을 가진다는 것의 의미는 점착성을 가진 물질처럼 어느 특정 장소에 들러붙어 잘 떨어지지 않음을 표현한다. 그러므로 사용자는 아무리 노력한다고 할지라도 필요 정보나 사용 환경에 대한 정보를 남기지 않고 모두 전달할 수는 없다. 제조업체는 이런 부분적인 필요 정보를 받아서 자신들의 해결 정보를 적용해 제품 원형을 만들고 사용자 테스트를 위해 사용자가 위치한 곳으로 보낸다. 만약 제품 원형이 만족스럽지 않다면(대부분의 경우에 사용자는 만족하지 않는다) 제품 원형은 수정을 위해 제조업체에게 되돌려진

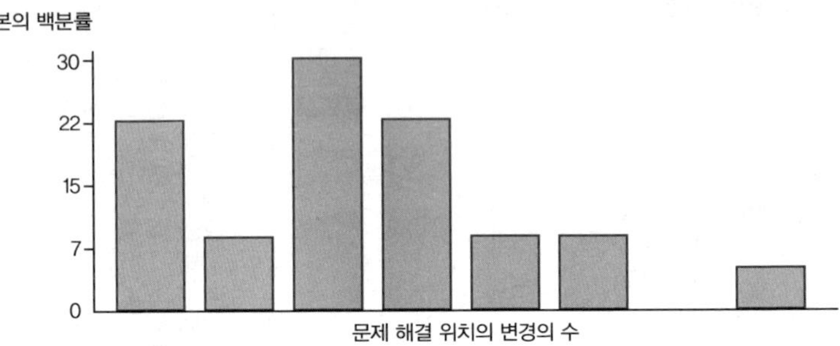

공정 기계 고장의 해결 과정에서 관찰된 사용자 위치와 제조업체의 연구실간의 문제 해결 위치의 변경에 관한 자료

출처: Tyre and von Hippel 1993, figure 2

다. 이전의 연구 결과들이 보여주듯이, 문제 해결자들(이 경우에는 제품 개발자)은 만족스러운 제품을 얻을 때까지 점착성이 있는 필요와 해결 정보가 위치한 장소를 반복적으로 찾아가게 된다(<그림 10.2>).

여기서 보인 사용자-제조자 간의 반복적인 문제 해결 과정을 잘 관리하기 위해서 현대의 제품 개발 과정에서는 다양한 방법들이 동원되고 있다. 예를 들어, 고속 응용 프로그램 개발 방법론rapid application development method을 사용한 프로젝트에서 개발자(소프트웨어 제조업체)는 초기의 사용자 필요에 대응하기 위해 사용자들이 가장 필요로 할 만한 요소들을 바탕으로 신속하게 제품 원형을 제작한다(Martin 1991). 이 결과물을 사용자에게 전달하면 사용자들은 자신들의 환경에서 제품 원형을 사용해보고 자신들의 필요를 더욱 명확하게 파악할 수 있게 된다. 그러고 나서 사용자들은 자신들이 생각하는 제품 개선 사항이나 새로운 추가 기능들을 제품 개발자들에게 전달한다. 이 과정은 필요와 해결책 간에 어느 정도 타협점을 찾을 때까지 반복된다. 이 반복 과정은 사용자의 요구 사항을 만족시키고, 보다 완전하고 정확하며 의미 있는 기능들과 정보를 양산한다 (Connell and Shafer 1989).

이 반복 과정을 아주 조심스럽게 접근하더라도 사용자와 제조자 간의 문제 해결을 반복적으로 이동시키는 것은 조정 비용^{coordination costs}(거래 비용중 하나로서 원활한 협력 관계를 만들기 위해 필요한 비용)이 아주 많이 드는 일이라는 사실에는 변함이 없다. 예를 들어, 사용자의 의견을 기다리는 동안 제품 개발팀은 다른 일을 하게 될 것이고, 사용자가 막상 좋은 의견을 준다고 할지라도 이미 다른 일에 매여서 그 즉시 응답할 수 없게 될 수도 있다. 이보다 훨씬 나은 방법은 경계선을 넘는 사용자와 제조자 간의 반복적인 문제 해결 과정을 줄이는 방법이다.

우리가 이 장에서 논의하고 있는 사용자 제품 설계 툴킷을 사용하게 되면 이런 문제를 해결할 수 있게 된다. 사용자 제품 설계 툴킷의 가장 기본적인 아이디어는 전체적인 제품 개발에 관한 일들을 한 장소의 점착성 정보만을 이용하는 하부 문제로 쪼개어 나누는 것이다. 그런 후에 각각의 하부 문제를 풀기 위한 점착성 정보를 이미 가지고 있는 쪽에 문제들을 배분하기만 하면 된다. 이런 접근 방법을 사용하게 되어도 사용자와 제조자는 반복적이고 시행착오적인 방식으로 각각의 하부 문제들을 풀어나가게 된다. 하지만 반복 과정이 경계선을 넘지 않고 자기가 위치한 곳에 머물게 되면서, 비용과 시간이 많이 드는 사용자와 제조자 간의 반복 과정이 생략될 수 있다(von Hippel 1998, 2001; Thomke and von Hippel 2002; von Hippel and Katz 2002).

한 장소에 문제 해결을 집중하게 될 때 일어나는 문제 해결의 속도 개선과 효율성 재고와 같은 이점을 살펴보려면, 사용자가 직접 실행하는 재무용 스프레드시트가 있을 때와 없을 때의 재무 전략 개발에 관한 사례를 보면 된다.

- 로터스^{Lotus} 1-2-3이나 엑셀과 같은 사용이 간편한 스프레드시트 프로그램이 나오기 전에는 회사의 재무 담당 최고 관리자^{CFO: Chief Financial Officer}들은 재무 전략을 짜기 위해 보통 다음과 같은 과정을 거쳤다. 우선 이들은 자기의 부하 직원에게 일련의 가정을 바탕으로 분석하라고 시킬 것이다. 그러고 나서는 몇 시간 혹은 며칠이 지난 후 CFO는 결과를 받게 되고, 이를 자신의 경험과 회사의 목표 등을 바탕으로 분석 결과를 검토하게 된다. 이런 검토 과정에서 보통 CFO는 패턴이 가지는 의미를 파악하게 되고, 패턴이 내포하는 의미를 좀 더 살펴보기 위해 추가적인 분석을 요구하게 된다. 부하 직원들은 CFO가 다른 일을 하는 동안 추가적인 분석에 들어가게 된다. 이런 사이클은 만족할 만한 결과가 나올 때까지 반복된다.

- 재무용으로 사용되는 스프레드시트가 개발된 이후에는 CFO는 그냥 앉아서 부하 직원에게 데이터를 스프레드시트에 불러오라고 하면 된다. CFO는 그 자리에서 데이터를 요리조리 조작해보고, 다양한 아이디어들과 가능성들, 그리고 '가능성 있는 시나리오^{what-if}'를 점검하게 된다. 몇 시간 혹은 며칠이 걸리던 일들이 몇 분 단위로 줄어들게 되는 것이다. CFO가 가진 회사나 재무에 대한 해박한 지식이 그 즉시 새로운 시도를 할 때마다 적용되는 것이다. 이 과정을 거쳐 부하 직원들은 보지 못하던

새로운 패턴들이 CFO에 의해 발견되고 계속 연구될 수 있다.

스프레드시트의 사용으로 보다 나은 결과를 더 빨리 얻을 수 있게 되었다는 사실은 널리 알려져 있다(Levy 1984; Schrage 2000). 제품이나 서비스의 개발도 마찬가지의 경우라고 할 수 있다. 툴킷을 사용하게 되면 시행착오를 통한 학습은 계속해서 일어나면서, 사이클 회전 시간이 훨씬 줄어드는 효용이 있는데, 필요와 관련된 학습의 완전한 사이클(시도-결과 확인 후 수정-재시도)이 한 장소(사용자측)에서 개발의 앞 단계에 일어나게 되기 때문이다.

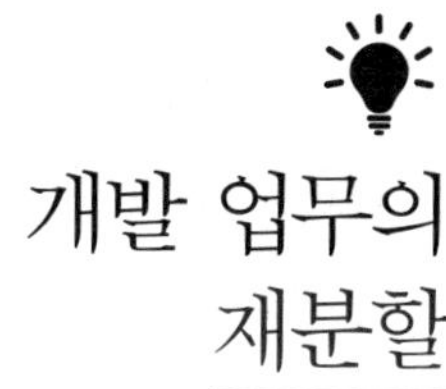

개발 업무의 재분할

툴킷을 위한 환경을 만들기 위해서는 제품 개발과 관련된 일을 필요에 관련된 정보와 해결책에 관련된 정보가 각각 서로 모여 있도록 나눠야만 한다. 이렇게 하기 위해서 어떤 경우에는 제품이나 서비스의 내부 구조를 아주 근본적으로 바꿔야 하는 경우도 생긴다. 예를 들기 위해, 우선 주문 생산 반도체 칩의 경우에 일을 어떻게 재분할repartitioning하는지에 관해 알아보고, 기술적으로 덜 복잡한 맞춤형 음식 디자인의 경우에는 이런 재분할의 원칙이 어떻게 적용되는지에 대해 알아보도록 한다.

전통적으로 완전히 주문 생산 방식으로 제작되는 집적회로의 경우에는 〈그림 10.1〉과 같은 반복적인 공정을 통해 개발되었다. 이 공정은 집적회로를 제조하는 제조업체에 사용자가 자신이 원하는 기능을 설명함으로써 시작된다. 그 이후에 칩은 제조업체의 칩 설계자에 의해 설계되고, 아주 값비싼 제품 원형이 사용자에게 전달된다. 사용자가 테스트를 해보면서 원래 정했던 세부 사항의 변경을 원하기도 하고, 제품 설계 자체의 결함을 발견하기도 한다. 이 내용을 바탕으로 새로운 제품 원형이 전달되는데, 이 과정은 사용자가 만족할 때까지 계속된다. 이런 제조자 중심의 개발 공정에서 제조업체의 개발 업무를 담당하는 엔지니어들은 필요와 관련된 정보를 회로의 기본 단위인 트랜지스터나 전기적인 연결 부위 두 부분에 구분 없이 담아두게 된다.

필요 정보와 해결 정보를 분리해서 집적회로의 맞춤형 설계를 가능하게 했던 훌륭한 아이디어를 최초로 생각해낸 사람들은 미드와 콘웨이다(Mead and Conway 1980). 디지털 칩의 가장 기본적인 단위인 트랜지스터와 같은 요소들은 모든 칩의 설계에서 표준으로 정해서 쓸 수 있다는 것을 알아냈다. 트랜지스터들을 표준화시키는 이런 하부 작업은 반도체를 어떻게 생산하는지에 관한 제조업체의 풍부한 경험을 이용해야만 가능한 일이었는데, 이런 경험은 보통 점착성이 있는 해결책 정보였다. 다시 말해, 다른 사람이 쉽게 이해하거나 이용할 수 있는 정보가 아니었다는 의미다. 따라서 제조자 기반의 칩 디자이너나 칩 생산 관련 엔지니어들이 해낼 수 있는 일이었다. 또 다른 하부 작업인 표준 회로 요소들을 서로 연결해서 집적회로를 만들어내는 일은 칩의 기능에 관한 필요 정보(이 정보 또한 점착성이 있다)만 있으면 가능한 일이었다.

예를 들어, 계산기에 들어가는 처리장치나 강아지 모양의 로봇에 들어가는 칩이나 그 제품에 맞는 기능을 수행할 수 있도록 표준 요소들을 배열하여 특정한 방법으로 연결만 하면 되기 때문이다. 이 하부 작업은 이런 기능적 제품 설계가 가능한 툴킷을 사용자들에게 제공함으로써 해결될 수 있다. 정리해보면 게이트 어레이^{gate array}라고 불리는 이런 새로운 형태의 칩들은 사용자들의 점착성 있는 필요 정보와 관련된 문제 해결 부분과, 점착성이 있는 제조자의 해결 정보와 관련된 문제 해결 부분을 분리하기 위해 새로이 제작된 구조를 가지게 된 것이다.

위에서 설명한 분리의 원칙은 맞춤형 음식처럼 기술적으로 덜 복잡한 상황에서도 적용될 수 있다. 이 분야에서 제조업체에서 일하는 설계자들(혹은 개발자들)은 새로운 제품을 만드는 일을 자신들이 전적으로 전담해왔다. 따라서 필요와 관련된 디자인 요소들이 해결책인 레시피 정보와 혼재되어 자유롭게 조합되어 사용되고 있었다. 예를 들어보자. 제조자 기반의 개발자들이 새로운 케이크를 만든다고 생각해보자. 자신들이 편리한 대로 케이크 몸통 부분을 위해서는 새로운 맛과 질감을 만들어내고, 윗부분을 위해서 또 다른 새로운 맛과 질감을 만들어내는 것이 이들의 일반적인 방법이 될 것이다. 그러나 이런 전통적인 방법과는 달리 위에서 설명한 재분할 과정을 통해 필요 정보만 있으면 되는 부분을 사용자에게 이관하는 방법도 생각해볼 수 있다.

피자의 구조를 보면 이런 방법이 보다 쉽게 설명될 수 있다. 그동안 피자 디자인의 상당 부분(예를 들어 소스나 도우 같은 부분)은 표준화되어왔다. 사용자들의 선택 사항은 토핑을 선택하는 부분에 제한되고 있다. 다시 말해, 각각의 사용자마다 다른 필요와 관련된 정보가 토핑의 선택이라는 일에만 연결되어 있는 것이다. 이렇게 단 한 가지 디자인 요소만 사용자에게 전이시켜도 사용자들이 마음껏 디자인의 자유를 누릴 수 있는 상당한 크기의 디자인 공간이 생긴다. (물론 피자 가게들은 사용자들이 너무 많은 자유를 누릴 수 있게 내버려두지는 않는다.) 사실 식용 꽃처럼 생각해낼 수 있는 모든 것들이 토핑 재료가 될 수 있다. 여기서 우리가 알 수 있는 것은 필요 정보가 한 가지의 일에만 집중되어 있는 경우에 디자인의 자유를 사용자에게 전이시키는 것이 훨씬 쉽다는 사실이다.

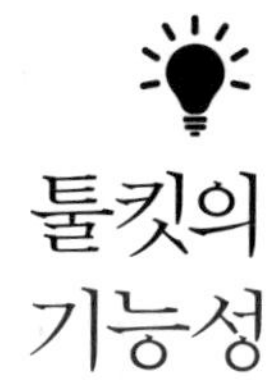

툴킷의 기능성

만약 위와 같은 방법을 써서 제조업체가 사용자에게 필요 정보와 연관된 설계 업무를 이관한다면 한 가지 주의 사항이 있다. 단순히 업무만 이관하는 것이 아니라 사용자가 그 일을 효과적으로 수행하기 위해 필요한 정보를 제공하는 것이 매우 중요하다. 사용자 혁신 툴킷을 이용하면 정보 제공을 손쉽게 할 수 있다. 내가 이 책에서 언급하고 있는 툴킷이라는 개념은 아주 새로운 개념은 아니다. 모든 제조업체들은 자신들의 제품을 개발하기 위해 자사 엔지니어들에게 필요한 도구들을 제공한다. 사용자 혁신 툴킷 역시 아주 새로운 개념은 아닌데, 사용자들도 스스로를 위해 제품을 개조하거나 만들어내는 특정한 도구들을 모아서 사용하기 때문이다. 예를 들어, 목공예를 하는 사용자들은 가구를 수정하거나 만들기 위해 톱이나 망치 같은 도구들을 모아서 사용하게 되고, 소프트웨어 개발자도 개발을 위해 여러 가지의 유틸리티 소프트웨어들을 모아서 사용하기 때문이다. 사용자 혁신 툴킷의 다른 점은 제조업체가 제품을 만들어내는 과정과 마찬가지로 자신들이 만드는 제품이나 서비스를 만들고 테스트해볼 수 있다는 것이다.

현재 툴킷이 사용되고 있는 양상을 보면 사용자 혁신을 위한 고급 툴킷에 다섯 가지의 중요한 특성이 있는 것을 알 수 있다.

(1) 사용자들에게 완전한 시행착오 학습의 사이클을 수행할 수 있도록 환경을 제공한다.

(2) 사용자들이 설계하고 싶은 내용들이 포함된 해결책 공간을 제공한다.

(3) 특별한 훈련이 없어도 바로 사용할 수 있도록 사용자에게 친근해야 한다.

(4) 흔히 쓰이는 모듈을 포함시켜서 사용자들이 자신의 설계에 쉽게 가져다 쓸 수 있게 한다.

(5) 사용자들이 설계한 제품이나 서비스가 제조업체의 장비나 프로세스의 변경 없이 바로 제조가 가능하도록 한다. 이에 대해 자세히 살펴보도록 하자.

시행착오를 통한 학습

사용자 혁신 툴킷의 가장 중요한 기능 중 하나는 사용자들이 자신이 원하는 설계를 해나가는 과정에서 완전한 시행착오의 사이클을 제공하는 것이다. 앞에서 우리는 시행착오의 문제 해결 과정이 제품 개발에서 아주 필수적인 요소임을 논의한 바 있다. 예를 들어, 사용자가 자신의 회사를 위해 맞춤형으로 제작될 새로운 전화 자동 응답 시스템을 개발하고 있고, 이를 위해 제조업체가 제공한 소프트웨어 방식의 컴퓨터 통합형 전화를 설계하는 툴킷을 사용하고 있다고 가정해보자. 이 사용자가 새로운 규칙을 만들어서 A라는 특정 인물에게 오는 특정 전화를 모두 라우팅routing하려 한다. 잘 설계된 툴킷이라면, 새로운 규칙을 잠시 시스템에 집어 넣어 테스트해볼 수 있는 환경을 제공할 것이다. 이런 과정을 통해 사용자는 새로운 규칙이 잘 작동한다고 확인할 수도 있고, 전에는 예상치 못했던 문제를 발생시킨다는 것을 알아낼 수도 있다. 예를 들어, A라는 사람이 이 규칙에 의해 너무나 많은 전화를 한꺼번에 받게 된다면, 사용자는 다시 원점으로 돌아가 다른 규칙을 만들게 될 수도 있는 것이다.

같은 방식으로 반도체 설계 분야에서의 혁신 툴킷을 사용하면 사용자들은 자신들이 원하는 칩을 설계하고, 컴퓨터 시뮬레이션을 통해 그 설계를 사용해보고 테스트해볼 수 있다. 이런 테스트 과정과 진단 툴들을 통해 오류를 발견하고 싸고 빠르게 오류를 수정할 수 있게 된다. 만약 사용자가 실수로 한 개의 스위치를 잘못 배치한다고 하더라도, 테스트 과정에서 이것이 드러나기 때문에 늦지 않게 필요한 조정을 할 수 있는 것이다. 이 과정을 통해 비용 증가나 개발 시간의 지연 없이 제품을 설계할 수 있게 된다.

이와 같은 시행착오의 과정이 얼마나 중요한지를 알려면 그 과정이 없는 설계 과정을 생각해보면 된다. 만약 툴킷에 사용자들이 스스로 보유한 필요 정보와 관련된 점착성 있는 정보를 사용해서 시행착오를 할 수 있는 기능이 빠져 있다면, 설계 오류를 찾아내기 위해 설계를 할 때마다(혹은 설계를 수정할 때마다) 일일이 제품을 주문해서 오류가 있는지 없는지 확인해야만 한다. 이런 과정은 매우 비용이 많이 들 뿐만 아니라, 사용자의 만족도 또한 떨어질 수밖에 없다.

예를 들어 설명해보자. 자동차 생산업체들은 자사의 차를 주문하는 사용자들을 위해 다양한 선택 사항을 준비해놓고 있지만, 실제 구매하기 전에는 보통 이런 옵션을 실제로 장착했을 때 어떤 느낌일지 알 수 있는 시행착오의 학습 기회를 제공하지 않는다. 기대하지 않았던 학습이 나중에 일어나는 것은 소비자들에게는 크나큰 비용으로 귀결될 수 있다. 다음과 같은 사용자가 나올 수도 있다는 것이다. "그림으로 봤을 때엔 광폭 타이어 옵션이 정말 좋아 보였는데, 실제로 차를 받아보니 핸들링할 때 느낌이 너무 안 좋은 것 같아. 그보다 더 황당한 일은 차가 너무 커져서 우리 집 차고에 들어가질 않아!"

이와 비슷한 종류의 불미스런 일들이 맞춤형으로 제작된 컴퓨터를 사는 사람들에게도 자주 일어난다. 대부분의 맞춤형 컴퓨터 제작업체들은 사용자가 자신의 컴퓨터를 온라인상에서 직접 설계할 수 있도록 웹사이트를 제공한다. 하지만 사용자는 이 웹사이트를 통해서 시행착오를 할 수는 없다. 사용자들은 단순히 리스트에서 자신이 원하는 CPU나 메모리를 선택할 수 있을 뿐이다. 선택 사항이 모두 결정되고 나면 설계 과정은 끝나고 제품이 만들어져서 배송된다. 사용자들은 구매 후 처음으로 사용해보기 전까지는 기능적으로 이 컴퓨터를 테스트해볼 기회를 전혀 갖지 못하기 때문에 제품을 받아보고 좋아할 수도 있지만, 반대로 매우 실망스러울 수도 있다.

위에서 언급한 것과는 반대로 아주 정밀한 사용자 혁신 툴킷은 사용자가 시행착오의 테스트 과정을 통해 처음 설계한 요소들을 검토하고 더 발전시켜나갈 수 있는 토대를 제공한다. 위에 언급한 컴퓨터 설계의 경우에도 사용자가 자신들이 설계한 하드웨어의 구성으로 자신이 가지고 있는 프로그램이나 업무 등을 실제 수행해볼 수 있게 한다면 이와 같은 시행착오의 테스트 과정을 가능하게 할 수도 있다.

원격으로 사용자들이 구성한 컴퓨터에 접근할 수 있게 해서 스스로 테스트할 수 있도록 한 다음, 성능 진단이나 연관 옵션 등에 대해 사용자에게 정보를 제공하면 된다. (예를 들어, x라는 옵션은 가격이 y인데, 이것을 더하면 당신이 하려는 일을 z라는 시간만큼 줄일 수가 있다는 정보를 제공할 수 있는 것이다.) 사용자는 이를 통해 자신이 원래 했던 설계가 적합하다는 것을 알게 되거나, 수정이 필요하다는 사실을 알게 되어 수정을 하게 된다. 이 모든 것은 사용자가 자신이 가지고 있는 필요 정보를 바탕으로 여러 가지 서로 대립되는 요소들 사이의 균형을 찾아낼 유일한 존재이기 때문에 가능하다.

적절한 해결책 공간

맞춤형 제품과 서비스를 경제적으로 생산하기 위해서는 맞춤형 설계의 제조가 어느 특정 제조업체의 생산 시스템에서 가능한 자유도나 시스템이 기존에 갖고 있던 생산 능력의 범위 안에서 해결 가능해야만 한다. 이런 가능한 범위를 나와 내 동료들은 해결책 공간^{solution} ^{space}이라고 부른다. 해결책 공간의 크기는 다양할 수 있지만 툴킷의 결과물이 어느 특정 생산 시스템에 연결되어져 있다면, 툴킷의 자유도 크기 또한 이에 따라 결정될 것이다. 예를 들어 위에서 언급한 맞춤형 집적회로의 제조업체가 제공하는 해결책 공간은 그 크기가 매우 커서 로직^{logic}만 제대로 설계한다면 어떤 조합도 가능하기 때문에, 전혀 새로운 종류의 컴퓨터 프로세서에서부터 새로운 실리콘 유기체에 이르기까지 다양한 제품을 설계할 수가 있다.

그러나 이렇게 설계의 자유도가 높다고 해서 생산까지 무한정으로 자유로운 것은 아니다. 반도체 생산 공정에는 많은 제약이 따르기 때문에 반도체의 일정한 로직으로 표현된 설계만 생산이 가능하다. 또한 반도체의 영역 내에서도 크기와 특성이 어느 정도 범위 내에 들어오는 반도체만 생산 가능한 것이지, 모든 반도체를 설계할 수 있다고 해서 생산까지 할 수 있는 것은 아니다. 제품 개발자들에게 아주 큰 해결책 공간을 제공하는 생산 시스템의 대표적인 예를 들어보자면, 자동 기계 공정 센터를 꼽을 수 있다. 이 시스템은 아직까지 사용자 혁신 툴킷을 제공하고 있지는 않지만, 드릴링drilling이나 밀링milling과 같은 아주 기본적인 기계 공정의 조합을 통해서 어떤 형태의 기계 부품이나 제품도 만들어낼 수 있다. 이런 분야에서 사용자 혁신 툴킷을 통해 사용자가 설계할 수 있게 한다면, 아주 큰 해결책 공간이 제공될 수 있다.

위에서 살펴본 바와 같이 아주 기본적이고 일반적인 목적의 설계 최소 단위(기본 프로세스나 기본 부품)를 이용해 생산 시스템과 툴킷을 설계한다면, 사용자들이 이를 자유자재로 조합해서 다양한 제품 설계를 만들어낼 수 있기 때문에, 크기가 아주 큰 해결책 공간을 만들 수 있다. 반대로 사용자가 이용할 수 있는 설계 최소 단위가 되는 옵션이 적다면 해결책 공간은 작아지게 된다. 맞춤형 제작 자동차를 설계하고 싶은 사용자들은 해결책 공간이 매우 작다는 사실을 알게 되는데, 이는 그들이 선택할 수 있는 옵션이 엔진, 변속기, 차체 색상 등과 같이 아주 적은 수의 옵션에 국한되어 있기 때문이다. 안경을 구입하는 사람에게도 이미 디자인된 안경테와 안경 렌즈를 선택하는 것 이외에 다른 옵션은 거의 없다.

이렇게 사용자들이 선택할 수 있는 해결책 공간에 제약을 두게 되는 이유는 맞춤형 제작 제품이 생산 공정에 최소한의 조정만을 가지고 생산할 수 있을 때에만 합리적인 가격에 생산될 수 있기 때문이다. 이런 조건은 해결책 공간을 사용자에게 제공할 때 이미 반영되어야 하고 자연스럽게 사용자들은 제약 조건 내에서만 설계하게 되는 것이다. 만약 그렇지 않고 사용자가 설계한 것이 해결책 공간 밖에 위치하고 이에 일일이 응대한다면, 제조업체는 추가적인 투자를 단행해야만 한다. 예를 들어, 집적회로의 생산업체는 해결책 공간을 벗어나는 아주 크기가 큰 칩을 생산해내기 위해서는 수십억, 수백억 원에 이르는 투자를 단행해야만 할 것이다.

사용자에게 친숙한 툴킷

사용자 혁신 툴킷은 사용자들에게 친숙한 설계 언어를 사용해서 자신들이 가지고 있는 기술을 이용해 설계할 수 있도록 사용자 친화적으로 설계되었을 때 가장 효과적이고 성공적일 수 있다. 이를 위해서는 사용자들이 제조자 기반의 디자이너들이 쓰는 전문적인 설계 언어를 배울 필요가 없고, 별다른 훈련 없이 툴킷을 사용할 수 있어야 한다.

예를 들어, 맞춤형 집적회로 디자인의 경우 툴킷의 사용자들은 보통 전자공학을 전공한 엔지니어들이다. 전자공학을 전공한 엔지니어들의 설계 언어는 불 대수^{Boolean algebra}*다. 따라서 이 분야의 사용자 친화적인 툴킷은 불 대수를 설계 언어로 해서 제작된다. 다시 말하면, 이 분야의 사용자들은 자신들에게 익숙한 늘 사용해왔던 언어를 사용해 설계할 수 있는 것이다. 설계의 마지막 단계에서 툴킷은 사용자들의 로직 설계를 반도체 제조업체의 생산 시스템이 요구하는 설계 입력 내용으로 바꿔준다.

사용자에게 친숙한 설계 언어와 기술과 도구로 이루어진 제품 설계 툴킷을 만들기 위해서는 비교적 완전한 구성의 언어, 기술, 도구의 모임이 있고 사용자들이 이것에 친숙해야만 한다. 적어도 제품의 기능에 관해서라면, 이 필요조건이 아주 필수 불가결한 것임을 우리는 쉽게 알 수가 있다. 제품의 기능은 제품이나 서비스의 최선두에 있는 것이라서, 사용자들은 제품을 인지할 때 그 제품의 기능으로 모든 것을 판단한다. (사실 사용자 중에 전문가들은 웬만한 제조업체의 기술자보다도 더 기능적인 언어나 지식에 밝을 수 있다.) 맞춤형 반도체의 사용자들은 칩이 해야 할 기능에 관해서라면 제조업체의 기술자보다도 훨씬 더 전문가일 수 있고, 따라서 자신이 원하는 최종 제품 설계에 이르기까지 수많은 서로 대립되는 요소들 사이의 균형을 찾아나가는데 매우 복잡한 의사 결정을 내리게 된다. 예를 들어, 칩의 운영 속도^{clock speed}를 높이게 되면 캐시 메모리^{cache memory}**의 크기를 줄일 수 있

---

* 불 대수는 논리 수학의 대표적인 형태로서 디지털 회로를 설계할 때 조합 회로를 불 대수의 논리식으로 나타낼 수 있다.

** 대용량의 데이터를 빠른 시간에 접속할 수 있도록 컴퓨터의 중앙연산장치 내부나 바로 옆에 설치하는 작은 메모리를 말한다.

다든가 하는 종류의 매우 복잡한 의사 결정을 일컫는다.

조금 덜 기술적인 예를 들어보자. 맞춤형 머리 스타일을 예로 살펴보자. 헤어 스타일리스트들은 사용자들이 모르는 레이어컷 기술(머리카락을 층이 지게 자르는 기술), 머리의 일부만 물들이는 기술 등 다양한 기술들을 알고, 이를 이용해 어떻게 원하는 형태의 머리를 만들 수 있는지에 대해 상당한 양의 정보를 가지고 있다. 하지만 이에 반해 사용자들은 자기의 머리를 거울에 비춰보고 다양한 모양을 더해 자신이 원하는 새로운 개선 방향을 제시하는 데 익숙해져 있다. 아울러 사용자들은 가위나 빗과 같은 자주 사용되는 도구들의 특성이나 기능에 대해서는 아주 많은 정보를 가지고 있다.

헤어 스타일링을 혁신적으로 바꿀 수 있는 사용자 친화적인 툴킷은 이런 친숙한 도구들에 기초해 제작될 수 있다. 예를 들어, 사용자들은 컴퓨터 앞에 앉아서 자신의 얼굴 모양이나 헤어스타일을 연구하고, 시행착오의 학습 과정을 통해 새로운 색깔을 덧입혀 보는 등 새로운 시도를 해볼 수 있다. 또한 자신들에게 친숙한 가위와 빗을 사용해 머리 길이를 줄여보기도 하고 모양을 바꿔보기도 하면서 자신이 원하는 헤어스타일을 만들어나갈 수도 있다. 이와 같은 시뮬레이션 프로그램에 사용자들에게 가장 기본적이고 친숙한 가위나 빗, 그리고 머리색들을 제공함으로써 사용자들은 이전에 보지 못한 전혀 새로운 모양과 색깔의 헤어스타일을 테스트해볼 수 있는 것이다. 가장 기본적인 헤어스타일 변수들과 도구들을 이용해서 사용자들은 아주 혁신적인 헤어스타일을 창조해낼 수 있다. 사용자가 만족할 만한 수준으로 헤어스타일이 창조되면, 이 결과는 헤어스타일 전문가가 이해할 수 있는 기술적인 설명으로 번역되어 전달되게 된다. 이 경우에 헤어 스타일리스트는 생산 시스템이 되는 것이다.

일반적으로 컴퓨터 하드웨어와 소프트웨어의 점진적인 발전으로 툴킷 설계자들이 좀 더 사용자에게 친숙한 방식으로 정보를 전달하는 것이 가능해졌다. 이전에는 종이나 책으로 전달되어 사용자들이 필요할 때마다 들춰봐야 했다면, 이제는 컴퓨터 프로그램에 다양한 정보를 담아서 전달할 수 있게 된 것이다. 컴퓨터 프로그램이 없을 때에는 개발 중 어떤 정보가 필요한지도 사용자가 직접 파악해서 정보를 찾아야 했지만, 컴퓨터 프로그램을 이용하면 개발 중 필요할 정보를 그 즉시 프로그램이 파악해서 공급해줄 수가 있다.

모듈 라이브러리

맞춤형 설계가 전부 새로운 디자인으로 구성되는 경우는 거의 없다. 그렇기 때문에 표준 모듈들을 모아서 라이브러리로 제공하는 것은 사용자 혁신을 위한 툴킷을 만드는 데 아주 중요한 부분이다. 표준 모듈을 제공함으로써 사용자들은 미리 디자인된 옵션으로 제공될 수 없는 창의적인 부분에 좀 더 집중할 수 있게 된다. 예를 들어, 건축가의 경우 새로운 형태의 건물에 들어갈 기둥들을 미리 분석해서 표준 모듈로 제공하게 되면 이를 이용해 다양한 건축물 형태를 실험해볼 수 있다. 이와 유사하게 헤어스타일을 디자인하려는 사용자들이 이미 디자인된 기존의 헤어스타일들을 바탕으로 작업을 시작한다면 훨씬 더 쉽게 디자인할 수 있을 것이다. 원하는 헤어스타일과 비슷한 요소가 있는 헤어스타일을 라이브러리에서 찾아내기만 하면, 그것을 시작점으로 해서 원하는 부분은 더하고 필요 없는 부분은 빼면서 자신만의 디자인을 할 수 있다.

사용자 제품 설계의 생산을 위해 번역하기

사용자 제품 설계가 모두 완료 되었을 때, 사용자 혁신 툴킷의 언어는 생산 시스템의 언어로 오류 없이 모두 변환될 수 있어야 한다. 이 과정이 잘 이루어지지 않는다면 툴킷을 이용해 설계하는 것이 무의미해질 수 있다. 사용자가 설계한 것을 받은 제조업체가 또다시 설계 작업을 자기들의 생산 시스템에 맞춰서 해야 하기 때문이다. 오류 없는 번역이 보통의 경우에는 큰 문제가 되지 않는다. 예를 들어, 집적회로 설계 툴킷의 경우에는 오류 없는 번역이 그리 어렵지 않은 일이었다. 칩 설계자와 생산자들 모두 디지털 로직에 바탕을 둔 언어를 사용하고 있었기 때문이다. 이와는 대조적으로 어떤 분야에서는 사용자들이 선호하는 디자인 언어로부터 생산 시스템에서 사용하는 언어로 번역하는 것이 툴킷 설계의 가장 중요한 문제로 떠오르는 경우가 있다. 이를 살펴보기 위해 네슬레^{Nestle} 사의 미주 지역 식품사업부의 제품 개발팀의 리더인 어니 검^{Ernie Gum}이 담당한 툴킷의 예를 설명해보기로 한다.

네슬레 식품사업부의 주요 사업 중 하나는 주요 식당 체인을 위해 맞춤형 멕시칸 소스와 같은 맞춤형 식품을 제조 및 판매하는 일이다. 이런 종류의 맞춤형 식품은 전통적으로 식당 체인의 총주방장에 의해 자신들이 요리 학교에서 배운 제품 설계/생산 툴킷을 가지고 개발되었다. 다시 말해 자기 식당에서 쓸 수 있는 재료를 가지고 레시피를 개발하고, 식당에서 사용되는 장비로 음식을 만들어내는 것이다. 이렇게 만든 레시피를 가지고 총주방장은 네슬레의 식품사업부나 다른 비슷한 제조업체를 불러서 그들이 디자인한 음식을 제조해달라고 요청하게 된다. 바로 이 시점이 앞에서 논의한 오류 없는 번역의 문제가 발생하는 때이다.

기존에 식당에서 사용하던 장비와 재료의 언어를 가지고 만든 레시피를 제조업체의 공장에서 사용하는 언어로 전혀 오류 없이 번역하는 것은 불가능하다. 식품 제조 공장은 일정한 수준의 질적 요건을 만족시키는 재료들을 대량으로 사다 쓰게 된다. 이런 재료는 식당의 총주방장들이 레시피를 개발하기 위해 사용하는 재료와는 맛도 다를 뿐 아니라 질적인 수준에서 확연히 차이가 나게 마련이다. 또한 공장에서는 아주 대규모의 증기 식품 멸균 장치와 같은 대량 생산 장비를 사용하는데, 이는 식당에서 사용하는 장비와 아주 다를 뿐 아니라 총주방장이 식당에서 사용하는 방법들을 재현하기도 힘들다. 예를 들어, 식당에서 주방장들은 팬을 이용해서 아주 빠른 시간에 가열하는 방법들을 사용해 요리하는데, 이는 대량 생산 방식에서는 구현하기가 쉽지 않다. 따라서 식품 생산 공장들은 총주방장들이 개발하거나 수정한 레시피를 변화 없이 그대로 공장 환경에서 구현하는 것은 불가능하다. 가장 중요한 것은 맛인데, 식당에서 만들어낸 맛을 공장에서 그대로 만들 수가 없는 것이다.

그 결과, 총주방장이 자신들에게 주어진 툴킷(식당의 재료와 장비)을 이용해 제품 원형을 만든다고 하더라도, 식품 제조업체 입장에서는 재료나 처리 방법 등에 관한 대부분의 정보가 아무런 소용이 없다. 이는 제품 원형에 관한 정보가 공장과 관련된 언어로 직역되지 않기 때문에 발생하는 문제다. 그 가운데에서 그나마 맛이나 질감에 관한 정보는 제조업체에서 유용하게 사용될 수 있다. 사실 제조업체의 식품 전문가들은 주방장들이 만든 음식의 맛을 보고 공장의 재료나 장비를 이용해 이를 재현해내기 위해 노력하게 된다. 하지만 체인의 총주방장의 입맛이 제조업체 식품 전문가의 입맛과 똑같으리라는 법이 없기 때문에 제조업체가 만들어내는 초기 제품은 고객이 원하는 제품이 아닐 가능성이 높다. 결국 제조업체는 소비자인 총주방장들이 만족할 때까지 계속해서 제품 원형을 만들어내야 하는 것이다.

이와 같은 번역의 문제를 해결하기 위해 어니 검은 미리 가공된 식품 재료를 이용한 툴킷을 만들어서 총주방장들이 새로운 식품을 개발할 때 사용할 수 있도록 했다. 툴킷에는 일반 주방에서 사용되는 재료들을 네슬레의 버전으로 만든 재료들이 들어간다. 이 재료들은 네슬레가 자사 공장의 장비들을 이용해 가공한 재료들로써 이미 생산 시스템의 언어가 녹아들어가 있다고 할 수 있다. 예를 들어, 이렇게 디자인된 멕시칸 소스 제작용 툴킷에는 일반 공장에서 사용되는 장비와 같은 정도의 장비로 제작된 매운 고추 퓌레가 들어가게 되는 것이다. 식당 체인의 통 주방장이 매운 맛을 늘리고 싶으면 이 매운 고추 퓌레를 더 넣으면 될 것이다. (각각의 재료들에는 나중에 생산 시스템에서 서로 상호작용을 하게 될 재료가 들어가게 된다. 예를 들어, 매운 고추 퓌레에는 토마토 맛이 첨가되는데, 이는 생산 시스템에서 이런 맛들이 상호작용을 하게 되기 때문이다. 물론 사용자들도 이런 사실을 맛을 통해 쉽게 알 수가 있다.)

네슬레 툴킷을 이용해 새로운 멕시칸 소스를 만들려는 주방장들은 보통 20~30개의 플라스틱 포장된 재료들을 받게 된다. 물론 이 재료들을 사용하는 방법에 관한 설명도 함께 따라오게 된다. 일단 재료들을 받아서 맛을 보게 되면, 사용자들은 자신들이 이제까지 사용해온 신선한 재료와는 뭔가 맛이 조금 다르다고 느낄 수도 있다. 하지만 이런 차이는 툴킷을 사용해감에 따라 점차 드러나게 된다. 이런 차이를 발견하면 재료의 수나 양을 조절해서 원하는 맛과 질감이 날 수 있도록 하면 되는 것이다. 툴킷을 사용해 레시피가 완성되면, 네슬레 공장에서 아무런 오류 없이 그대로 생산이 가능하다. 이것은 순전히 총주방장들이 공장에서 사용하는 언어와 동일한 언어를 사용해서 제품 원형을 만들었기 때문에 가능한 일이다. 네슬레의 식품 관련 제품 개발 부서에서 조사한 바에 따르면, 오류 없는 번역을 가능하게 한 툴킷의 사용으로 맞춤형 식품 개발 기간이 26주에서 3주로 줄어들게 되었고, 이는 앞에서 언급했듯이 반복되는 재디자인 과정을 줄일 수 있었기 때문에 가능했다.

토론

　툴킷이 성공하느냐 마느냐는 툴킷이 얼마나 잘 만들어졌는가와 산업의 상태에 따라 크게 좌우된다. 컴퓨터 프로그래밍 산업에서 이용되고 있는 100개의 툴킷의 성공 요인을 분석한 연구에 따르면, 이 장에서 논의된 툴킷이 갖춰야 할 요소가 얼마나 잘 반영되어 있는지가 성공에 직접적으로 연관이 있는 것으로 나타났다(Prügl and Franke 2005). 다시 말해, 얼마나 시행착오의 학습이 지원되는가, 사용자의 제품 설계 문제에 얼마나 해결책 공간이 잘 들어맞는가, 얼마나 사용자에게 친숙한 인터페이스를 제공하는가, 그리고 모듈 라이브러리가 얼마나 잘 제공되는가가 성공으로 연결되는 직접적인 요소로 판명되었다.

　슈라이어와 프랑케 역시 사용자들이 맞춤형 제품(이 경우 스카프, 티셔츠, 핸드폰 커버 등의 소비재)에 부여하는 가치에 제조업체에서 제공하는 간단한 툴킷의 품질이 어느 정도 영향을 미치는지를 조사해보았는데(Schreier and Franke 2004), 사용자들의 맞춤형 설계에 대한 지불 의사는 툴킷을 이용한 설계의 난이도와 반비례했고(비크리 경매로 측정됨), 툴킷을 사용함으로써 얻어지는 재미와는 정비례했다. 즉, 툴킷 사용이 어려울수록 지불 의사가 낮았고, 툴킷을 사용해 설계하는 것이 재미있을수록 지불 의사는 높았다.

　　산업과 시장의 상태에 따라 사용자 혁신 툴킷 접근 방식은 여러 가지 다양한 사용자의 필요를 툴킷에 들어가 있는 하나의 표준 해결책으로 만족시킬 수 있을 때 제조업체에게 가장 매력적인 방식이 될 것이다. 사용자들의 제품 설계를 모두 만족시킬 수 있도록 존재하는 모든 해결책과 생산 정보를 툴킷에 넣으려면 비용이 너무 많이 들어가기 때문이다. 예를 들어, 맞춤형 반도체 디자인을 위한 툴킷의 경우 사용자가 설계한 반도체를 실제 생산해낼 수 있도록 생산 공정에 관한 정보를 어떤 식으로든 툴킷에 넣어야 한다. 이런 정보를 툴킷에 담는 것은 한 번만 수행하면 되기 때문에 되도록이면 많은 사람들이 사용할 수 있는 해결책을 담는 것이 바람직하다.

　　사용자 혁신을 위한 툴킷으로 이질적인 필요가 일반적인 해결책에 의해 해결된다고 해서 이런 툴킷이 모든 제품 필요에 적합하다는 것은 아니다. 디자인된 제품이 현존하는 가장 뛰어난 성능을 요구할 때 툴킷은 적절한 방법이 될 수 없다. 툴킷에는 자동화된 설계 법칙들이 들어가게 되는데, 이런 자동화된 법칙을 통한 방법은 제품 설계를 실제 제품으로 만들어내는 데 아직까지는 실제 사람이 수행하는 것보다 정교하지 않다. 예를 들어, 게이트 어레이 방식으로 만들어진 제품 설계는 완전히 맞춤형 방식으로 사람이 설계한 칩보다 더 많은 물리적 공간을 차지하게 된다. 한마디로 말해서 효율성이 떨어지는 것이다. 따라서 좀 더 기술적으로 어려운 제품을 설계할 때에는 툴킷이 존재한다고 하더라도 제조업체에서 설계하게 될 것이고, 복잡하고 빠르게 변화하는 사용자 필요가 존재할 때에는 사용자들이 제품 설계를 하게 될 것이다.

툴킷을 이용하게 되면 사용자들에게 다양한 범위의 능력들을 부여할 수 있게 된다. 좀 더 기술적으로 진보한 경우에는 맞춤형 집적회로 설계의 경우와 마찬가지로 사용자들이 진정한 혁신을 이룰 수 있다. 사용자들이 식기세척기에 들어가는 부품에서부터 슈퍼컴퓨터나 인공지능에 들어가는 부품까지 전자제품에 들어가는 것이면 무엇이나 만들 수 있게 되는 것이다. 기술적으로 제한적인 경우에는 손목시계 제작업체들이 맞춤형 시계 제작을 위해 기존에 제작되어 있던 시침, 케이스, 시계줄 등을 옵션으로 제공하는 것처럼 맞춤형 생산을 위한 간단한 제품 설계 도구 등이 제공된다. (우리는 현재 대량 맞춤형 생산 시스템도 대량 생산 시스템과 비슷한 비용으로 제품을 만들어내는 단계에 까지 와 있다(Pine 1993). 미국의 경우, 이러한 대량 맞춤형 생산 시스템은 대부분 컴퓨터화된 생산 장비들을 사용한다.)

아주 이질적이고 다양한 필요를 보이는 시장의 사용자들에게조차도 사용자 혁신 툴킷이 제공하는 제품 설계의 자유가 어느 정도인지 별 상관이 없을 때가 있다. 사용자가 느끼기에 뭔가 다른 제품을 제공받는다는 생각만 가진다면 툴킷을 사용하려 할 것이다. 경우에 따라서 툴킷은 사용자 전체가 아니라 일부분의 사용자만을 위해서 제공될 수도 있지만, 소프트웨어 분야의 경우에는 툴킷이 보통 표준 제품과 함께 전체에게 공급된다. 소프트웨어를 하나 더 만들어 배포하는 것은 거의 비용이 들지 않기 때문이다. 이런 경우에는 사용자가 사용할 필요를 어느 정도 느끼지 않는 이상 툴킷의 기능은 사용되지 않을 것이다.

툴킷을 공급하는 것은 선도 사용자 방법을 보완하는 역할을 하기도 한다. 자신의 필요에 꼭 맞게 툴킷을 이용해 제품 설계를 하려는 사람들은 선도 사용자의 성격을 띠게 되고, 이들의 필요는 다른 사람들의 필요를 앞서는 것일 가능성이 높다. 이런 툴킷에 대한 선도 사용자들의 개선 사항을 찾아내서 이를 제품에 탑재해 일반 시장에 공급할 수 있다. 따라서 툴킷을 사용할 사용자의 수가 적더라도 위와 같은 효과 때문에 툴킷을 공급하는 것이 가치 있는 일이라고 할 수 있다.

장기적으로 볼 때 툴킷을 공급하는 것이 현재의 사업 모델의 경쟁 우위에 도움이 되는 경우도 있지만, 그렇지 않은 경우도 존재한다. 예를 들어, 많은 제조업체들은 제품 설계 능력이나 생산 능력 두 가지 모두로부터 이윤을 창출한다. 장기적으로 본다면 툴킷을 통해 사용자에게 제품 설계를 이관하는 일은 이런 제조업체의 능력에 변화를 가져올 수 있다. 툴킷을 제공하기 시작하는 초창기에는 툴킷을 자사의 특정한 생산 설비와 연결시켜 경쟁 우위를 가질 수도 있겠지만, 사용자가 설계를 더 많이 하게 되면 이런 연결이 약해질 수 있다. 이는 사용자와 개별 툴킷 개발자들이 여러 제조업체의 공정에 적합한 툴킷을 만들어낼 수 있기 때문이다.

맞춤형 집적회로 설계의 경우에도 이런 일들이 발생했다. 초기의 혁신 기업이었던 LSI나 다른 경쟁기업들이 만든 툴킷은 특정 생산업체에 특화된 툴킷이었다. 시간이 지난 뒤 케이던스나 다른 툴킷 공

급 전문업체들이 등장했고, 이들이 만든 툴킷을 이용하면 특정 생산
업체에 종속되지 않고 다수의 공급자에게 생산을 의뢰할 수 있게 되
었다. 결과적으로 이전에 제품 설계와 생산 모두에서 이윤을 창출하
던 기업들은 제품 설계를 사용자들에게 이관하고 생산에서만 이윤을
창출할 수 있게 되는 것이다.

이런 장기적인 불리함을 생각해서 툴킷의 제공을 거부하는 것은
선택 사항이 될 수는 없다. 다른 어느 제조업체가 툴킷을 제공하기
시작하면 소비자들은 그리로 옮겨가기 시작할 것이고, 이렇게 되면
다른 경쟁자들도 그 사업 모델로 변하기 시작할 것이기 때문이다. 그
러므로 툴킷의 제공이 이루어질 조건이 형성된 시장에서 기업의 유
일한 선택 사항은 툴킷을 먼저 제공하느냐 나중에 제공하느냐, 둘 중
하나일 것이다.

11장

사용자 혁신과 다른 분야의 연계성

LINKING USERS INNOVATION TO OTHER PHENOMENA AND FIELDS

　　마지막 장에서는 사용자 중심 혁신과 다른 현상 및 다른 연구 결과들과 어떤 연관이 있는지를 살펴본다. 물론 혁신은 매우 광범위한 주제이기 때문에, 이번 장에서 논의될 내용은 그중에서도 아주 밀접한 연관이 있는 분야만을 다루게 될 것이다. 이럼으로써 이 분야에 흥미를 가진 독자들이 연관 분야로 관심을 넓혀나가는 것을 돕고자 한다. 관련 현상에 관해서 우선 사용자 혁신과 정보 공동체(정보 공동체는 사용자 혁신 공동체를 포괄하는 개념이다)의 관계를 살펴본다. 관련 분야에 관해서는 사용자 중심의 혁신이 지식 경제학과 국가의 경쟁 우위와 관련된 분야와 어떻게 연결되어 있는지를 살펴본다. 이와 함께 기술 사회학sociology of technology과의 연관성도 살펴본다. 마지막으로 기업 경영인들이 제품 개발에 관해 교육할 때 사용자 중심의 혁신이 어떻게 전달될 수 있을지에 관해서도 알아보기로 하자.

정보
공동체

사용자 혁신 공동체에 관해 앞에서 설명한 많은 내용들이 정보 공동체에도 적용이 된다. 정보 공동체는 사용자 공동체보다 훨씬 더 일반적인 개념으로 볼 수 있다. 여기에서 정보 공동체란 모든 이들에게 공평하게 공개되어 있는 정보의 집합체인 정보 공유지에서 만나서 교류하는 개인이나 집단의 공동체나 네트워크라고 정의내릴 수 있다.

우리가 혁신 공동체에 관해 논의한 것과 마찬가지로 정보 공동체도 다음과 같은 세 가지 조건이 만족되었을 때 형성된다.

(1) 일반적으로 알려지지 않은 정보를 가진 사람들이 존재한다.

(2) 무상으로 자신이 가진 정보를 공개할 의지가 있는 사람들이 존재한다.

(3) 애초에 정보를 제공한 사람 이외에 공개된 정보를 유용하게 사용할 수 있는 사람들이 존재한다.

직관적으로 생각해봐도 위의 세 가지 조건이 만족되기란 그리 어려운 일이 아니다. 물론 세상에는 무상으로 공개하고 싶지 않은 정보도 많이 존재하고, 이럴 경우에도 많은 이들은 정보를 무상으로 얻고자 할 것이다. 우리는 때로는 사람들에게 알려지지 않은 정보를 무상으로 공개하기도 하며, 이때 제공된 정보의 가치를 모두 알 수 없는 경우도 생기게 된다.

　정보 공동체에 관한 경제학적 고찰은 앞에서 논의했던 사용자 혁신 공동체에 관한 논의보다는 훨씬 간단할 수 있다. 누군가가 독점적인 권한을 가지고 있는 정보는 잘 공유가 되지 않기 때문이기도 하다. 정보 공동체에서 제공하는 서비스가 독점적인 권한이 없는 내용을 좀 더 편리하게 제공하는 것일 때에는 정보의 확산에 필요한 비용과 혜택만 살펴보면 된다. 이때에는 좀 더 민감한 요소인 독점적 정보를 무상으로 공개했을 때의 잠재적인 손실을 고려하지 않아도 되기 때문이다.

　컴퓨터와 통신 기술이 발전해감에 따라 정보 확산의 비용이 줄어들어 혁신 공동체가 점점 더 늘어가고 있고, 마찬가지로 정보 공동체 또한 점차적으로 증가되고 있는 추세다. 그 결과로 정보 공동체는 경제와 산업의 지형도를 바꿀 정도로 급격히 영향력이 증대되어 왔다. 정보 공동체는 서로 관심이 있는 정보에 적은 비용으로 접근할 수 있게 함으로써 특히나 작게 분산된 그룹의 영향력을 크게 증대시킨다. 사용자 혁신 네트워크와 마찬가지로 정보 공동체 네트워크 또한 사용자들이 무상으로 공개한 내용물을 저장하고 무상으로 다운로드할 수 있도록 한다(위키피디아가 좋은 예다). 때로는 정보를 따로 저장하는 대신에 정보를 가진 사람과 필요로 하는 사람을 연결해주는 역할만을 수행하기도 한다. 후자의 경우에는 정보를 필요로 하는 사람이 일단 네트워크에 글을 올리면 해답을 가진 누군가가 이것을 발견하고 답을 하게 된다(Lakhani and von Hippel 2003). 의학 분야에서 전문화된 웹사이트들에서 아주 좋은 예를 찾아 볼 수 있다. 이곳에서는 희귀한 질병을 가진 환자들이 이제까지와는 다르게 서로를 찾아내고, 전문가와도 서로 통신할 수 있다. 환자들과 전문의들은 과거에는 흩어져 있었고 쉽게 접근하지 못했던 정보를 이제는 정보 공동체를 통해 서로 제공하고 공유하게 되었다.

혁신 공동체와 마찬가지로 공개적인 정보 공동체 또한 매우 빠른 속도로 발전하고 있으며, 정보 공동체의 성공을 위한 인프라와 요구되는 행동들이 점차 학습되고 사람들 사이에 익숙해지고 있다. 정보 공동체들이 사용자에게만 제한되어 있는 것은 아니다. 위에서 살펴 본 예만 하더라도, 환자와 의사 모두 의학 정보 공동체에 참여하고 있다. 정보 공동체는 또한 이익을 추구하는 회사나 정보 제공자와 사용자가 바탕이 된 비영리 단체가 운영할 수도 있다. 이는 우리가 앞에서 살펴본 혁신 공동체와 같다고 할 수 있다. 회사와 사용자들은 서로 다른 버전의 공개적인 정보 공동체를 만들고 이를 시장에서 검증해보고 있다.

상업적으로 지원되는 정보 공유지인 이베이^{e-Bay}의 예를 들어보기로 하자. 이베이에서는 상업적인 목적을 갖는 회사에 의해 제공된 구조 안에서 많은 이들이 무상으로 정보를 공개하고 있다. 이 회사는 정보 제공자와 정보 검색자들 간의 거래로부터 중개료를 받아 이익을 창출한다. 사용자들 스스로 만들어낸 정보 공동체의 예로는 특정 질병에 관해 정보를 나누는 웹사이트들을 들 수 있다(그중의 하나가 칠드런 페이싱 일니스^{childrenfacingillness.com}이다).

정보 공동체는 기존의 사업 방식에 아주 중요한 영향을 끼칠 수도 있다. 예를 들어, 거래의 당사자들에게 제공되는 정보가 더 좋아질수록 시장은 더 효율적이 된다. 따라서 제품과 서비스 생산자들은 잠재적인 구매자의 제품에 대한 반응과 선호도에 관한 유용한 정보를 얻을 수 있게 된다. 제품 및 서비스 구매자들 또한 시장에서 제공되는 다양한 제품 특성에 대한 좋은 정보의 혜택을 누릴 수 있게 된다. 전통적으로 기업은 직접 대면하는 인터뷰와 설문(대량 시장의 경우)을 통해 사용자 수요와 제품 특성에 관한 정보를 수집한다. 이와 유사한 양질의 정보는 오늘날 비용을 들이지 않고 수집되고, 사용자 스스로 또는 영리 기업에 의해 특정 인터넷 사이트에 공개된다. 델라로카스, 어워드와 장의 공동 연구에서 자발적인 온라인 영화평은 표본 조사에 의해 수집된 것과 동일한 정보를 제공한다는 결과를 보여주고 있다(Dellarocas, Awad, and Zang 2004). 이와 같은 데이터 수집에 관한 신규 접근 방식이 이미 활동 중인 정보 수집 전문 기업의 비즈니스 모델에 영향을 주게 될 것이다. 차우www.ciao.co.uk 웹사이트는 이런 새로운 가능성을 보여주는 대표적인 웹사이트라고 할 수 있다. 거래 당사자들이 활용 가능한 정보의 질이 상승하고 정보의 가격이 낮아진다면, 거래의 품질은 좋아질 수밖에 없다. 제품 평가에 관한 온라인 사이트들의 도움으로 소비자들은 저녁 메뉴 선택과 같은 작은 구매 의사 결정에서도 정보를 활용할 수 있는 가능성이 높아지게 된다.

폴 데이비드Paul David와 동료들이 '개방형 과학open science'이라고 한 것이 본문에서 말하고 있는 혁신 공동체와 밀접하게 연관된 정보 공동체의 형태다. 물론 연구 결과를 무상으로 공개하는 것은 현대 과학의 큰 특징이라고 할 수 있다. 대학에 속한 과학자들은 정기적으로 논문을 발표하고, 이를 통해 독점적인 가치를 지닐 수 있는 정보를 무상으로 공개하고 있다.

이 같은 현상을 보면, 혁신 공동체에 관해 이 책에서 논의되었던 것과 같은 질문을 제기하게 된다. 잠재적으로 무임승차의 가능성을 가지고 있음에도 불구하고, 왜 과학자들은 사적인 비용으로 연구한 정보를 무상으로 공개하는가? 이에 대한 답은 혁신 사용자에 의한 독점적인 혁신을 무상으로 제공하는 경우와 중복되기도 하지만, 때에 따라 다를 수도 있다. 우선 혁신 공동체와 과학자들의 무상 공개의 유사한 점을 살펴보자. 과학 사회학자들의 연구 결과를 보면, 과학자들에게는 동료들 사이에서의 명성이 매우 중요한 요소이고, 새로운 지식의 발견을 누가 먼저 하는가는 과학자들의 평판에서 주요한 요소로 여겨지고 있다. 누가 먼저 논문을 발표하는가의 중요성 때문에 과학자들은 대체로 연구 프로젝트를 급히 완료하고 연구 결과를 무상으로 공개하려 한다. 이런 역학 관계는 사회복지의 관점에서 많은 혜택을 가져온다(Merton 1973).

이제 혁신 공동체와 과학자들의 무상 공개에 대한 주요 차이점을 살펴보자. 많은 국가에서 공적 자금을 가지고 연구를 추진하는 공공 정책이 존재한다. 이런 정책들은 명성이나 평판을 기초로 한 시스템에서는 국가가 원하는 충분한 양의 과학 연구가 이루어질 수 없다는 가정에 기반을 두고 있다. 반면에 혁신 사용자에 의해 개발되고 무상으로 공개된 혁신은 어떤 형태로도 보조를 받지 않았다. 과학자들과는 달리 사용자들은 혁신에 관련된 지식을 개인적 또는 기업적인 목적으로 사용하고 있다. 사용자들은 사전적인 의미 그 자체로 보더라도 사용을 가장 최우선에 두는 집단인 것이다. 뭔가 국가나 다른 기관으로부터 보상이나 보조를 받지 않아도 사용자들은 자신들의 사용 그 자체를 위해 혁신을 하고 무상 공개를 한다는 의미다. 이렇듯 사용 그 자체에서 오는 개인적인 보상을 통해 왜 사용자 혁신 공동체가 보조금 없이 번성할 수 있는지를 설명할 수 있다.

지식 경제학

포레이의 연구(Foray 2004)는 지식 경제학과 그 안에서의 사용자의 중심적 역할에 대한 자세한 로드맵을 제공한다. 포레이는 정보 통신 기술[ICT]에서의 급진적 변화는 지식 생산과 분배의 경제학에 주요한 변화를 가져왔다고 주장한다. 경제학자들은 전통적으로 지식 생산을 정의함에 있어서 발명과 혁신에 집중된 활동인 연구 및 개발 기능으로 그 의미를 축소해서 해석해왔다. 매클럽(Machlup 1962)이 이 분야의 초기 연구자라고 할 수 있는데, 이 분야 경제학자들은 또한 지식 기반 경제knowledge-based economy를 통신, 교육, 미디어, 컴퓨팅, 정보 서비스 등의 활동이 집중된 전문화된 분야들로 구성된다고 정의했다. 포레이는 이런 지식 생성 활동에 관한 제한적인 정의는 지식 생성 활동을 측정할 수 있는 방법에 대한 논리를 제공하기는 하지만, 결코 적절한 정의가 될 수 없으며 이후의 연구가 잘못된 방향으로 흘러갈 수 있는 단서를 제공한다고 주장했다.

포레이에 따르면 지식 · 생산은 모든 산업 분야에서 일어나고 있는 주요 경제 활동이며, 결코 연구 개발 실험실에 국한되어 일어나는 것이 아니다. 포레이는 우리가 지식 경제의 시대에 살고 있다고 말한다. 실제 생산 활동과 멀리 떨어진 실험실에서 일어나는 연구 개발과 생산 현장에서 일어나는 실행을 통한 학습 사이에는 큰 차이가 있으며, 바로 이 점이 포레이가 집중적으로 언급한 부분이다. 두 부분이 모두 중요하기는 하지만 서로 장단점이 존재하기 때문에 보완적인 관계라고 할 수 있다. 실험실 연구는 늘 현상에 대한 기본적인 이해를 추구하기 때문에 실제 생산과 연과된 복잡한 사항들은 일부 무시하기도 한다. 반면에 실행을 통한 학습은 실제 생산 공정에서 복잡하고 보다 현실성이 요구되는 상황에서 벌어지기 때문에 실험실과는 다른 나름대로의 장점을 가지고 있다고 할 수 있다. 그러나 실행을 통한 학습의 단점도 존재하는데, 이는 생산과 학습, 두 가지를 한꺼번에 하려는 데서 발생하며, 결국 둘 다 어느 정도는 희생할 수밖에 없는 상황이 되고 만다.

포레이는 지식 생산의 핵심으로 사용자를 지목했다. 경영의 주요한 과제 중 하나는 개발과 생산 공정 중에 '온라인'상에서 사용자에 의해 생성된 지식을 수집하는 것이고, '오프라인'의 실험실에서 생산된 지식과 이를 함께 통합하는 것이다. 포레이는 사용자들이 서로 떨어져서 지식 생산을 하는 것이 어떤 의미가 있는지를 설명했고, 정보통신 기술의 발달로 인해서 혁신자들이 생산된 지식을 통제하는 능력이 줄어드는 경향이 있다고 제시했다. 또한 포레이는 가장 효율적인 지식 관리 정책과 관행은 지식을 공유하는 쪽으로 점점 바뀔 것이라고 예측했다.

웨버도 이와 비슷한 아이디어를 오픈소스 소프트웨어의 영역에서 연구했다(Weber 2004, 72-73). "산업 시대 경제학의 언어는 생산자와 소비자, 수요와 공급이 어떤 역할을 하는지를 밝혀냈다. 오픈소스는 이런 분류 체계들을 무너뜨렸다. 오픈소스 소프트웨어 사용자들은 종래의 관점에서 보는 소비자가 아니다. (…) 사용자들이 생산 공정의 일부로 통합되는 것이다." 웨버의 중심 논리는 오픈소스 공정이 생산을 조직하는 새로운 방법이라는 것이다.

> 지적재산권, 노동의 분배, 거래 비용 줄이기, 주인-대리인 문제 해결과 같은 전통적인 방법들을 사용하여 문제를 해결하려 할 수도 있다. 하지만 오픈소스의 성공은 이와는 근본적으로 다른 해결책을 우리에게 제시해준다. 다양하게 분산된 지적재산권과 같은 새로운 개념을 이해하는 것이 오픈소스와 같은 새로운 경제구조를 이해하는 데 가장 중요한 요소가 된다. (…) 그리고 이런 새로운

시스템은 노동의 분배와는 다른, 분산된 혁신을 관리하는 데 필요한 조직 구조에 의존한다(Weber 2004, 224).

웨버는 오픈소스 프로젝트에 사용된 지적재산권 제도와 함께 오픈소스 혁신 공동체와 참여자에게 주어지는 인센티브의 속성을 자세히 설명한다. 또한 새로운 생산방식은 오픈소스 소프트웨어 분야 밖에서도 발전될 수 있다고 주장한다.

오픈소스라는 제도에 관한 여러 가지 새로운 시도들은 제도를 설계할 때 거래 (비용) 이외의 어떤 요소가 있다는 것을 나타낸다. (…) 거래 비용 경제학의 고전적인 분석은 특정 기능의 아웃소싱(내부 생산보다는 구매를 하는 결정)을 통해 노동의 분배라는 기존의 경제학적 개념이 어떻게 발전하고 있는지를 잘 설명하고 있다. 그러나 오픈소스 성공을 통해 우리는 여기에 또 다른 요소 하나를 추가할 수 있다. 아웃소싱이 거래 비용을 고려한 효율적인 선택이었다면, 전략적 조직 의사 결정으로서의 오픈소싱open-sourcing은 분산 혁신을 고려한 효율적인 선택이라고 할 수 있다. (…) 사용자가 무엇을 원하고 필요로 하는지에 관한 정보는 점점 세밀해지고 개인적으로 차별화되기 때문에, 정확하게 생산자에게 전달되기가 점점 더 어려워지고 있다. 따라서 무상으로 사용할 수 있는 도구들을 사용자들에게 지급함으로써 사용자 측으로 혁신의 위치를 변동시키는 데 따르는 인센티브가 점점 더 커지고 있는 것이다(Weber 2004, 265-267).

국가의 경쟁 우위

국가의 혁신 시스템과 기업의 경쟁 우위를 이해하는 것은 국가의 정책 입안자들에게는 매우 중요한 문제다(Nelson 1993). 우리는 이와 같은 관심사에 대해 이 책을 통해서 무엇을 배울 수 있는가? 경쟁 전략이라는 개념을 통해 국가의 경쟁 우위를 평가했던 포터는 국가의 경쟁 우위를 결정하는 네 가지 주요 요건 중 하나로 수요와 관련된 요소들을 제시했다(Porter 1991). "국내의 모든 구매자들이 세계에서 가장 발달된 수준의 구매를 하거나 까다롭게 물건을 고르는 눈을 가지고 있다면 (혹은 모두는 아니더라도 일부가 그렇다고 한다면) 그 나라의 기업은 경쟁 우위를 획득하게 된다. 그런 구매자들이 있다면 구매 욕구 또한 세계 최고의 수준으로 발전할 가능성이 있다. (…) 구매자는 지역적 환경 때문에 아주 까다롭게 물건을 고르고 아무 물건이나 쓸 수 없는 상황이 되었을 때 특히나 더 발달된 구매 욕구를 가지게 된다"고 그는 주장한다. 예를 들면, "(석유 시추를 위해) 미국 대륙 전체가 광범위하게 파헤쳐졌고, 따라서 점차 한계에 도달했다. 미국의 석유 시추 장비 회사들은 이에 따라 비용을 최소화하고, 시추 후에 땅을 원상 복귀시키는 기술을 개발하도록 굉장한 압박을 받게 된다. 이런 지역적 환경 때문에 미국의 석유 시추 장비 회사들은 기술의 수준이 매우 높고 국제적으로 선도적인 위치에 놓이게 된다."

포터는 또한 초기 국내 수요가 중요하다고 보았다. "국내 수요를 통해 다른 나라에서 어느 정도 수요가 있을지를 예측할 수 있다면, 국내 수요가 존재한다는 사실 자체가 한 산업에서 다른 나라의 경쟁자들보다 훨씬 더 빠르게 움직이는 데 도움을 준다. 국내 기업들은 대량 생산 시설과 축적된 경험을 바탕으로 도약할 수 있게 된다. (…) 국내 수요가 국제적 수요를 예상할 수 있다면 이는 분명 경쟁 우위로 작용할 것이다(Porter 1991, 95)."

저자의 관점에서 보면 포터는 국가의 경쟁 우위와 관련해 국내의 선도 사용자들이 얼마나 중요한 역할을 하는지에 관해 잘 설명하고 있다. 그러나 그는 여기에서 중요한 가정 하나를 하고 있다. 까다롭고 매우 앞서 나가는 사용자들의 수요에 반응해 혁신을 수행하는 주체가 바로 제조업체들이라는 점이다. 본 저서에서 제시한 결과를 기초로 한다면 이 가정은 수정되어야 한다. 혁신적인 선도 사용자와 제조업자가 서로 관련되는 것이 포터가 제시한 국가의 경쟁 우위에 영향을 미친다는 점에서는 그와 의견이 다르지 않으나, 우호적인 국내 기업에 대해 선도 사용자들이 제공하는 것이 단순히 구매 자체나 구매 욕구에 대한 것뿐 아니라 혁신 그 자체를 제공할 수도 있다는 점에서 위의 가정은 어느 정도 수정되어야 한다.

   | 소셜 이노베이션 |

그의 주장은 내가 이 책에서 밝힌 국내 선도 사용자의 역할과는 조금 다른 점이 있다. 포터에 따르면 다음과 같은 이유에서 국내의 선도 사용자는 국가의 경쟁 우위에 도움을 준다. "현지 기업은 언어, 규정, 문화적 동질성뿐 아니라 근접성의 결과로서 외국 기업과 비교해 국내 시장에서 경쟁 우위를 가진다. (외국 기업이 현지인을 채용하더라도 이러한 경쟁 열위는 쉽게 사라지지 않는다.) 외국 기업에 비해 더 쉽게 내수에 접근할 수 있게 때문에 이는 자연스럽게 현지 기업들이 기업에 더 많은 투자를 할 수 있도록 한다. 국내 수요를 예측하는 것은 외국 시장의 수요를 예측하는 것보다는 훨씬 더 쉽기 때문에 불확실성이 낮을 수밖에 없다(Porter 1991, 93)."

국가의 경쟁 우위에 대한 분석에 대해서 이 책에서 제시할 수 있는 새로운 통찰력과 연구 과제들은 무엇일까? 우선 언급하고 싶은 것은 선도 사용자 혁신에 관한 연구를 수행하다 보면 앞서 포터가 언급한 패턴들을 살펴볼 수 있었다는 점이다. 예를 들어, 미국 반도체 산업 초기에 트랜지스터의 발명자이자 초기 혁신자인 AT&T는 사용자 조직으로써 새로운 형태의 생산 장비를 많이 개발했다. AT&T 엔지니어들은 근처에서 찾을 수 있는 기계 장비 제조 회사들을 통해 AT&T 자체에서 필요로 하는 장비들을 만들어 조달했다. 의도한 바는 아니었지만 이런 조달 전략의 결과로 전에는 보잘 것 없던 회사들이 진보된 반도체 장비를 생산하는 회사들로 발전하게 되었다(von Hippel 1977; 1988).

반면에 이 책에서 언급한 연구 결과들을 보면 포터가 말하고 있는 '자연적 경쟁 우위'가 인터넷 시대에는 들어맞지 않을 수도 있다는 것을 알 수 있다. 그가 말하는 자연적 경쟁 우위란 국내 제조업체들이 국내 수요자들을 상대로 할 때 자연적으로 발생하는 경쟁 우위를 일컫는다. 오픈소스 소프트웨어와 다른 정보 기반 제품의 확산에서 볼 수 있듯이 사용자는 지역적으로 한곳에 있지 않아도 서로 협력을 통해 아주 복잡한 제품을 개발할 수 있다.

예를 들어, 특정 오픈소스 프로젝트의 참여자들은 다양한 국가에서 올 수도 있고 결코 직접 대면하지 않을 수도 있다. 물리적 제품의 경우 제조업체가 사용자 기반의 제품 설계를 생산하는 것만 담당하는 새로운 형태의 생산 시스템의 경우 혁신적인 선도 사용자와 제조업자가 서로 얼마나 떨어져 있는지가 별로 중요하지 않을 수도 있다는 사실을 말해준다. 내가 앞에서 논의한 집적회로와 카이트서핑의 경우 사용자는 어디에서든 생산을 위해 적합한 장비 제조업자에게 CAD로 된 제품-디자인이 담긴 파일을 전송할 수 있다. 제품 디자인과 생산방식 사이에 지속적으로 상호작용이 존재해야 하는 복잡하게 설계된 물리적 제품의 경우에는 인터넷 시대에도 생산자와 사용자가 지리적으로 서로 한곳에 있어야 할지도 모르겠다. 선도 사용자에 의한 혁신으로부터 이익을 창출하는 국내 제조업자들을 위해 국가가 나서서 노력을 기울임으로써 비교 우위를 창출할 수는 있다. 그러나 포터의 가정과 마찬가지로 단순히 근접성 때문에 이런 이점이 지속될 것이라고 가정할 수는 없는 것이다.

기술 공동체의 사회학

이 분야의 관련 요소들은 일반적인 기술 사회학에 대한 연구와 특히 오픈소스 소프트웨어 공동체의 사회학적인 연구들이라 할 수 있다. 기술 진화에 대한 역사적인 설명은 보통 기술 진화를 선형적인 형태로 가정해왔다. 선형적인linear 관점에서 보면 공기 역학과 같은 기술과 비행기와 같은 연관 기술 제품은 A지점에서 시작해서 자연스럽게 B지점으로 발전해나간다. 예를 들면, 비행기는 라이트 형제에 의해 개발된 나무, 직물 및 와이어로 만들어진 비행체로부터 오늘날의 비행기에 이르기까지 끊임없이 발전해 진화한 것으로 여겨진다. 진화 과정에서 어떤 일이 있었는지에 대해서는 선형적인 관점에서 보면 별로 설명할 것이 없다.

이와는 달리 핀치와 비이커가 제시한 기술적 진화에 대한 기술의 사회구성론SCOT: Social Construction of Technology 모델에 따르면 어떤 제품이 진화하는 방향은 '문제를 인식하는 관련 그룹'들이 어떻게 그 제품에 의미를 부여하는지에 따라 달라진다(Pinch and Bijker 1987). 이렇게 부여된 의미는 다시 어떤 제품이 어떤 식으로 앞으로 발전해나갈지, 여러 가지 다른 형태로 발전해나갈 수 있지만 왜 특정한 방향으로 발전되어야 하는지, 어떻게 진화해나갈지, 그리고 마지막에는 어떻게 사장되어야 할지도 결정하게 되는 것이다. 제품의 의미를 구성하는 그룹에서 사용자가 중심적인 역할을 하기는 하지만, 제품 사용자만이 제품에 의미를 부여하는 것은 아니다.

예를 들어, 자전거의 경우 어떤 관련 그룹들은 사용자들로 이루어져 있는데, 이들은 서로 다른 목적으로 자전거를 사용한다. 자전거로 여행을 하려는 사람들, 자전거 경주를 하려는 사람들 등 다양한 형태의 사용자들이 의미를 부여하는 그룹을 이루게 되는 것이다. 이에 반해, 사용자가 아닌 관련 그룹은 초창기 자전거에 대한 부정적인 시각을 가지고 실패하기를 바랐던 '자전거 반대론자들anticyclists'를 포함한다(Bijker 1995).

모든 관련 그룹들의 시각을 종합적으로 고려해보면, '사회적으로 구성된' 기술의 진화에 대한 훨씬 더 자세한 시각을 얻을 수 있다. 비교적 최근의 예로써 1970년대 미국에서의 초음속 여객기SST: supersonic transport plane를 생각할 수 있다. 항공사와 잠재적인 승객들은 추측컨대 서로 다른 이유로 똑같은 기술을 원하는 '문제를 인식하는 그룹들'이었다. 문제를 인식하는 다른 관련 그룹들의 예를 들어보면, 초음속 여객기가 야기하는 음속 폭음으로 인한 부정적인 영향을 걱정하는 사람들, 성층권에서 피해를 주게 될 오염 문제를 걱정하는 사람들, 또 다른 이유로 초음속 여객기를 반대하거나 지지하는 사람들이 있다. 처음에 고안된 디자인은 서로 충돌하는 다양한 관심 그룹을 만족시키기 위해 계속해서 진화되었다. 결국 초음속 여객기의 설계자들은 일반적으로 수용할 수 있는 타협안에 도달하지 못하게 되었고, 이로 인해 프로젝트는 실패로 끝나게 된다(Horwich 1982).

핀치와 클라인은은 제품을 해석하는 방법이 기술의 디자인 단계에 한정되는 것뿐만 아니라 제품의 사용기간 동안 지속될 수 있다는 점을 지적함으로써 본래의 SCOT 모델을 더욱 더 정고하게 만들었다(Pinch와 Kline 1996). 그들은 자동차 사례를 다음과 같이 설명한다.

자동차 제조업체들은 어떤 제품에 특정한 의미를 부여하고자 했지만, 일단 제품이 사용자들의 손에 들어가게 되면 그 제품이 어떻게 쓰일지에 대해서는 어떤 통제도 할 수 없었다. 사용자들은 말 그대로 사용하는 과정에서 제품이나 그 제품에 쓰인 기술에 대해 어떤 특정한 의미를 부여할 수 있다. 자동차가 도시 이외의 지역에서 어떤 식으로 쓰였는지가 좋은 예다. 1903년에 벌써 농장 지역의 가정들은 자동차를 수송 수단 그 이상으로 간주하기 시작했다. 특히 자동차를 다양하게 쓰일 수 있는 동력의 근원으로 보았다. 캔자스 지역의 농부인 조지 슈미트^{George Schmidt}는 "우선 자동차의 뒤 차축을 막은 다음, 자동차의 한 바퀴와 (옥수수) 탈곡기, 연삭기, 톱, 또는 다른 기계의 바퀴 주변에 벨트를 감아 서로 연결시켜, 농부들이 도시적 방식으로 어떻게 비용을 절감할 수 있는지"를 《루럴 뉴요커^{Rural New Yorker}》의 독자들에게 알렸다. 일리노이의 농부인 포팅거^{T. A. Pottinger}는 "이상적인 농부의 자동차에는 소형 트럭으로 바꿀 수 있는 분리형 뒷좌석이 있어야 한다"고 1909년 《월리스즈 파머^{Wallace's Farmer}》에 기고했다.

위의 예에서 보듯이 제품 사용에 대한 사용자들의 재해석에는 대부분 사용자 혁신과 제품 수정이 관여되어 있다. 핀치와 클라인은 제조업체들은 일반적으로 시차를 두고 전원 사용자의 혁신을 수용했다고 전한다. 다시 말해 사용자 혁신을 제조업체들이 상용화하는 데는 어느 정도 시간이 걸린다는 말이다. 예를 들어, 위에서 언급된 소형 트럭으로 사용할 수 있는 자동차는 결국 상용화 되었다.

실행 공동체Communities of practice(혹은 업무 공동체)에 대한 연구는 사용자 혁신과 사회학 연구 사이의 또 다른 연관성을 제공한다(Brown & Duguid 1991; Wenger 1998). 이 연구의 초점은 전문가 공동체의 기능이다. 연구자들은 전문가들이 자신들의 직장에서 업무를 수행하고 개선하는 방법에 대한 의견과 학습 성과를 서로 나누는 관심 집단을 자발적으로 형성하는 것을 발견했다. 위에서 언급한 오픈소스 소프트웨어 프로젝트와 스포츠 혁신자들의 공동체와 유사하게 실행 공동체의 구성원들은 비공식적인 방법으로 서로 협동한다.

브랜드 공동체에 대한 연구는 또 다른 관련 연구라 할 수 있다(Muniz and O'Guinn 2001). 브랜드 공동체는 레고 장난감과 같은 상업적 브랜드 및 제품, 그리고 심지어 애플의 뉴턴 PDA와 같이 생산이 중단된 제품과 관련해서 형성되기도 한다. 브랜드 공동체는 참여자들에게 강한 의미를 부여할 수 있고, 사용자 혁신과 연관될 수 있다. 일례로 뉴턴 그룹에서 사용자는 노화된 장비를 수리하는 방법에 대한 새로운 애플리케이션을 개발하고 정보를 교환한다. 레고 공동체에서 선도 사용자는 후에 제조업체가 관심을 가질만한 새로운 제품,

새로운 건설 기술, 혹은 다수가 참여하는 새로운 오프라인과 온라인 건물 프로젝트를 개발한다(Antorini 2005).

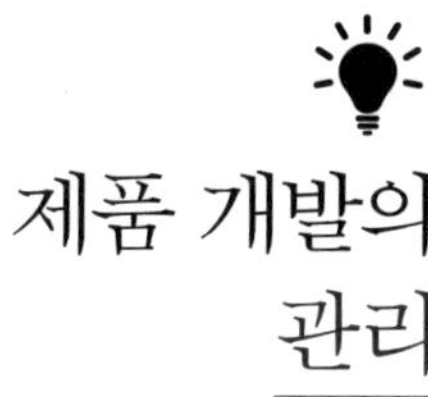

제품 개발의
관리

　마지막으로 사용자 중심의 혁신과 제품 개발 관리 교육 간의 관련성을 살펴보기로 하자. 선도 사용자에 대한 정보는 새로운 제품 아이디어의 근원으로서 현재 대부분의 마케팅 교재에 나와 있다. 마찬가지로 제품 개발 관련 문헌에도 사용자 중심의 혁신 공정에 대한 이야기들이 나올 법하지만, 아직까지는 사용자 혁신과 제품 개발이 직접적으로 연관되고 있지는 않다. 이 책에서 인용한 사용자 혁신에 관한 많은 연구가 경영대학과 경제학 대학원에서 진행되고 있지만 제품 개발 공정과 연관된 교육에 연결되지는 않은 상태이다.

　사용자 기업과 제조 기업의 매니저들이 사용자 중심의 혁신 관리에 대한 이해를 한다는 것이 매우 도움이 되리라는 것은 너무나도 명백하다. 한 가지 흥미로운 사실은 주요 제품 라인이 사용자가 개발한 혁신을 기반으로 하는 기업의 매니저들조차 '우리가 개발했다'는 제조자 중심의 관점을 유지하고 있다는 사실이다. 예를 들어, 과학 장비에 관한 혁신의 초기 연구에서는 장비 제조업체에 의해 상용화된 주요한 개선의 약 80%가 사용자에 의해 개발되었음을 보여주고 있다(von Hippel 1976). 이 사실을 과학 장비 제조 기업의 매니저들에게 이야기를 하니 모두들 놀라면서 이 사실을 잘 받아들이지 않으려 했다. 그들은 연구에서 사용된 표본 혁신이 모두 제조업체 내에서 개발되었다고 주장했다. 과학 장비 업체의 매니저들은 사용자-과학자들이 논문을 써서 제품 원형에 대해 자세히 기술한 경우에만 과학 장비들이 사용자들에 의해 만들어졌다고 인정했다. 이런 제품 원형들은 기능적으로 동일한 상용화 제품이 나오기 이미 5~7년 전에 만들어졌다.

이 분야와 다른 분야에서 매니저들이 왜 이런 사실과 반대되는 믿음들을 가지고 있었는지를 나는 지속적으로 연구해왔고, 이에 대한 이유를 몇 가지로 정리했다. 우선 제조업체는 주요 신제품과 제품 개선 사항이 어디에서 나왔는지를 거의 찾으려 하지 않는다. 매니저들은 다음과 같이 믿는 관행이 있다. "신제품은 시장 조사로 규명된 사용자 수요를 기반으로 제조업체에 의해 개발된다." 따라서 굳이 혁신이 어디에서 나왔는지를 정확히 추적하는 시스템을 갖추려 하지 않는 것이다. 게다가 제조업체는 시장 조사와 제품 개발 부서를 보유하고 있으며, 혁신은 어떻게든 생산되고 있다. 따라서 제조업체의 혁신 과정이 작동했기 때문에 그와 같은 결과가 나왔다고 생각하기가 쉽다.

그러나 사실 중요하면서도 기능적으로 뛰어나고 참신한 혁신은 자주 비공식적 채널에 의해 제조업체에게 전달된다. 제품 개발 엔지니어가 컨퍼런스에 참석해서 주요 사용자 혁신에 대해 배우기도 하고, 영업직 사원이나 서비스 담당자가 현장 방문을 통해 사용자가 개선한 장비를 발견하는 경우도 있다. 기본적인 혁신 관련 정보가 기업 내부로 일단 전달이 되면, 사용자가 원래 의도했던 제품 원형의 작동 원리는 받아들여지지만, 장치의 세부적인 디자인은 생산을 위해 변화되고 개선될 것이다. 시간이 흐르고 나면 대부분의 경우에는 사용자가 개발한 제품 원형은 잊히게 된다. 만약 기억이 나더라도 기업의 디자인 전문가들이 디자인한 제품에 비해서는 제품 원형 자체가 원시적으로 보일 수도 있다. 결국 판매가 시작되면 기업은 광고를 통해 '우리가 개발한 이 훌륭한 신제품'이라고 선전을 하는 것이다.

이런 결과가 이해되지 않는 것은 아니다. 신제품이 사실은 사용자에 의해 설계되었다는 것은, 그 사실이 널리 회사에 알려지지 않는 이상 잊히기 십상이다. 그리고 다음 혁신을 개발해야 할 시점에 관리자들은 '예전에 잘 되던' 종래의 방법을 다시 사용하게 된다. 마침내 새로운 사용자 혁신에 대한 정보는 별로 주목하지도 않고 관리에 신경 쓰지도 않았던 비공식적인 채널을 통해 들어오게 되고, 이렇게 되기까지 불필요한 시간이 흐르게 된다.

관리자의 입장에서 생각해보면, 언제 사용자 중심의 혁신 패러다임을 사용하고, 언제 제조자 중심의 혁신 패러다임을 사용해야 하는지가 중요한 일이다. 또 만약 사용자 중심의 혁신 패러다임을 사용한다면, 어떻게 사용자 중심의 혁신이 제대로 관리될 수 있는지를 배워야 한다. 사용자 기업과 제조업체의 매니저들은 그들이 직면한 혁신이냐 구매냐의 의사 결정을 이해하고, 사용자들이 어떤 제품과 어떤 서비스를 만드는 데 집중하게 할 것이냐를 이해할 수 있는 도구가 필요하다. 사용자 기업의 매니저들은 저비용 혁신 틈새에서 개발 작업을 수행하는 방법을 또한 배울 필요가 있다. 다시 말해 실제 사용자이면서 사용 환경에 있기 때문에 실행을 통한 학습을 하는 데 가장 좋은 위치에 있고, 이를 통해 정보의 우위를 점하게 되면서 얻는 이점들을 어떻게 활용할 것인지를 배울 필요가 있다. 제조업체의 매니저들은 사용자 중심의 혁신 패러다임에서 수익을 내는 방법을 배우기 원할 것이다.

혁신 사용자들은 자신들이 제조자가 됨으로써 자신들의 혁신을 확산시키는 것이 가능한 일인지, 만약 가능하다면 어떻게 그렇게 할 수 있을지에 대해 알고 싶어 하는 경우도 있다. 이는 어떤 분야에서는 매우 흔한 일이다. 샤는 스포츠 장비의 사용자들이 매우 자연스러운 과정을 통해 제조자가 되기도 한다는 것을 발견했다(Shah 2000). 이 사용자들은 대중 스포츠 이벤트나 대회에 참가하면서 자신들이 개발한 혁신의 성능과 가치를 직접 보여준다. 다른 참가자들은 이걸 보고 "나도 하나 만들어 줄래요?"하고 질문하게 된다. 이렇게 시작한 취미 수준의 생산이 큰 회사로 성장하는 기반이 되기도 한다. 혁신 사용자들이 수술 장비에 중요한 혁신의 상업화 촉진에 크게 기여했다는 역사적인 사례도 보고된 바 있다(Lettl, Herstatt and Gemunden 2004). 이와 같은 혁신들은 주로 외과의사들이 개발하는 데, 외과의

사들은 이후에 자신들이 개발한 수술 장비를 상용화하기 위해 제조 업체를 유인하려고 애쓰게 된다. 히네스(Hienerth 2004)는 혁신 사용 자들이 초기에 로데오 카약을 직접 디자인하고, 자신들이 원하는 모 양으로 만들어줄 카약 제조업체를 발견하는 과정에서 직접 제조업체 를 차리기도 하는 과정들을 문서화했다.

사용자 기업 또는 제조 기업에서 혁신이 일어나는 곳이 단순히 한곳일 것이라는 생각은 버려야 한다. 혁신이 어디에서 일어나는가는 시장과 정보가 어떤가에 따라 사용자 기업과 제조 기업 사이에 다양 하게 존재한다. 시장과 정보는 제품 수명 주기^{product life cycle}와도 관련이 있을 수 있다. 어터백과 애버내시는 사용자에 의한 혁신은 제품 수명 주기의 초기 단계에서 보다 중요할 수 있다고 제안했다(Utterback and Abernathy 1975). 초기 신제품 주기에는 제품의 속성과 사용이 불명 확한 '유동기'가 있다. 어터백과 애버내시가 언급한 것처럼 사용자는 자신들의 혁신을 통해 제품이 정확히 어떻게 발전해나가야 할지를 규명하는 데 큰 역할을 담당한다. 이 시기가 지나면 지배적 디자인 ^{dominant design}이 등장하게 된다. 지배적 디자인이란 모든 사람들이 명확 하게 특정 제품이 도대체 무엇인지, 포함되어야 하는 특징과 구성 요 소가 무엇인지, 어떠한 기능을 수행하는 지등이 인정하는 상태를 말 한다. (예를 들어, 우리는 차바퀴는 네 개고, 핸들에 의해 방향을 전환할 수 있다는 것을 알고 있다.) 그 이후에 제품에 대한 시장이 성장한다 면, 기업이 어떤 제품을 생산하느냐의 문제에서 대량 생산의 문제로 넘어가면서 혁신의 중심은 제품에서 공정으로 이동하게 된다. 선도 사용자 혁신의 측면에서 기능적으로 참신한 제품 및 공정 모두 사용자에 의해 개발되기 쉽다. 기능적으로 참신한 제품의 경우는 제품의 최종 사용자가 개발하게 될 것이고, 공정의 경우에는 그 공정을 사용하는 제조 기업(공정의 사용자)가 될 것이다.

결론

이 책에서는 개인과 기업, 그리고 공동체에서 사용자들이 혁신을 개발하고 무상으로 공개하는 이유와 방법에 대해 논의했다. 또한 지속적으로 더 나아지고 저렴해지는 컴퓨팅과 통신 기술 때문에 개방적이고 분산된 혁신은 계속해서 늘어갈 수밖에 없다고 주장했다. 결국에 나는 이 과정을 혁신의 민주화를 향한 변화라고 정의하고 싶다. 이런 변화는 사회복지를 증가시키는 방향으로 진행되며 사용자와 제조업체 모두의 혁신 행태를 바꾸게 될 것이다. 물론 정부 정책에도 적절한 변화가 있어야 할 것이다. 이 책의 서두에서 밝힌 대로 혁신의 민주화를 향한 변화에는 매우 중요하고 새로운 기회들이 존재한다는 것을 잊지 않았으면 한다.

| 미주 |

•2장

1. 선도적 지위(LES: Leading edge status)는 네 가지 종류의 측정 항목을 포함한다. '일찍 인정받은 것의 이점', '예상되는 매우 많은 이점', 그리고 '개념의 직접적인 도출'은 선도 사용자 개념의 핵심 내용을 포함한다. 마지막 항목인 '애플리케이션의 생성'은 사용자들이 관여했을 많은 혁신 관련 활동의 측정 항목이다. 그 활동들은 '새로운 애플리케이션의 제안', '애플리케이션의 개척자' 그리고 아마도(그들이 그들의 동료들보다 필요나 문제를 더 일찍 갖게 되기 때문에) '실험지(test site)로 사용될 것'이다(Morrision, Midgely, and Roberts 2004).

•3장

1. 클러스터 분석이 정확한 숫자의 클러스터를 나타내지는 않는다. 클러스터 분석은 분석자들이 멈출 때까지 표본을 더 작은 클러스터로 분류한다. 표본 내에서 적절한 수의 클러스터을 정하는 것은 다른 방식으로 가능할 수 있다. 물론 항상 "나는 세 개의 시장 세그먼트를 다루고 싶기 때문에 나의 표본이 세 개로 분류될 때 분석을 멈출 것이다"라고 말할 수 있다. 더 일반적으로 분석자들은 각 단계에서 오차제곱합(squared error sums)을 보게 될 것이고, 일반적으로 클러스터의 모양이 갑자기 옆으로 튀어나온 모양을 할 때 최적의 클러스터 수에 이른다고 본다(Myers 1996). 이 방법은 남겨진 클러스터 내 이질성에 관한 정보를 반영하지 않기 때문에, 많은 클러스터 내 분산에 대한 해결책을 제시할 수 있다. 클러스터링 기준치(CCC: Cubic clustering criterion)는 클러스터 간 이질성에 관련된 클러스터 내 이질성을 측정함으로써 이 문제를 부

분적으로 다룬다. 그것은 CCC 값이 최고치인 점에서 클러스터의 수를 결정하도록 한다(Milligan and Cooper 1985). 그러나 이 방법은 거의 사용되지 않는 것으로 드러났다. 케첸과 슈크는 그들이 조사한 45개의 세그먼테이션 연구 가운데 오직 5개만이 CCC 방법을 사용했음을 발견했다(Ketchen and Shook 1996).

2. http://groups-beta.google.com/group/comp.infosystems.www.servers.unix/

3. http://modules.apache.org/

4. 이질성을 측정하기 위해 프랑케와 나는 [1:i]까지의 j개의 기준이 어떻게 달라지는지를 분석했고, 표본 내에서 i명의 개인의 필요를 만족했다. 개념적으로 우리는 처음에 각 개인의 필요 사이의 거리를 최소화하는 다차원 필요 공간의 제품에 위치하게 했다(우리의 현 연구 케이스의 경우 45개의 측면을 살펴보았다. 이 단계는 클러스터 내 분산을 최소화한 방법과 유사하다. Punj and Stewart 1983 참조). 이 '오류'는 유클리드 거리의 제곱 합으로 측정된다. 우리는 이 단계들을 최적화되어 위치한 두 제품, 세 제품, 혹은 그 이상의 오류를 결정하기 위해 숫자가 I-1로 같을 때까지 반복한다. 모든 경우를 위한 오류의 제곱 합은 i명의 개인의 필요가 얼마나 j개의 표준 제품에 의해 만족될 수 있는가를 측정하는 간략한 상관계수다. 앞서 구체화된 '이질성 상관계수'는 필요들 사이의 (평균) 거리와 필요의 배열(configuration) 모두에 민감하다. 필요는 그것들이 균등하게 퍼져 있다면 이질성 상관계수가 더 낮을 경우 클러스터를 형성하는 경향이 있다. 상관계수를 다른 표집집단과 비교 가능하게 하기 위해, 우리는 예상된 값(이 값은 같은 종류의 이질성의 자유 분포의 이질성을 평균 내어 산출됨)으로 상관계수를 나누는 부츠트래핑(bootstrapping) 방법을 이용하여 그것에 눈금을 매겼다(Efron 1979). 이 평균 자유 이질성 계수는 눈금을 매기려는 목적에 부합하는 값이다. 개인들 간의 필요 또는 필요의 차원들 간에 연관성이 없다는 것을 가정한다.

5. 개념적으로 모든 이들이 원하는 기능(features, 본 연구의 경우 45＋92개 기능)을 만들어내고, 그것들은 '하나의 완벽한 제품'에 포함하여, 모두를 위한 '하나의 완벽한 제품'을 만드는 것은 가능하다(필요의 이질성이 0인 경우에). 사용

자들은 그들 자신의 입맛에 맞게 기능을 재가공하기 위해, 하나의 완벽한 제품에 수록된 메뉴로부터 그들이 원하는 기능을 선택할 수 있을 것이다. 이런 방식이 개념적으로 소프트웨어의 경우에는 가능하지만, 물리적인 제품의 경우에는 두 가지 이유에서 가능성이 낮다. (1) 제품을 사고자 하는 모두에게 가능한 모든 선택안을 담으려고 하기엔 물리적 제품이 비쌀 것이다(정보 제품의 경우에는 추가 비용이 들지 않는 반면). (2) 몇 가지 옵션이 상호 배타적이다(자동차 색이 빨간색이면서 동시에 초록색일 수는 없다).

6. 실제 지불 의사와 표출된 지불 의사 간의 차이는 공공재보다 민간재의 경우에 훨씬 적다. 민간재의 경우, 루미스 외(Loomis et al. 1996)는 표출된 아트 문양에 대한 지불 의사가 실제 지불 의사 보다 2배 가량 된다는 것을 밝혀냈다. 윌리스와 포위(Willis and Powe 1998)에 따르면 성곽의 방문자의 경우 표출된 지불 의사는 실제 지불 의사보다 60%나 낮았다. 공공재의 경우, 브라운을 비롯한 연구자들이 황무지로부터 길을 없애는 것에 대한 지불 의사에 관한 연구(Brown et al. 1996)에 따르면, 표출된 지불 의사는 실제 지불 의사의 4∼6배 가량이었다. 린지와 냅(Lindsey and Knaap 1999)은 공공 도심 녹화 도로에의 지불 의사에 관한 연구에서 표출된 지불 의사는 실제 지불 의사의 2∼10배로 나타났다고 밝혔다. 닐과 그의 동료들(Neil, Ganderton, Harrison, and Maguckin 1994)는 표출된 사막의 고유 그림을 보존하는 것에 대해 표출된 지불 의사가 실제 지불 의사의 9배로 나타났다. 세이프와 스트랜드(Seip and Strand 1992)는 환경 단체에 가입하는 것에 대한 지불 의사를 표출한 사람들은 실제 가입한 사람의 10% 미만임을 밝혀냈다.

• 6장

1. 새로이 떠오르는 목표를 가진 프로젝트의 구체적인 예로, 리눅스 오픈소스 소프트웨어 프로젝트를 들 수 있다. 1991년 핀란드 학생인 리누스 토발즈는 그의 PC에서 사용 가능한 386 운영체제가 탑재된 유닉스(Unix) 운영 체제를 원했다. 미닉스(Minix)가 그 당시 사용 가능한 소프트웨어였지만 그것은 상업적인 것이었고 폐쇄된 소스였으며 150달러에 거래되었다. 토발즈는 이것이 너무 비

싸다고 여겨 이후에 리눅스로 알려진 포식스(Posix)와 호환 가능한 운영체제의 개발에 들어갔다. 토발즈가 이를 바로 광범위하게 배포한 것은 아니었고 그의 목표는 참여자를 모으는 것도 아니었다. 그는 1991년 3월 3일 유즈넷 뉴스그룹(comp.os.minix)에 간단하게 개인적인 동기를 드러냈다(Wayner 2000). "이용자 여러분 안녕하세요. 제가 (미닉스에) 작업 중인 프로젝트 때문에 포식스의 표준 정의에 관심을 갖게 되었습니다. (포식스는 유닉스 디자이너를 위한 표준이다. 포식스를 사용하는 소프트웨어는 다른 유닉스 기반 소프트웨어와 호환이 된다.) 누군가 제게 최신 기계 해독 가능한 포식스의 룰(posix-rules) 포맷을 알려주시겠어요? FTP 사이트면 좋겠어요." 이에 답변으로 토발즈는 몇몇 포식스의 룰에 관한 메시지를 받았고, 사람들은 이 프로젝트에 관심을 보였다. 1992년 초에 몇몇 숙련된 프로그래머들이 리눅스에 기여했고 사용자 수는 갈수록 증가했다. 오늘날 리눅스는 가장 많은 개발자를 거느리고 있는 오픈소스 개발 프로젝트다.

•7장

1. 그들이 이러한 특성을 가지고 있지 않을 때 그들은 더욱 적절하게 '네트워크'로 불린다. 그러나 '공동체'가 보편적으로 사용되는 용어다. 그리고 나는 그 관례를 따른다.

2. 해커: 명사 〔원래는 도끼로 가구를 만드는 사람〕 1. 오직 최소한의 필요한 것을 배우기를 선호하는 대부분의 사용자와 대조적으로, 프로그램 작동이 가능한 시스템의 세부 사항과 그들의 능력을 펼치는 방법을 탐험하는 것을 즐기는 사람 2. 열성적으로 (심지어 강박적으로) 프로그램을 짜는 사람 또는 단지 프로그래밍에 대하여 이론화하는 것보다 프로그래밍 하는 것을 즐기는 사람 3. hack value를 이해할 수 있는 사람 4. 빠르게 프로그래밍 하는 것을 잘하는 사람 (…) 8. 〔반대로〕 여기저기 뒤져서 민감한 정보를 발견하려고 시도하여 악의적으로 간섭하려는 사람. 그러므로 비밀번호 해커(password hacker), 네트워크 해커(network hacker)라는 말이 성립한다. 이것을 이해하기 위한 정확한 용어는 '크래커(cracker)'다(Raymond, 1996).

  | 소셜 이노베이션 |

3. 원시 코드는 프로그램의 목적을 달성할 컴퓨터에 의해 실행되는 일련의 지침이
   다. 프로그래머들은 원시 코드 형식으로 컴퓨터 소프트웨어를 작성하고, 또한
   프로그램 각 부분의 목적과 설계에 대한 설명이 간략히 적힌 그 원시 코드를
   문서화한다. 한 프로그램을 실제로 컴퓨터를 운영할 수 있는 형태로 바꾸기 위
   해, 원시 코드는 컴파일러라고 불리는 소프트웨어 툴을 사용하여 기계어로 번
   역된다. 그 변환 과정은 프로그램 문서화를 제거하고 오직 1과 0의 열로 구성
   하는 일련의 컴퓨터 지침인 프로그램의 2진 버전을 생성한다. 2진 부호는 프
   로그래머들이 읽고 해석하기 매우 어렵다. 그러므로 다른 이들이 그들의 부호
   를 이해하거나 변경하는 것을 막기를 원하는 프로그래머들이나 회사들은 오
   직 2진 버전의 소프트웨어만을 출시할 것이다. 이와 대조적으로, 다른 이들이
   그들의 소프트웨어를 이해하고 업데이트하고 변경하기를 바라는 프로그래머
   들이나 회사들은 다른 이들에게 원시 코드와 함께 소프트웨어를 제공할 것이
   다(Moerke 2000 ; Simon 1996).

4. http://www.gnu.org/licenses/licenses.html#GPL/

5. http://www.sourceforge.net/

6. "독점권을 가진 오픈소스 소프트웨어 프로젝트의 소유자들(또는 유지하는 관
   리자들)은 수정 버전을 다시 배포할 것을 전체의 공동체에 의해 인정받는다.
   (…) 표준적인 오픈소스 라이센스에 따르면, 진화 게임에서 모든 당사자들은
   평등하다. 그러나 실제로는 소유주들에 의해 승인되고 진화하는 소프트웨어
   로 통합된 (프로그램을 변화시키는) '공식적인' 패치와 제3의 단체들에 의한
   '불법' 패치 사이에는 공공연하게 차이가 있다고 인식된다. 불법 패치는 흔치
   않고 일반적으로 믿을 수 없다(Raymond 1999, 89)."

• 8장

1. Bresnahan and Greenstein 1996b; Bresnahan and Saloner 1997; Saloner and
   Steinmueller 1996을 보라.

• 10장

1. ABS 제동은 제동하는 동안 차량의 바퀴가 도는 것을 유지하도록 고안되었다. ABS는 제동을 자동적으로 그리고 신속하게 반복적으로 제어함으로써 작동한다. 그 결과 바퀴는 고정시키기보다는 계속 회정하게 하고, 운전자는 핸들을 계속 통제한다.

2. 일반적인 문헌에서 신제품 도입을 위한 예측 편향(forecast bias)에 대한 암스트롱의 리뷰(Armstrong 2001)는 예측 편향이 일반적으로 낙관적이지만, 예측 편향의 규모가 증가함에 따라 증가하던 편향은 감소한다고 지적했다. 콜러와욘(Coller and Yohn 1998)은 영업 이익 예측의 정확성에 편향이 있는 것과 관련된 문헌을 검토했고, 약간의 시스템적인 편향(systemic bias)이 일어난다는 것을 발견했다. 투울(Tull 1967)의 모델은 순이익 1,500만 달러가 될 것이라고 예측했는데, 실제 평균에서는 회의적이라고 여겨지는 수준을 상화하는 수치다. 우리는 같은 가격 수정 인자(deflator)를 LU와 non-LU 프로젝트의 예측 편향에 적용하는 것이 합당하다고 생각한다. LU 프로젝트 직원들이 몇몇 이유로 이런 추정에 대해 non-LU 직원들보다 더 낙관적이긴 하지만, 그것이 우리의 발견에 큰 영향을 미치지는 않는다. LU 프로젝트를 위해 만들어진 총 예측 편향의 전체 달러 액수의 60% 이상이 그 프로젝트들과 관련되지 않은 직원들(외부 컨설팅 회사나 다른 부서의 분석가)에 의해 만들어졌다.

| 참고문헌 |

Achilladelis, B., A. B. Robertson, and P. Jervis. 1971. *Project SAPPHO*. Centre for the Study of Industrial Innovation, London.

Aghion, P., and J. Tirole. 1994. "The Management of Innovation." *Quarterly Journal of Economics* 109: 1185-1209.

Allen, R. C. 1983. "Collective Invention." *Journal of Economic Behavior and Organization* 4, no. 1: 1-24.

Allen, T. J. 1966. "Studies of the Problem-Solving Process in Engineering Design." *IEEE Transactions on Engineering Management* 13, no. 2: 72-83.

Amabile, T. M. 1996. *Creativity in Context*. Westview. 고빛샘 옮김. 2010. 『(심리학의 눈으로 본) 창조의 조건』, 21세기북스.

Antelman, Kristin. 2004. "Do Open Access Articles Have a Greater Research Impact?" *College and Research Libraries* 65, no. 5: 372-382.

Antorini, Y. M. 2005. The Making of a Lead User. Working paper, Copenhagen Business School.

Armstrong, J. S., ed. 2001. *Principles of Forecasting*. Kluwer.

Arora, A., A. Fosfuri, and A. Gambardella. 2001. *Markets for Technology*. MIT Press.

Arora, A., and A. Gambardella. 1994. "The Changing Technology of Technological Change." *Research Policy* 23, no. 5: 523-532.

Arrow, K. 1962. "Economic Welfare and the Allocation of Resources for

Inventions." In R. R. Nelson, ed., *The Rate and Direction of Inventive Activity*. Princeton University Press.

Arundel, A. 2001. "The Relative Effectiveness of Patents and Secrecy for Appropriation." *Research Policy* 30, no. 4: 611-624.

Balachandra, R., and J. H. Friar. 1997. "Factors for Success in R&D Projects and New Product Introduction: A Contextual Framework." *IEEE Transactions on Engineering Management* 44, no. 3: 276-287.

Baldwin, C. Y., and K. B. Clark. 2003. Does Code Architecture Mitigate Free Riding in the Open Source Development Model? Working paper, Harvard Business School.

Barnes, B., and D. Ulin. 1984. "Liability for New Products." *AWWA Journal*, February: 44-47.

Baron, J. 1988. *Thinking and Deciding*. Cambridge University Press.

Behlendorf, B. 1999. "Open Source as a Business Strategy." In C. Dibona, S. Ockman, and M. Stone, eds., *Open Sources*. O'Reilly.

Benkler, Y. 2002. "Intellectual Property and the Organization of Information Production." *International Review of Law and Economics* 22, no. 1: 81-107.

Bessen, J. 2003. Patent Thickets. Working paper, Research on Innovation and Boston University School of Law.

Bessen, J. 2004. Open Source Software. Working paper, Research on Innovation.

Bessen, J., and R. M. Hunt. 2004. An Empirical Look at Software Patents. Working paper, Federal Reserve Bank of Philadelphia.

Bijker, Wiebe. 1995. *Of Bicycles, Bakelites and Bulbs*. MIT Press.

Boldrin, M., and D. Levine. 2002. "The Case against Intellectual Property." *AEA Papers and Proceedings*, May: 209-212.

Bresnahan, T. F., and S. Greenstein. 1996a. "Technical Progress and Co-Invention in Computing and in the Uses of Computers." *Brookings Papers on Economic Activity.* Microeconomics 1996: 1-77.

Bresnahan, T. F., and S. Greenstein. 1996b. "The Competitive Crash in Large-Scale Commercial Computing." In R. Landau, T. Taylor, and G. Wright, eds., *The Mosaic of Economic Growth.* Stanford University Press.

Bresnahan, T. F., and G. Saloner. 1997. "'Large Firms' Demand for Computer Products and Services: Market Models, Inertia, and Enabling Strategic Change." In D. B. Yoffie, ed., *Competing in the Age of Digital Convergence.* Harvard Business School Press.

Btookd, P. F., Jr. 1979. *The Mythical Man-Month.* Addison-Wesley. 김성수 옮김. 2007. 『맨먼스 미신 : 소프트웨어 공학에 관한 에세이』. 케이앤피북스.

Brown, J. S., and P. Duguid. 1991. "Organizational Learning and Communities-of-Practice: Toward a Unified View of Working, Learning, and Innovation." *Organization Science* 2, no. 1: 40-57.

Brown, T. C., P. A. Champ, R. C. Bishop, and D. W. McCollum. 1996. "Which Response Format Reveals the Truth about Donations to a Public Good." *Land Economics* 72, no. 2: 152-166.

Buenstorf, G. 2002. "Designing Clunkers: Demand-Side Innovation and the Early History of Mountain Bike." In J. S. Metcalfe and U. Cantner, eds., *Change, Transformation and Development.* Physica.

Chamberlin, E. H. 1950. "Product Heterogeneity and Public Policy." *American Economic Review* 40, no. 2: 85-92.

Christensen, C. M. 1997. *The Innovator's Dilemma.* Harvard Business School Press. 이진원 옮김. 2009. 『혁신기업의 딜레마 (경제경영 총서 38)』. 세종서적.

Cohen, W. M., A. Goto, A. Nagata, R. R. Nelson, and J. P. Walsh. 2002. "R&D

Spillovers, Patents and the Incentives to Innovate in Japan and the United States." *Research Policy* 31 (8-9): 1349-1367.

Cohen, W. M., and D. A. Levinthal. 1990. "The Implications of Spillovers for R&D Investment and Welfare: A New Perspective." *Administrative Science Quarterly* 35: 128-152.

Cohen, W. M., R. R. Nelson, and J. P. Walsh. 2000. Protecting Their Intellectual Assets. Working paper, National Bureau of Economic Research.

Coller, M., and T. L. Yohn. 1998. "Management Forecasts: What Do We Know?" *Financial Analysts Journal* 54, no. 1: 58-62.

Connell, J. L., and L. B. Shafer. 1989. *Structured Rapid Prototyping*. Prentice-Hall.

Conner, K. R., and C. K. Prahalad. 1996. "A Resource-Based Theory of the Firm: Knowledge versus Opportunism." *Organization Science* 7, no. 5: 477-501.

Cook, T. D., and D. T. Campbell. 1979. *Quasi-Experimentation*. Houghton Mifflin.

Csikszentmihalyi, M. 1975. *Beyond Boredom and Anziety*. Jossey-Bass. 이삼출 옮김. 2003. 『몰입의 기술』. 더불어책.

Csikszentmihalyi, M. 1990. *Flow*. Harper and Row. 최인수 옮김. 2005. 『몰입: 미치도록 행복한 나를 만난다』. 한울림.

Csikszentmihalyi, M. 1996. *Creativity*. HarperCollins. 노혜숙 옮김. 2003. 『창의성의 즐거움: '창의적 인간'은 어떻게 만들어지는가』. 더난출판사.

Dam, K. W. 1995. "Some Economic Considerations in the Intellectual Property Protection of Software." *Journal of Legal Studies* 24, no. 2: 321-377.

Danneels, Erwin. 2004. "Disruptive Technology Reconsidered: A Critique and Research Agenda." *Journal of Product Innovation Management* 21: 246-

258.

Dasgupta, P., and P. A. David. 1994. "Toward a New Economics of Science." *Policy Research* 23: 487-521.

David, P. A. 1992. "Knowledge, Property, and the System Dynamics of Technological Change." *Proceedings of the World Bank Annual Conference on Development Economics* 1992: 215-247.

David, P. A. 1998. Knowledge Spillovers, Technology Transfers, and the Economic Rationale for Public Support of Exploratory Research in Science. Background paper for European Committee for Future Accelerators.

de Fraja, G. 1993. "Strategic Spillovers in Patent Races." *International Journal of Industrial Organization* 11, no. 1: 139-146.

Dellarocas, C., N. F. Awad, and X. (M.) Zhang. 2004. Exploring the Value of Online Reviews to Organizations. Working paper, MIT Sloan School of Management.

Duke, R. 1988. *Local Building Codes and the Use of Cost-Saving Methods.* US Federal Trade Commission, Bureau of Economics.

Efron, B. 1979. "Bootstrap Methods: Another Look at the Jackknife." *Annals of Statistics* 7: 1-26.

Ehrenkrantz Group. 1979. *A Study of Existing Processes for the Introduction of New Products and Technology in the Building Industry.* US Institute of Building Sciences.

Elrod, T., and A. P. Kelman. 1987. Reliability of New Product Evaluation as of 1968 and 1981. Working paper, Owen Graduate School of Management, Vanderbilt University.

Enos, J. L. 1962. *Petroleum Progress and Profits.* MIT Press.

Fleming, L. 2001. "Recombinant Uncertainty in Technological Search."

Management Science 47, no. 1: 117-132.

Foray, D. 2004. *Economics of Knowledge.* MIT Press.

Franke, N., and H. Reisinger. 2003. Remaining within Cluster Variance. Working paper, Vienna Business University.

Franke, N., and S. Shah. 2003. "How Communities Support Innovative Activities: An Exploration of Assistance and Sharing Among End-Users." *Research Policy* 32, no. 1:157-178.

Franke, N., and E. von Hippel. 2003a. Finding Commercially Attractive User Innovations. Working paper, MIT Sloan School of Management.

Franke, N., and E. von Hippel. 2003b. "Satisfying Heterogeneous User Needs via Innovation Toolkits: The Case of Apache Security Software." *Research Policy* 32, no. 7:1199-1215.

Freeman, C. 1968. "Chemical Process Plant: Innovation and the World Market." *National Institute Economic Review* 45, August: 29-57.

Friedman, D., and D. McAdam. 1992. "Collective Identity and Activism: Networks, Choices, and the Life of a Social Movement." In A. D. Morris and C. McClurg, eds., *Frontiers in Social Movement Theory.* Yale University Press.

Gallini, N., and S. Scotchmer. 2002. "Intellectual Property: When Is It the Best Incentive System?" In A. Jaffe, J. Lerner, and S. Stern, eds., *Innovation Policy and the Economy,* volume 2. MIT Press.

Green, P. E. 1971. "A New Approach to Market Segmentation." *Business Horizons* 20, February: 61-73.

Green, P. E., and C. M. Schaffer. 1998. "Cluster-Based Market Segmentation: Some Further Comparisons of Alternative Approaches." *Journal of the Market Research Society* 40, no. 2: 155-163.

Hall, B. H., and R. Ham Ziedonis. 2001. "The Patent Paradox Revisited: An

Empirical Study of Patenting in the US Semiconductor Industry, 1979-1995." *RAND Journal of Economics* 32, no. 1: 101-128.

Hall, B. H., and D. Harhoff. 2004. "Post-Grant Reviews in the US Patent System: Design Choices and Expected Impact." *Berkeley Law Technology Journal*, in press.

Harhoff, D. 1996. "Strategic Spillovers and Incentives for Research and Development." *Management Science* 42, no. 6: 907-925.

Harhoff, D., J. Henkel, and E. von Hippel. 2003. "Profiting from Voluntary Information Spillovers: How Users Benefit by Freely Revealing Their Innovations." *Research Policy* 32, no. 10: 1753-1769.

Hecker, F. 1999. "Setting Up Shop: The Business of Open Source Software." *IEEE Software* 16, no. 1: 45-51.

Heller, M. A. 1998. "The Tragedy of the Anticommons: Property in the Transition from Marx to Markets." *Harvard Law Review* 111: 621-688.

Heller, M. A., and R. S. Eisenberg. 1998. "Can Patents Deter Innovation? The Anticommons in Biomedical Research." *Science Magazine* 280 (5364): 698-701.

Henkel, J. 2003. "Software Development in Embedded Linux: Informal Collaboration of Competing Firms." In W. Uhr, W. Esswein, and E. Schoop, eds., *Proceedings der 6. Internationalen Tagung Wirtschaftsinformatik* 2003, volume 2. Physica.

Henkel, J. 2004a. The Jukebox Mode of Innovation. Discussion paper, CEPR.

Henkel, J. 2004b. Patterns of Free Revealing. Working paper, University of Munich.

Henkel, J., and S. Thies. 2003. "Customization and Innovation: User Innovation Toolkits for Simulator Software." In Proceedings of the 2003 Congress on Mass Customization and Personalization (MCPC

2003), Munich.

Henkel, J., and E. von Hippel. 2005. "Welfare Implications of User Innovation." *Journal of Technology Transfer* 30, no. 1/2: 73-87.

Herstatt, C., and E. von Hippel. 1992. "From Experience: Developing New Product Concepts via the Lead User Method." *Journal of Product Innovation Management* 9, no. 3: 213-222.

Hertel, G., S. Niedner, and S. Herrmann. 2003. "Motivation of Software Developers in Open Source Projects: An Internet-Based Survey of Contributors to the Linux Kernel." *Research Policy 32*, no. 7: 1159-1177.

Hienerth, C. 2004. "The Commercialization of User Innovations: Sixteen Cases in an Extreme Sporting Industry." In Proceedings of the 26th R&D Management Conference, Sesimbra, Portugal.

Hirschleifer, J. 1971. "The Private and Social Value of Information and the Reward to Inventive Activity." *American Economic Review* 61, no. 4: 561-574.

Hollander, S. 1965. *The Sources of Increased Efficiency*. MIT Press.

Horwich, M. 1982. *Clipped Wings*. MIT Press.

Hunt, R. M., and J. Bessen. 2004. "The Software Patent Experiment." *Business Review, Federal Reserve Bank of Philadelphia* Q3: 22-32.

Jensen, M. C., and W. H. Meckling. 1976. "Theory of the Firm: Managerial Behavior, Agency Costs, and Ownership Structure." *Journal of Financial Economics* 3, no. 4: 305-360.

Jeppesen, L. B. 2004. Profiting from Innovative User Communities. Working paper, Department of Industrial Economics and Strategy, Copenhagen Business School.

Jeppesen, L. B. 2005. "User Toolkits for Innovation: Users Support Each Other." *Journal of Product Innovation Management*. Product

Development and Management Association.

Jeppesen, L. B., and M. J. Molin. 2003. "Consumers as Co-developers: Learning and Innovation Outside the Firm." *Technology Analysis and Strategic Management* 15, no. 3: 363-84.

Jokisch, M. 2001. Open Source Software-Entwicklung: Eine Analyse des Geschäftsmodells der STATA Corp. Master's thesis, University of Munich.

Ketchen, D. J., Jr., and C. L. Shook. 1996. "The Application of Cluster Analysis in Strategic Management Research: An Analysis and Critique." *Strategic Management Journal* 17, no. 6: 441-459.

Knight, K. E. 1963. A Study of Technological Innovation: The Evolution of Digital Computers. PhD dissertation, Carnegie Institute of Technology.

Kollock, P. 1999. "The Economies of Online Cooperation: Gifts and Public Goods in Cyberspace." In M. A. Smith and P. Kollock, eds., *Communities in Cyberspace*. Routledge. 조동기 옮김. 2001. 『사이버공간과 공동체』. 나남.

Kotabe, M. 1995. "The Return of 7-Eleven . . . from Japan: The Vanguard Program." *Columbia Journal of World Business* 30, no. 4: 70-81.

Kristensen, P. S. 1992. "Flying Prototypes: Production Departments' Direct Interaction with External Customers." *International Journal of Operations and Production Management* 12, no. 2: 195-211.

Lakhani, K. 2005. Distributed Coordination Practices in Free and Open Source Communities. PhD thesis, Massachusetts Institute of Technology.

Lakhani, K. R., and E. von Hippel. 2003. "How Open Source Software Works: 'Free' User-to-User Assistance." *Research Policy* 32, no. 6: 923-943.

Lakhani, K. R., and B. Wolf. 2005. "Why Hackers Do What They Do: Understanding Motivation and Effort in Free/Open Source Software

Projects." In J. Feller, B. Fitzgerald, S. Hissam, and K. R. Lakhani, eds., *Perspectives on Free and Open Source Software*. MIT Press.

Lerner, J., and J. Tirole. 2002. "Some Simple Economics of Open Source." *Journal of Industrial Economics* 50, no. 2: 197-234.

Lessig, L. 2001. *The Futre of Ideas*. Random House. 이원기 옮김. 2012. 『아이디어의 미래 : 디지털 시대 지적재산권의 운명』. 민음사.

Lettl, C., C. Herstatt and H. Gemünden. 2004. The Entrepreneurial Role of Innovative Users. Working paper, Technical University, Berlin.

Levin, R. C., A. Klevorick, R. R. Nelson, and S. G. Winter. 1987. "Appropriating the Returns from Industrial Research and Development." *Brookings Papers on Economic Activity* 3: 783-820.

Levy, S. 1984. *Hackers*. Doubleday.

Lilien, G. L., P. D. Morrison, K. Searls, M. Sonnack, and E. von Hippel. 2002. "Performance Assessment of the Lead User Idea-Generation Process for New Product Development." *Management Science* 48, no. 8: 1042-1059.

Lim, K. 2000. The Many Faces of Absorptive Capacity. Working paper, MIT Sloan School of Management.

Lindsey, G., and G. Knaap. 1999. "Willingness to Pay for Urban Greenway Projects." *Journal of the American Planning Association* 65, no. 3: 297-313.

Loomis, J., T. Brown, B. Lucero, and G. Peterson. 1996. "Improving Validity Experiments of Contingent Valuation Methods: Results of Efforts to Reduce the Disparity of Hypothetical and Actual Willingness to Pay." *Land Economics* 72, no. 4: 450-461.

Lüthje, C. 2003. "Customers as Co-Inventors: An Empirical Analysis of the Antecedents of Customer-Driven Innovations in the Field of Medical Equipment." In Proceedings of the 32th EMAC Conference, Glasgow.

Lüthje, C. 2004. "Characteristics of Innovating Users in a Consumer Goods Field: An Empirical Study of Sport-Related Product Consumers." *Technovation* 24, no. 9: 683-695.

Lüthje, C., C. Herstatt, and E. von Hippel. 2002. The Dominant Role of Local Information in User Innovation: The Case of Mountain Biking. Working Paper, MIT Sloan School of Management.

Machlup, F. 1962. *Knowledge Production and Distribution in the United States.* Princeton University Press.

Mansfield, E. 1968. *Industrial Research and Technological Innovation.* Norton.

Mansfield, E. 1985. "How Rapidly Does New Industrial Technology Leak Out?" *Journal of Industrial Economics* 34: 217-223.

Mansfield, E., J. Rapoport, A. Romeo, S. Wagner and G. Beardsley. 1977. "Social and Private Rates of Return from Industrial Innovations." *Quarterly Journal of Economics* 91, no. 2: 221-240.

Mansfield, E., A. Romeo, M. Schwartz, D. Teece, S. Wagner and P. Brach. 1982. *Technology Transfer, Productivity, and Economic Policy.* Norton.

Mansfield, E., and S. Wagner. 1975. "Organizational and Strategic Factors Associated With Probabilities of Success in Industrial R&D." *Journal of Business* 48, no. 2:179-198.

Marples, D. L. 1961. "The Decisions of Engineering Design." *IRE Transactions on Engineering Management,* June: 55-71.

Martin, J. 1991. //Rapid Application Development//. Macmillan.

Matthews, J. 1985. *Public Access to Online Catalogs,* second edition. Neal-Schuman.

Maurer, S. 2005. "Inside the Anticommons: Academic Scientists' Struggle to Commercialize Human Mutations Data, 1999-2001." *Research Policy.* Elsevier.

Mead, C., and L. Conway. 1980. *Introduction to VLSI Systems*. Addison-Wesley.

Means, R. S. 1989. *Building Construction Cost Data 1989*. R. S. Means.

Merges, R., and R. R. Nelson. 1990. "On the Complex Economics of Patent Scope." *Columbia Law Review* 90: 839-916.

Merton, R. K. 1973. *The Sociology of Science*. University of Chicago Press. 석현호 외 옮김. 1998. 『과학사회학』. 민음사.

Meyer, M. H., and L. Lopez. 1995. "Technology Strategy in a Software Products Company." *Journal of Product Innovation Management* 12, no. 4: 194-306.

Milligan, G. W., and M. C. Cooper. 1985. "An Examination of Procedures for Determining the Number of Clusters in a Data Set." *Psychometrica* 45: 159-179.

Mishina, K. 1989. Essays on Technological Evolution. PhD thesis, Harvard University.

Mitchell, R. C., and R. T. Carson. 1989. *Using Surveys to Value Public Goods*. Resources for the Future.

Moerke, K. A. 2000. "Free Speech to a Machine." *Minnesota Law Review* 84, no. 4: 1007-1008.

Mollick, E. 2004. Innovations from the Underground: Towards a Theory of Parasitic Innovation. Master's thesis, Massachusetts Institute of Technology.

Mountain Bike. 1996. *Mountain Biking Skills*. Rodale.

Morrison, P. D., J. H. Roberts, and D. F. Midgley. 2004. "The Nature of Lead Users and Measurement of Leading Edge Status." *Research Policy* 33, no. 2: 351-362.

Morrison, P. D., J. H. Roberts, and E. von Hippel. 2000. "Determinants of User Innovation and Innovation Sharing in a Local Market." *Management*

Science 46, no.12: 1513-1527.

Muñiz, A. M., Jr., and T. C. O'Guinn. 2001. "Brand Community." *Journal of Consumer Research*// 27: 412-432.

Muñiz, A. M., Jr., and H. J. Schau. 2004. When the Consumer Becomes the Marketer. Working paper, DePaul Univrsity.

Myers, J. H. 1996. *Segmentation and Positioning for Strategic Marketing Decisions*. American Marketing Association.

National Sporting Goods Association. 2002. *Sporting Goods Market in 2001*.

Neil, H., R. Cummings, P. Ganderton, G. Harrison, and G. McGuckin. 1994. "Hypothetical Surveys and Real Economic Commitments." *Land Economics* 70: 145-154.

Nelson, R. R. 1982. "The Role of Knowledge in R&D Efficiency." *Quarterly Journal of Economics* 97, no. 3: 453-470.

Nelson, R. R. 1990. What Is Public and What Is Private About Technology? Working paper, Consortium on Competitiveness and Cooperation, University of California, Berkeley.

Nelson, R. R. 1993. *National Innovation Systems: A Comparative Analysis*. Oxford University Press.

Nuvolari, A. 2004. "Collective Invention during the British Industrial Revolution: The Case of the Cornish Pumping Engine." *Cambridge Journal of Economics* 28, no. 3: 347-363.

Ogawa, S. 1998. "Does Sticky Information Affect the Locus of Innovation? Evidence from the Japanese Convenience-Store Industry." *Research Policy* 26, no. 7-8: 777-790.

Oliver, P. E. 1980. "Rewards and Punishment as Selective Incentives for Collective Action: Theoretical Investigations." *American Journal of Sociology* 85: 1356-1375.

Oliver, P. E., and G. Marwell. 1988. "The Paradox of Group Size in Collective Action: A Theory of the Critical Mass II." *American Sociological Review* 53, no. 1: 1-18.

Olson, E. L., and G. Bakke. 2001. "Implementing the Lead User Method in a High Technology Firm: A Longitudinal Study of Intentions versus Actions." *Journal of Product Innovation Management* 18, no. 2: 388-395.

Olson, M. 1967. *The Logic of Collective Action.* Harvard University Press.

O'Mahony, S. 2003. "Guarding the Commons: How Open Source Contributors Protect Their Work." *Research Policy* 32, no. 7: 1179-1198.

Ostrom, E. 1998. "A Behavioral Approach to the Rational Choice Theory of Collective Action." *American Political Science Review* 92, no. 1: 1-22.

Pavitt, K. 1984. "Sectoral Patterns of Technical Change: Towards a Taxonomy and a Theory." *Research Policy* 13 (6): 343-373.

Penning, C. 1998. *Bike History.* Delius & Klasing.

Perens, B. 1999. "The Open Source Definition." In C. DiBona, S. Ockman, and M. Stone, eds., *Opensources.* O'Reilly. 송창훈 외 옮김. 『오픈소스: 오픈소스 혁명으로부터의 외침』. 2000. 한빛미디어.

Pinch, T., and R. Kline. 1996. "Users as Agents of Technological Change. The Social Construction of the Automobile in Rural America." *Technology and Culture* 37: 763-795.

Pinch, T. J., and W. E. Bijker. 1987. "The Social Construction of Facts and Artifacts." In W. Bijker, T. Hughes, and T. Pinch, eds., *The Social Construction of Technological Systems.* The MIT Press.

Pine, J. B. II. 1993. //Mass Customization. Harvard Business School Press. 윤순봉 옮김. 『매스 커스터마이제이션 혁명』 1995. 21세기북스.

Polanyi, M. 1958. *Personal Knowledge.* University of Chicago Press. 표재명·김봉미 옮김. 2001. 『개인적 지식: 후기비판적 철학을 향하여』. 아카넷.

Poolton, J., and I. Barclay. 1998. "New Product Development: From Past Research to Future Applications." *Industrial Marketing Management* 27: 197-212.

Porter, M. E. 1991. *Competitive Advantage of Nations.* Free Press. 문휘창 옮김. 2009. 『(마이클 포터의) 국가 경쟁우위: 글로벌 경쟁력 강화를 위한 경영 전략』. 21세기북스.

Prügl, R., and N. Franke. 2005. Factors Impacting the Success of Toolkits for User Innovation and Design. Working paper, Vienna University of Economics.

Punj, G., and D. W. Stewart. 1983. "Cluster Analysis in Marketing Research: Review and Suggestions for Application." *Journal of Marketing Research* 20, May: 134-148.

Raymond, E., ed. 1996. *The New Hacker's Dictionary,* third edition. MIT Press.

Raymond, E. 1999. *The Cathedral and the Bazaar.* O'Reilly.

Redmond, W. H. 1995. "An Ecological Perspective on New Product Failure: The Effects of Competitive Overcrowding." *Journal of Product Innovation Management* 12: 200-213.

Riggs, W., and E. von Hippel. 1994. "Incentives to Innovate and the Sources of Innovation: The Case of Scientific Instruments." *Research Policy* 23, no. 4: 459-469.

Rogers, E. M. 1994. *Diffusion of Innovation,* fourth edition. Free Press. 김영석 외 옮김, 2005, 『개혁의 확산』. 커뮤니케이션북스.

Rosenberg, N. 1976. *Perspectives on Technology.* Cambridge University Press.

Rosenberg, N. 1982. *Inside the Black Box.* Cambridge University Press. 이근 외 역. 2001. 『인사이드 더 블랙박스』. 아카넷.

Rothwell, R., C. Freeman, A. Horsley, V. T. P. Jervis, A. B. Roberts, and J. Townsend. 1974. "SAPPHO Updated: Project SAPPHO Phase II."

Research Policy 3, no. 3: 258-291.

Saloner, G., and W. E. Steinmueller. 1996. Demand for Computer Products and Services in Large European Organizations. Research paper, Stanford Graduate School of Business.

Sattler, H. 2003. "Appropriability of Product Innovations: An Empirical Analysis for Germany." *International Journal of Technology Management* 26, no. 5-6: S. 502-516.

Schmookler, J. 1966. *Invention and Economic Growth*. Harvard University Press.

Schrage, M. 2000. *Serious Play*. Harvard Business School Press. 신동기 옮김. 2001. 『초일류기업의 성공비밀 시리어스 플레이』. 세종서적.

Schreier, M., and N. Franke. 2004. Value Creation by Self-Design. Working paper, Vienna University of Economics.

Seip, K., and J. Strand. 1992. "Willingness to Pay for Environmental Goods in Norway: A Contingent Valuation Study with Real Payment." *Environmental and Resource Economics* 2: 91-106.

Shah, S. 2000. Sources and Patterns of Innovation in a Consumer Products Field. Working paper, MIT Sloan School of Management.

Shah, S., and M. Tripsas. 2004. When Do User-Innovators Start Firms? Working paper, University of Illinois.

Shapiro, C. 2001. "Navigating the Patent Thicket: Cross Licenses, Patent Pools, and Standard Setting." In A. Jaffe, J. Lerner, and S. Stern, eds., *Innovation Policy and the Economy*, volume 1. MIT Press.

Simon, E. 1996. "Innovation and Intellectual Property Protection: The Software Industry Perspective." *Columbia Journal of World Business* 31, no. 1: 30-37.

Slater, Stanley F., and Narver, John C. 1998. "Customer-Led and Market-Oriented: Let's Not Confuse the Two." *Strategic Management Journal*

19, no. 1:1001-1006.

Slaughter, S. 1993. "Innovation and Learning during Implementation: A Comparison of User and Manufacturer Innovations." *Research Policy* 22, no. 1: 81-95.

Smith, A. 1776. *An Inquiry into the Nature and Causes of the Wealth of Nations.* Modern Library edition. Random House, 1937.

Spence, M. 1976. "Product Differentiation and Welfare." *American Economic Review* 66, no. 2, Papers and Proceedings: 407-414.

Taylor, C. T., and Z. A. Silberston. 1973. *The Economic Impact of the Patent System.* Cambridge University Press.

Taylor, M., and S. Singleton. 1993. "The Communal Resource: Transaction Costs and the Solution of Collective Action Problems." *Politics and Society* 21, no. 2: 195-215.

Tedd, L. A. 1994. "OPACs through the Ages." *Library Review* 43, no. 4: 27-37.

Teece, D. J. 1977. "Technology Transfer by Multinational Firms: The Resource Cost of Transferring Technological Know-How." *Economic Journal* 87: 242-261.

Thomke, S. H. 1998. "Managing Experimentation in the Design of New Products." *Management Science* 44, no. 6: 743-762.

Thomke, S. H. 2003. *Experimentation Matters.* Harvard Business School Press.

Thomke, S. H., and E. von Hippel. 2002. "Customers as Innovators: A New Way to
Create Value." *Harvard Business Review* 80, no. 4: 74-81.

Thomke, S. H., E. von Hippel, and R. Franke. 1998. "Modes of Experimentation: An Innovation Process—and Competitive— Variable." *Research Policy* 27, no. 3: 315-332.

Tirole, J. 1988. *The Theory of Industrial Organization.* MIT Press.

Tull, D. 1967. "The Relationship of Actual and Predicted Sales and Profits in New Product Introductions." *Journal of Business* 40: 233-250.

Tyre, M., and E. von Hippel. 1997. "Locating Adaptive Learning: The Situated Nature of Adaptive Learning in Organizations." *Organization Science* 8, no. 1: 71-83.

Urban, G. L., and E. von Hippel. 1988. "Lead User Analyses for the Development of New Industrial Products." *Management Science* 34, no. 5: 569-582.

Utterback, J. M., and W. J. Abernathy. 1975. "A Dynamic Model of Process and Product Innovation." *Omega* 3, no. 6: 639-656.

van der Plas, R., and C. Kelly. 1998. *The Original Mountain Bike Book*. MBI.

Varian, H. R. 2002. "New Chips Can Keep a Tight Rein on Consumers." *New York Times*, July 4.

von Hippel, E. 1976. "The Dominant Role of Users in the Scientific Instrument Innovation Process." *Research Policy* 5, no. 3: 212-39.

von Hippel, E. 1977. "Transferring Process Equipment Innovations from User-Innovators to Equipment Manufacturing Firms." *R&D Management* 8, no. 1:13-22.

von Hippel, E. 1986. "Lcad Users: A Source of Novel Product Concepts." *Management Science* 32, no. 7: 791-805.

von Hippel, E. 1988. *The Sources of Innovation*. Oxford University Press.

von Hippel, E. 1994. "Sticky Information and the Locus of Problem Solving:. implications for Innovation." *Management Science* 40, no. 4: 429-439.

von Hippel, E. 1998. "Economics of Product Development by Users: The Impact of Sticky Local Information." *Management Science* 44, no. 5: 629-644.

von Hippel, E. 2001. "Perspective: User Toolkits for Innovation." *Journal of*

Product Innovation Management 18: 247-257.

von Hippel, E., and S. N. Finkelstein. 1979. "Analysis of Innovation in Automated Clinical Chemistry Analyzers." *Science and Public Policy* 6, no. 1: 24-37.

von Hippel, E., N. Franke, and R. Prügl. 2005. Screening vs. Pyramiding. Working paper, MIT Sloan School of Management.

von Hippel, E., and R. Katz. 2002. "Shifting Innovation to Users via Toolkits." *Management Science* 48, no. 7: 821-833.

von Hippel, E., S. H. Thomke, and M. Sonnack. 1999. "Creating Breakthroughs at 3M." *Harvard Business Review* 77, no. 5: 47-57.

von Hippel, E., and M. Tyre. 1995. "How 'Learning by Doing' is Done: Problem Identification in Novel Process Equipment." *Research Policy* 24, no. 1: 1-12.

von Hippel, E., and G. von Krogh. 2003. "Open Source Software and the "Private-Collective" Innovation Model: Issues for Organization Science." *Organization Science* 14, no. 2: 209-223.

von Krogh, G., and S. Spaeth. 2002. Joining, Specialization, and Innovation in Open Source Software Development. Working paper, University of St. Gallen.

von Krogh, G., S. Haefliger and S. Spaeth. 2004. The Practice of Knowledge Reuse in Open Source Software. Working paper, University of St. Gallen.

Wellman, B., J. Boase, and W. Chen. 2002. The Networked Nature of Community On and Off the Internet. Working paper, Centre for Urban and Community Studies, University of Toronto.

Wenger, E. 1998. *Communities of Practice.* Cambridge University Press. 손민호·배을규 옮김. 2007. 『실천공동체 COP : 지식창출의 사회생태학』. 학지사.

Wayner, P. 2000. *Free for All.* Harper Business.

Weber, S. 2004. *The Success of Open Source.* Harvard University Press.

Willis, K. G., and N. A. Powe. 1998. "Contingent Valuation and Real Economic Commitments: A Private Good Experiment." *Journal of Environmental Planning and Management* 41, no. 5: 611-619.

Wind, Y. 1978. "Issues and Advances in Segmentation Research." *Journal of Marketing Research* 15, August: 317-337.

Winter, S. G., and G. Szulanski. 2001. "Replication as Strategy." *Organization Science* 12, no. 6: 730-743.

Young, G., K. G. Smith, and C. M. Grimm. 1996. "Austrian and Industrial Organization Perspectives on Firm Level Competitive Activity and Performance." *Organization Science* 7, no. 3: 243-254.

| 소셜 이노베이션 |

소셜 이노베이션
: 소비자의 아이디어를 훔치는 혁신전략

첫 번째 찍은 날   2012년 6월 1일

지은이   에릭 폰 히펠
옮긴이   배성주
펴낸이   김수기

편집   김수현, 최인애, 구준모
디자인   김재은
마케팅   김성열
제작   이명혜

펴낸곳   현실문화연구
등록번호   제300-1999-194호
등록일자   1999년 4월 23일
주소   서울시 종로구 교북동 12-8번지 2층
전화   02-393-1125
팩스   02-393-1128
전자우편   hyunsilbook@paran.com

ISBN 978-89-6564-045-5 03320
가격은 뒤표지에 있습니다.